Gisela Schinzel-Penth – Antonie Schuch

Zwerge, Wichtel und Gnome

Zwerge, Wichtel und Gnome

Sagen aus dem deutschsprachigen Raum
Teil I Süden

gesammelt und neu erzählt von
Gisela Schinzel-Penth und Antonie Schuch
10 Zeichnungen von Heinz Schinzel

AMBRO LACUS BUCH- UND BILDVERLAG MÜNCHEN

Titelbild: Ausschnitt aus Aquarell von Heinrich Schlitt (19. Jahrh.)

Deutsche Bibliothek-CIP-Einheitsaufnahme
Schinzel-Penth Gisela und Schuch Antonie
Zwerge, Wichtel und Gnome
Sagen von Erdgeistern, Bergmmanndli, Nörggelen, Erdweibl
Venedigermandl, Schrazel, Kobolden u. a. kleinen Gesellen
- aus dem deutschsprachigen Raum - Süden -
50 Illustrationen., davon 10 von Heinz Schinzel S. 17, 88,107,
112, 118, 122, 213, 233, 284, 292

2010 Ambro Lacus Buch- und Bildverlag, München

EAN: 9783 921445-34-1

Copyright by Ambro Lacus Buch- u. Bildverlag D-81247 München
Alle Rechte vorbehalten.
Gesamtherstellung EOS Druckerei D-86941 St. Ottilien

Inhalt

Über die Zwerge........................	9
Der weinende Zwerg im Hausstein – Bayer. Wald............	11
Die Zwergenhöhle bei Grünbach – Bayer. Wald..........	18
Der Fährmann und der Lohn der Zwerge – Oberpfalz...........	20
Die Burg der Zwerge – Böhmerwald.....................	21
Der Bauer im Zwergenreich – Oberösterreich................	26
Das unheimliche Schloss Schauenstein – Waldviertel..........	28
Vom Zwergenstein auf dem Schneeberg – Niederösterreich....	30
Der gestohlene Stoff – Niederösterreich........................	34
Das Mädchen u. die Zwerge bei Hundheim – Niederösterreich	36
Der glückliche Zwerg – Niederösterreich/Wien.................	38
Die Zwerge im Ruprechtsloch – Niederösterreich...............	40
Das wahrsagende Bergmännlein – Burgenland................	42
Die seltene Blaue Glasur – Steiermark..........................	44
Das verwundete Venedigermandl – Steiermark................	45
Das gefangene Venedigermandl – Steiermark..................	48
Der Winzig und das Erz bei Eisenerz – Steiermark............	50
Die frommen Knappen und das Bergmännlein – Steiermark....	51
Die silbernen Zwerge bei Arzberg – Steiermark................	53
Die Mordknappen von Zeiring – Steiermark....................	55
Die Bestrafung der Noreianer – Steiermark....................	57
Das Erdloch im Schöckl bei Graz – Steiermark................	59
Burg Gleichenberg und die Meixnerstube – Steiermark........	61
Die unachtsamen Zwerge – Steiermark.........................	64
Das verlorene Kind im Berg – Steiermark......................	66
Der eiserne Ofen – Steiermark...................................	67
Der gerettete Bergmann bei Knappenberg – Kärnten..........	70
Der törichte Bub und das Bergmännlein – Kärnten............	71
Wie das Lavanttal entstand – Kärnten...........................	73
Der Wohlstand des Fassbinders – Kärnten......................	76
Der Fluch des Zwerges und der Wörthersee – Kärnten.........	77
Der unglückliche Ritter von Scherfenberg – Kärnten...........	80
Der Goldsucher und die geschwätzige Bäuerin – Kärnten......	82
Der Fichtenzwerg – Kärnten......................................	86
Der krumme Reißecker – Kärnten...............................	89
Der Jäger und der Zwerg – Salzburger Land...................	91

Der reich entlohnte Weinhändler – Salzburger Land 94
Der Kobold am Dürrnbach – Salzburger Land 97
Die Begegnung mit dem Kasmandl – Salzburger Land 98
Das Geheimnis des Zwerges – Salzburger Land 100
Die Untersberger Zwerge – Berchtesgadener Land/Salzburg... 103
Der Hirte bei Kaiser Karl im Untersberg – Salzburg 105
Der Zauberstein – Salzburg/Untersberg 108
Das Bergmännlein auf der Hochzeit – Salzburg/Untersberg.... 110
Die Glocke auf dem Dürrnberg – Berchtesgadener Land 112
Das Birkenzweiglein – Berchtesgadener Land 113
König Watzmann und die Erdmännchen – Berchtesg. Land... 115
Das Weidwiesenweiblein bei Reichenhall – Berchtesg. Land. 120
Die Bergmännlein im Kienberg – Chiemgau 122
Das Grubenmännlein von Kitzbühel – Tirol 124
Der gebannte Rüepplerner Kobold – Tirol 128
Die Berghöhle bei Mühlau – Tirol 130
Die übermütigen Senner am Glungezer – Tirol 131
Die Gründung von Sterzing – Südtirol 135
Die Herkunft der Nörggelen – Südtirol 136
Die Salvangs im Gadertal – Südtirol 137
Der Venediger und der Bauer von Ras – Südtirol 139
Der betrügerische Wirt – Südtirol 140
Die Salige bei Andrian – Südtirol 142
Das Nörggele im Siebeneicher Wald – Südtirol 142
Das fleißige Nörggele – Südtirol 143
Die vergraulte Willeweis im Eggental – Dolomiten 144
Die Kastelruther Nörggelen – Dolomiten 145
König Laurin – Dolomiten 146
Das Reiterjoch und die Venediger – Dolomiten 151
Der Bucklige und die Zwerge – Trentino 151
Das unheimliche Sperkmandl – Trentino 157
Der boshafte Zwerg in Pens im Sarntal – Südtirol 159
Der Goldschatz in den Safnerwänden – Südtirol 160
Zwergensagen aus Meran und Umgebung – Südtirol 161
Das listige und das traurige Nörggele – Südtirol 163
Die Nörggelen im Passeier Tal – Südtirol 165
Zwergensagen aus dem Vintschgau – Südtirol 168
Das überlistete Nörggele – Südtirol 170
Der niederträchtige Grünstrümpfler – Südtirol 172

Die Zwerge am Knappaloch im Vintschgau – Südtirol............ 173
Die Eismandln am Niederjochferner – Südtirol....................... 174
Der Hüterbub und der Zwerg - Tirol....................................... 178
Die gebannten Räuber bei Wangen - Tirol.............................. 179
Der gutherzige Hirte und das Venedigermännchen – Tirol..... 182
Die armen Kinder und der Almputz – Tirol............................. 183
Die Blaue Wand und die Goldhöhle – Tirol............................ 185
Schloss Starkenberg und sein Wichtelmännchen – Tirol......... 187
Das tapfere Venedigermännchen am Reither See................... 189
Die Rache des Venedigers - Tirol.. 191
Das Gold im Hohen Anlaß – Tirol... 193
Das Hirtenmännchen vom Karhorn – Tirol............................. 194
Der gebannte Schatz – Tirol.. 196
Das warnende Bergmännlein – Tirol....................................... 197
Der beobachtete Zwerg – Tirol.. 198
Die Magd und das Kasermandl – Tirol................................... 199
Traum und Wirklichkeit – Tirol... 202
Der Zwerg und die Glocke – Tirol.. 205
Die Bergmännlein und der Wandelstein – Bayer. Alpen......... 208
Der Wildschütz von Krün – Bayer. Alpen.............................. 210
Geheimnisvolle Weibl im Werdenfelser Land – Bayer. Alpen.. 212
Die Venedigermandl bei Mittenwald – Bayer. Alpen............. 215
Der Kobold in der Leutascher Klamm – Bayer. Alpen........... 216
Das seltsame Mandl vom Wetterstein – Bayer. Alpen............ 216
Die Zwerge in der Höllentalklamm – Bayer. Alpen................ 219
Die Schatzgräber auf der Kaseralm – Bayer. Alpen................ 220
Das Venedigermandl bei Unterammergau – Bayer. Alpen..... 222
Das Erdmännlein bei Schondorf – Oberbayern....................... 222
Der Goggolore am Ammersee – Oberbayern.......................... 223
Die Wichtelmühle von Überacker – Oberbayern..................... 224
Das Wichtelenloch bei Mergentau – Oberbayern.................... 226
Der Zauberspiegel am Hirschsprung – Allgäu........................ 227
Das boshafte Walsermännle – Vorarlberg............................... 230
Die Rache des Hausputz – Vorarlberg..................................... 231
Der hartherzige Großbauer und der Zwerg – Vorarlberg........ 234
Der unsichtbare Zwerg – Schwaben.. 237
Das wortkarge Pompele – Schwaben.......................................238
Der Schatz im Wichtelesberg – Schwaben.............................. 239
Die Rotmäntele in der Spinnstube – Schwaben...................... 241

Ein Erdkindlein kommt zur Welt – Schwaben 242
Das Einfüßle – Schwaben 243
Der Zwerg von der Odenburg – Schwaben 244
Erdmännle in der Spinnstube – Schwaben 245
Meister Epp und seine Hunde Will und Wall – Schwaben 246
Die nackten Erdmännle – Schwaben 249
Die Erdweible am Küchenfelsen – Schwarzwald 250
Die traurigen Erdweible – Schwarzwald 250
Erdmännle gehen den Bauern zur Hand – Schwarzwald 251
Der undankbare Hirte – Berner Oberland 253
Das Bergmanndli und der Gämsenjäger – Luzern 255
Die Gogwärgini im Wallis – Wallis 258
Gindulin im Aletschwald – Wallis 259
Das Herdmanndli und der Vogt – Luzern 261
Die verschüttete Stadt am Thunersee – Berner Oberland 262
Die singenden Zwerge – Emmental 264
Das Geschenk der Zwerge vom Mordfeld – Elsass 268
Der Blochmonter Zwerg – Elsass 270
Der Riese und die Zwerge von Pfirt – Elsass 279
Anmerkungen 285
Autoren- und Quellenangaben zu den einzelnen Sagen 302
Literatur 310
Ortregister 315

Über die Zwerge

Zwerge sind seit Menschengedenken bekannt, in den jeweiligen Gegenden unter verschiedenen Namen, darunter etwa als Schrazel, Wichtl, Berg- oder Erdmandl, Venediger, Nörggele, Putz, Kasmandl, Eismandl, Heimchen, Quergel, Zinselmännchen, Gogwärgi, Schlätzla oder Hütchen, Erd- oder Waldgeist, um nur einige zu nennen (Anmerkungen 2, 4, 8, 11). „Die Zwerge gelten für die Urbewohner der Erde und es nennt sie das Volk uralt, bergalt und aus Steinen geschaffen". So steht in einer alten Schrift. Weiter heißt es da, dass die Zwerge zwar eine menschenähnliche Gestalt haben, aber hässlich sind; ihre Gesichtsfarbe ist aschgrau oder schwarz, den im Verhältnis zum übrigen Körper übermäßig großen Kopf deckt ein breitkrempiger Hut oder die Tarnkappe, den übrigen Körper eine grobe Kleidung von grauer, oft schwarzer oder brauner Farbe. Gemeinsam ist allen Zwergen, dass sie von kleiner bis sehr kleiner Gestalt sind, von höchstens der Größe eines vierjährigen Kindes, also etwa einem Meter, bis zu Daumengröße.

Sie gelten als Zwischenwesen zwischen Menschen und Geistern, sind also mit Eigenschaften von beiden ausgestattet: Einerseits sind sie unsterblich, uralt und geschlechtslos – auch wenn es Männlein und Weiblein, zumindest dem Aussehen nach, gibt – und mit gewissen geheimen Kräften ausgestattet, sie können sich unsichtbar machen, sind gefeit gegen Unbilden der Natur wie etwa Unwettern oder Feuersbrünsten – andererseits haben sie sehr menschliche Züge, zeigen Gefühle wie Freude oder Trauer, Liebe oder Hass. Sie müssen essen, haben Lieblingsplätze oder Lieblingsspeisen, etwa Rosinen, Erbsen oder Hirsebrei, und fühlen sich – wohl wegen ihrer Wesensverwandtschaft mit ihnen – zu den Menschen hingezogen oder abgestoßen.

Im Gegensatz zu den Riesen, die als unbeholfen, tölpelhaft und nicht sehr klug gelten, wird den Zwergen großes Wissen, Geschicklichkeit, Schnelligkeit, aber auch eine gewisse boshafte Schläue und große Rachsucht zugeschrieben.

Die Zwerge wohnen im Innern der Berge, in unterirdischen Höhlen, versteckt unter Baumwurzeln im Wald, in Erdlöchern oder sogar unter menschlichen Behausungen. Dort leben und arbeiten sie als ganze Völker in familienähnlichen Gemeinschaften, manchmal kommen sie aber auch einzeln, als einsiedlerischer Eigenbrötler, vor. Sie suchen die Schätze im Erdinneren und fördern sie voller Fleiß zutage. Manchmal belohnen sie mit einem Teil davon Menschen, denen sie freundlich gesinnt sind. Oft bestrafen sie aber auch, wenn jemand zu große Neugier oder Raffsucht gezeigt hat, den Geboten der Zwerge nicht gefolgt ist oder ihnen etwas zu Leid getan hat. Dann kann es geschehen, dass Schätze, die Menschen aus der jenseitigen Welt der Zwerge heimlich mitgenommen oder geraubt haben, beim Übergang in die diesseitige Welt zu Staub zerfallen oder sich in Kohle verwandeln. Sie lieben Musik und Tanz und lassen sich daher manchmal auf Hochzeiten oder anderen großen Festen sehen.

Poltergeister und andere in Gestalt von zwergenhaften Gnomen auftretende Geistwesen, wie etwa die Kasmandln oder gespenstische Weibl wie das Weidwiesenweibl oder das Badweibl, die zur Strafe für Verfehlungen in ihrem Erdenleben als Mensch – bis zu ihrer Erlösung umgehen müssen, werden von den Leuten häufig zu den Zwergen gerechnet.

Kobolde und Trolle, Feuermännlein, Wald-, Feld- und Erdgeister sind ebenfalls im Bewusstsein der Menschen schon seit Urzeiten verankert. Sie spielen auch heute noch in vielen Gegenden, vor allem in Island und den anderen skandinavischen Ländern, eine große Rolle im täglichen Leben. Dort legt man ihnen mancherorts sogar Speisen hin, verlegt Straßen, die durch ihr Reich führen würden, und achtet sie als heimliche Mitbewohner der Erde, die man nicht verärgern darf.

Wegen der Fülle der Sagen, die es über Zwerge – allein schon im deutschsprachigen Raum – gibt, umfasst dieses Buch nur dessen Süden. Die Sagen sind geordnet nach Regionen, also nicht nach Ländern oder politischen Staatsgrenzen, die ja immer Änderungen unterworfen waren und sind, und es kann hier nur ein Teil der vielen Geschichten, die überliefert wurden, erzählt werden – aber vielleicht einige besonders schöne oder interessante.

Der weinende Zwerg im Hausstein

Der Hausstein ist ein 917 m hoher Bergrücken südlich von Bischofsmais im Bayerischen Wald. Seit Urzeiten – so heißt es – lebt darin ein Zwerg. Wie es die Art dieser kleinen Gesellen ist, arbeitete er Tag für Tag fleißig im Berg, meißelte in dessen Tiefen lange unterirdische Gänge heraus, immer auf der Suche nach Gold, Silber, Kristallen und anderen wertvollen Gesteinen und Metallen. Alles was er fand, trug er in einer Höhle zusammen, die ihm auch als Wohnung diente. Im Lauf der Jahre schmückte er sie auf das Prächtigste aus. Sein kleines Bett bestand aus weißem Marmor und war über und über mit Edelsteinen besetzt, ebenso Tisch und Stühle. Die Lampen waren aus Alabaster, verziert mit Smaragden, Amethysten, Saphiren und Rubinen. Ihr Licht brach sich tausendfach in hohen Spiegeln aus Bergkristall, die an den Wänden ringsum hingen. Das zierliche Geschirr des Zwerges bestand aus reinem Gold, das Besteck aus gediegenem Silber.

Unermüdlich arbeitete der Zwerg, viele, viele, wohl tausend Jahre lang. Doch immer wieder entdeckte er etwas im Berg, womit er seine Wohnung noch weiter verschönern konnte.

Eines Abends aber legte der kleine Mann Hacke und Hammer aus der Hand, setzte sich auf einen seiner goldenen Stühle und blickte sich zufrieden in seinem Reiche um, wo alles nur so glänzte und funkelte. Lange saß er da und schaute und dachte dabei:

„Was habe ich hier doch für eine Schatzkammer! Schade, dass sie niemand außer mir bewundert. Ich will ein wenig aus dem Berg herausgehen und mich in der Welt draußen umsehen. Vielleicht finde ich jemanden, dem ich meine Schätze zeigen kann!"

So wanderte er denn durch die vielen unterirdischen Gänge, die er eigenhändig aus dem Berg herausgeschlagen hatte, bis er bei der Ruselpasshöhe durch eine enge Felsspalte ans Tageslicht kam. Dort stand er eine Weile wie geblendet, denn seine ans Dunkel gewöhnten Augen mussten sich erst langsam auf die Helligkeit einstellen. Dann aber sah er staunend auf die herrliche Natur ringsum, die er bei der unermüdlichen Arbeit im Berg schon fast vergessen hatte.

Es war ein schöner Sommertag, die Sonne stand hoch am Himmel und tauchte alles in ein helles, freundliches Licht; die Vögel zwitscherten laut und fröhlich, als gehöre ihnen die Welt, und das Gebrumme und Gesumme von zahllosen Bienen, Käfern und anderen Insekten erfüllte die Luft. Mit einem zufriedenen Seufzer lehnte sich der Zwerg an den warmen Felsen und ließ sich die Sonne auf den Bauch scheinen.

Plötzlich hörte er jemanden ein Lied trällern. Rasch versteckte er sich hinter einem Busch und spähte vorsichtig durch die Zweige hindurch. Da sah er ein kleines Mädchen mit flachsblonden Haaren, das drei Schafe hütete, die auf der Wiese grasten. Das Kind war nicht viel größer als er selbst, so dass er jede Furcht vor ihm verlor. Es pflückte eifrig Blumen, setzte sich dann auf einen großen Stein und begann einen Kranz zu flechten. Dabei sang es fröhlich vor sich hin. Während der Zwerg das Mädchen beobachtete, zog mit einem Mal eine seltsame Wehmut in sein Herz, und er sinnierte:

„Was bin ich doch für ein armer Tropf, obgleich ich so viele Schätze mein Eigen nenne. Immer bin ich alleine. Niemand bewundert, was ich alles geschafft habe, die Gänge im Berg und die schöne Wohnung, oder meine Perlen und die Edelsteine. Was eigentlich sind sie wert, wenn niemand sie sehen kann? Nicht mehr als die Steine dort im Geröll!"

Nachdem er eine Weile solch trüben Gedanken nachgehangen hatte, sprang er plötzlich auf, schlüpfte durch die Felsspalte in den Berg zurück, hastete die Gänge entlang bis zu seiner Höhle und holte dort aus der Schatztruhe Perlen, Edelsteine und schönen Schmuck, den er in mühevoller Arbeit selbst angefertigt hatte. Er stopfte alles in einen Lederbeutel, zog seinen besten Kittel an und lief dann so schnell er konnte wieder hinaus auf die Wiese. Er schlich sich ganz nahe an das Mädchen heran, stellte sich dann vor es hin, lüpfte artig seine Mütze und sagte, weil ihm vor Aufregung nicht Besseres einfiel:

„Guten Tag, schönes Wetter haben wir heute!"

Das Mädchen, das geglaubt hatte, alleine auf der Wiese zu sein, ließ vor Schreck die Blumen fallen. Als es aber sah, wie klein der Sprecher war, verlor es seine Furcht und lächelte ihn freundlich an.

„Wer bist denn du?" fragte es neugierig. „So einen kleinen Menschen wie dich habe ich noch nie gesehen!"

„Ich bin ein Zwerg und wohne in dem Berg da!" erklärte der kleine Mann. „Mir ist alleine so langweilig, willst du mit mir spielen?"

„Freilich, gerne!" rief das Mädchen begeistert, denn es hatte selbst oft Langeweile, wenn es so den ganzen Tag alleine die Schafe hütete. Da zog der Zwerg seine Schätze aus der Tasche und zeigte sie dem Kind.

Diesem gefielen sie über die Maßen, weil sie so bunt waren und so schön blitzten und blinkten. Sie schmückten sich beide mit dem Geschmeide und spielten König und Königin und hatten ihre Freude daran. Im Nu war der Tag vergangen, viel schneller als sonst, und als es Abend wurde, sagte das Mädchen bedauernd:

„Nun muss ich aber heim, denn es wird schon dunkel. Kommst du morgen wieder und spielst mit mir? Das hat mir so gut gefallen!"

„Gerne", antwortete der Zwerg, und sein kleines Herz hüpfte ihm im Leibe vor Freude. „Ich werde hier auf dich warten!"

Und er schaute dem Mädchen so lange nach, bis er es nicht mehr sehen konnte.

Von dem Tag an spielten die beiden den ganzen Sommer und auch den Herbst hindurch miteinander und waren vergnügt und glücklich. Als es jedoch langsam immer kälter wurde und eines Tages die ersten Schneeflocken fielen, erklärte das Mädchen traurig:

„Morgen komme ich nicht mehr herauf zu dir. Es wird Winter, da bleiben die Schafe unten und alleine darf ich nicht mehr auf den Berg. Erst im nächsten Frühling können wir uns wiedersehen."

Der Zwerg erschrak zutiefst. Er hatte das Mädchen liebgewonnen und wollte nicht wieder ganz alleine im Berg wohnen. Er hatte sich daran gewöhnt Gesellschaft zu haben. Als er sich ein wenig gefasst hatte, bat er daher:

„Geh' doch einmal mit mir in den Berg, dann zeige ich dir meine Wohnung. So etwas Schönes hast du sicher noch nie gesehen!" und als das Mädchen ein wenig zögerte, fügte er eifrig hinzu: „Und ich will dir auch etwas ganz Besonderes schenken, denn ich habe genug Schätze!"

Das Mädchen hatte Vertrauen zu dem Spielkameraden. Außerdem war es neugierig darauf, zu sehen, wie dieser im Berg hauste, daher willigte es ein. Voller Freude führte der Zwerg es zu der Felsspalte, schlüpfte hindurch und bat das Kind, ihm zu folgen. Mühsam zwängte sich dieses ebenfalls hindurch in den kleinen Gang, der dahinter lag. Im Gegensatz zu dem Zwerg, der inzwischen eine Lampe angezündet hatte und aufrecht vorausging, musste es auf Händen und Füßen kriechen, sonst wäre es nicht hindurch gekommen. Sie passierten mehrere Wegkreuzungen, und stolz erzählte der kleine Mann, dass er mit Hammer und Pickel alle Gänge allein aus dem Berg herausgehauen und dabei seine vielen Schätze gesammelt habe, die er ihm nun zeigen wolle. Endlich, dem Mädchen taten schon die Knie weh von dem rauen Felsboden, auf dem es entlang kroch, weitete sich der Gang mit einem Mal und sie gelangten in einen Raum, in dem es sich aufrichten konnte und doch nicht an der Decke anstieß, so hoch war er.

„Jetzt sind wir da!" verkündete der Zwerg feierlich und zündete eifrig alle Lampen an den Wänden an, damit seine Freundin die Wohnung, auf die er so stolz war, besichtigten konnte.

„Oh, wie ist das schön, so etwas Schönes habe ich noch nie gesehen," hauchte das Mädchen ganz überwältigt von der Pracht, die sich seinen Augen bot. Es bewunderte das Marmorbett mit den funkelnden Edelsteinen, die weißen, fast durchscheinenden Alabasterlampen mit den blutroten Rubinen, den nachtblauen Saphiren, den seegrünen Smaragden und all den anderen funkelnden Steinen, die sich in dem reinen Bergkristall der Wände tausendfach spiegelten und den Raum in ein helles, aber doch geheimnisvolles, fast unirdisches Licht tauchten. Vergnügt setzte es sich dann auf ein kleines Stühlchen an den winzigen Tisch und spielte mit dem goldenen Geschirr und mit dem silbernen Besteck.

Als der Zwerg sah, wie beeindruckt seine Freundin war, freute er sich über die Maßen und erklärte eifrig:

„Schau dir alles nur genau an. Du kannst mit allem spielen, was dir gefällt. Ich zeige dir auch noch meine Schatztruhe."

Er trippelte in eine verborgene Nische des Raumes, wo eine große, reichverzierte Truhe aus Marmor stand. Er öffnete den Deckel, griff mit beiden Armen tief hinein und holte heraus, soviel er tragen konnte. Er warf alles auf den Boden und forderte seine Freundin mit einer artigen Verbeugung auf:

„Nimm dir, was und so viel du willst und schmücke dich damit. Dann wollen wir wieder Königin und König spielen, wie auf der Wiese. Und wenn du heimgehen musst, darfst du mitnehmen, was du möchtest."

Das Mädchen jauchzte vor Freude, hängte sich Ketten aus Perlen und Edelsteinen um den Hals, setzte sich ein wunderschönes Diadem aus Diamanten auf den Kopf und tanzte ausgelassen vor den Spiegeln herum. Der Zwerg klatschte dazu vergnügt in die Hände. Mit Schauen, Bewundern und Spielen verging die Zeit wie im Fluge. Die beiden aber waren ganz versunken in ihr Tun und bemerkten es nicht. Der Zwerg suchte immer neue Schätze hervor, um sie seiner Freundin zu zeigen, und sie wurde nicht müde, diese zu bewundern.

Plötzlich glitt ihr ein Kranz aus Alabaster, den sie sich gerade auf die blonden Haare hatte setzen wollen, aus den Händen und zerbrach mit einem lauten Krach auf dem Felsboden. Da erwachten die beiden wie aus einem glücklichen Traum und fühlten sich jäh in die Wirklichkeit zurückversetzt. Der Zwerg blickte seine Freundin an und wollte nicht glauben, was er da sah, denn er konnte sich nicht vorstellen, wie es geschehen sein mochte.

„Warum bist du auf einmal so groß?" fragte er dann verblüfft.

Da bemerkte auch sie die Veränderung. Der Zwerg, der früher nur halb so groß wie sie gewesen war, erschien ihr mit einem Mal viel kleiner, so als sei er geschrumpft! Auch die Kammer kam ihr viel niedriger und enger vor, und als sie sich ganz aufrichtete, stieß sie mit dem Kopf an der Decke an.

„Was ist geschehen?" rief sie entsetzt. Da kam ihr in den Sinn, was die alten Leute im Dorf immer erzählt hatten, dass nämlich ein Tag im Reich der Zwerge für einen Menschen wie zehn Jahre sei. So war innerhalb dieses einen Tages aus dem kleinen Mädchen eine erwachsene Frau geworden.

„Ich muss heim!" rief sie, von panischem Schrecken ergriffen, als sie daran dachte, dass inzwischen zehn Jahre vergangen waren und ihre Familie sie sicher längst für tot hielt. „Ich muss sofort heim!"

Sie ließ alle Schätze fallen, bückte sich und versuchte, sich durch die engen Gänge, durch die sie als Kind gerade noch hatte schlüpfen können, hindurchzuzwängen. Aber es war unmöglich, sie war zu groß geworden. Da setzte sie sich voller Verzweiflung auf den Boden und begann bitterlich zu schluchzen:

„Ich will heim, ich will heim, ich will keine Perlen und Edelsteine, ich will heim!"

Vergeblich versuchte der arme Zwerg seine Freundin zu trösten. Sie schluchzte immer verzweifelter. Da nahm er Pickel und Hammer und fing an die Gänge zu verbreitern, damit sie hinauskommen konnte. Er arbeitete wie ein Wilder und gönnte sich keinen Augenblick Ruhe. Aber wie sollte ihm in so kurzer Zeit gelingen, wofür er vorher ein Jahrtausend gebraucht hatte? Doch er verdrängte diesen schrecklichen Gedanken aus seinem Sinn, hämmerte wie besessen drauf los und arbeitete, bis ihm vor Erschöpfung der Pickel aus der Hand fiel. Da drehte er sich um, ging zu seiner Freundin zurück, um ihr zu sagen, dass er schon einige Meter geschafft hatte und alles tun würde, dass sie bald wieder frei sei. Sie lehnte reglos und stumm an der Kristallwand und hatte ein Gesicht weißer und durchscheinender als der Alabaster ringsum. Der Zwerg erschrak, als er sie so sah.

„Hab' keine Angst", versuchte er sie zu trösten, „ich helfe dir schon!" Sie aber antwortete nicht, sondern verharrte völlig reglos.

„Sag' doch etwas!" bettelte der Kleine verzweifelt und fasste nach ihrer Hand. Die aber war eiskalt und steif, denn das unglückliche Mädchen war vor Kummer darüber, dass es nicht mehr aus dem Berg herauskonnte, gestorben. Da konnte sich der Zwerg lange Zeit vor Schmerz nicht fassen. Er wankte durch die unterirdischen Gänge, die seine geliebte Freundin gefangen und ihr den Tod gebracht hatten, und schlug sich an den rauen Felsen den Kopf blutig.

Als die wilde Verzweiflung in seinem Herzen endlich ein wenig nachgelassen hatte, kehrte er in das Gemach zurück, meißelte aus dem schönsten Alabaster einen Sarg, legte das tote Mädchen hinein, häufte alle seine Schätze darüber und ließ nur das Gesicht frei. Dann deckte er den Sarg mit durchsichtigem Bergkristall zu, setzte sich zu Füßen des Mädchens und begann zu weinen. Und je mehr er an die glücklichen Stunden, die er mit ihr verbracht hatte, dachte, desto trauriger wurde er und desto mehr weinte er. Sein Kummer und sein Herzeleid waren so groß, dass sie auch nicht durch die Zeit gelindert werden konnten.

So sitzt der Zwerg auch heute noch im Hausstein, weint sich schier die Augen aus und trauert um seine Gefährtin. Und er wird trauern bis zum Ende der Welt. Seine Tränen fließen wie kleine Bächlein die Gänge entlang, die er aus dem Felsen geschlagen hat, und kommen bei der Ruselpasshöhe als kristallklar sprudelnde Quelle heraus, genau dort, wo der Eingang ins Zwergenreich ist. Jeder aber, der von der Quelle trinkt, dem wird auf einmal ganz wehmütig und traurig zumute – so wie dem Zwerg, der im Berg sitzt und weint.

Die Zwergenhöhle bei Grünbach

In Grünbach, das zur Pfarrei Kirchdorf im Wald im Bayerischen Wald gehört, gab es früher Zwerge, die freundlich waren und den Menschen halfen. Sie wurden von den Leuten „Erdweibl" genannt, weil diese immer nur weibliche Zwerge zu Gesicht bekamen. Die Erdweibl kamen im Frühling aus den Felsenhöhlen des Grünberg und verschwanden im Herbst, wenn die Nachtfröste kamen und die ersten Blätter fielen, wieder im Berg. Besonders gern waren sie auf dem Binzingerhof (Anmerkung 1) und wurden dort oft gesehen.

Wenn die Bauern im Sommer ihre schwere Arbeit auf den Berghängen verrichteten – wobei alle Hände gebraucht wurden und keiner zuhause blieb, weil alle mitmachen mussten – war oft, wenn sie todmüde heimkamen, die ganze Arbeit im Haus schon erledigt; die Wäsche war gewaschen, das Brot gebacken, die Stube gefegt, das Essen gekocht und die Betten gemacht. So konnten sie sich einfach an den Tisch setzen und essen und dann bis zum nächsten Hahnenschrei schlafen.

Die Erdweibl waren sehr bescheiden, hatten tagaus, tagein nur ärmliche Kleider an, verlangten aber trotzdem nichts für ihre Arbeit. Die Bauersleute stellten ihnen nur ein wenig Brei und Milch zum Essen und Trinken hin, etwas anderes wollten die Zwerge nicht. Sie verrichteten die Arbeit immer zuverlässig und gut. Sie verstanden auch die Sprache der Menschen, denn wenn die Bäuerin beispielsweise sagte „heute müssen die Socken gestopft werden", dann lagen diese am Abend feinsäuberlich gerichtet im Nähkorb.

Mit den Erdweibl schien auch Segen über den Binzingerhof gekommen zu sein. Jahr für Jahr hatte der Bauer gute Ernten, sein Vieh gedieh prächtig und bekam keine Krankheiten und er konnte sich das erste aus Stein erbaute Haus im Dorf leisten.

Die Leute vom Binzingerhof freuten sich über die Hilfe der kleinen Erdgeister und waren sehr dankbar dafür. Deshalb ließen sie vom Schneider für die Erdweibl schöne neue Kleider aus rotem Stoff machen und legten sie ihnen hin. Sie hatten aber leider nicht gewusst, dass die freundlichen kleinen Helfer nichts mehr hassten als Rot. Von da an waren die Zwerge verschwunden, sie holten die Kleider nicht ab und kamen nicht mehr wieder.

Als wieder ein neues Haus im Dorf erbaut wurde, ließ man eigens ein Schlupfloch im Keller für die Erdweibl offen, doch es war umsonst, sie ließen sich nicht mehr blicken und halfen auch den Leuten nicht mehr. Ein einziges Mal noch ist eines der hilfreichen Zwerglein gesehen worden, und das kam so:

Als sie beim Binzinger einmal Streu einfahren wollten, brach das Pferd mit einem Bein in der Tenne in ein Loch im Boden ein. Die Bauern halfen ihm wieder heraus und sahen – als sie mit den Händen das Loch, das ihre Neugier erregt hatte, weiter öffneten – dass sich ein unterirdischer Gang darunter befand. Sie getrauten sich jedoch nicht, ihn zu erkunden, weil sie den Zorn der Zwerge fürchteten, wenn sie in ihr Reich vordringen würden.

Eine Nachbarin aber, sie wurde Hansen Mirzl genannt, weil sie vom Hansenhof war, die sehr klein, aber trotzdem besonders mutig war, holte sich eine geweihte Kerze – wie man sie bei schweren Unwettern anzündet, um Haus und Hof vor Blitz zu schützen – und kroch in das enge Loch.

Der unterirdische Gang führte unter der Tenne hindurch bis nahe an einen Steinhang, wo der Streuschupfen beim Stadel des Bauern war. Dort entdeckte sie den eigentlichen Eingang zu den unterirdischen Höhlen der Zwerge.

Vorsichtig, mit einem mulmigen Gefühl im Bauch, kroch die Mirzl weiter, obwohl der Gang nun immer enger wurde. Plötzlich schien es, als sei er zu Ende, denn ein kleiner Erdhaufen versperrte die Sicht. Mirzl wollte ihn gerade mit den Händen ein wenig beiseite schieben, da entdeckte sie dahinter ein Erdweibl, in den üblichen grauen Kleidern. Das blickte sie mit funkelnden Augen drohend an und sprach zornig: „Geh' ja nicht weiter, geh' ja nicht weiter!"

Da bekam es sogar die mutige Mirzl mit der Angst zu tun, vor allem, weil nun auch ihre Kerze nur noch flackerte und dann plötzlich ganz ausging. Im Stockfinstern trat sie schleunigst den Rückzug an und war froh, als sie endlich wieder beim Eingang der Höhle angelangt war.

Das war das letzte Mal, dass die Leute beim Binzingerhof ein Erdweiblein gesehen hatten. Die „Schrazel" – wie die Zwerge im

Bayerischen Wald genannt werden – blieben von da an für immer verschwunden, nur die „Schrazelhöhlen" (Anmerkung 2) zeugen noch von ihren ehemaligen Bewohnern.

Der Fährmann und der Lohn der Zwerge

Ein steiler Fels aus Dolomitgestein an der Naab bei Pielenhofen in der Oberpfalz heißt Oster- oder Asterfels. Dort befindet sich eine etwa fünfzehn Fuß lange (Anmerkung 3), ebenso breite und über zehn Fuß hohe Höhle, in die man durch ein etwa fünf Fuß hohes und nur etwa drei Fuß langes Loch gelangen kann. Diese Höhle heißt im Volksmund „Osterstube". Hier drinnen soll es einst Zwerge gegeben haben.

Ein armer Fährmann, er hieß Bleicher, der Tag und Nacht an der Naab brav seinen Dienst versah und die Leute hinüber und herüber fuhr, wurde einmal von einem Wichtelfräulein und zwei Wichtelmännchen gebeten, sie über den Fluss zu bringen. Gutmütig nahm er die drei mit hinüber. Dort wollten ihn die Zwerge bezahlen. Er aber verlangte keinen Lohn und sagte:

„Ich habe es gerne getan. Ihr braucht euer Geld sicher noch!"

Da bedankten sich die Zwerge und versprachen ihm: „Weil du so ein guter Mensch bist, soll dein Laib Brot im Kasten nie zu Ende gehen und dein Knäuel Netzgarn (der Fährmann war zugleich auch Fischer und benötigte daher das Garn) nicht kleiner werden."

Und so geschah es.

Aus dem Loch am Osterfels fließt ein Bächlein, das sogenannte „Winterbrünndl", aus dem Berg. Die Leute behaupten, es komme aus der Schwarzen Laaber und dringe durch das uralte Gebirge, das sich zwischen Laaber und Naab – die beiden Flüsse sind viele Kilometer von einander entfernt – ausbreitet. Sie finden ihre Meinung dadurch bestätigt, dass das Wasser aus dem Winterbrünndl jedes Mal ganz trüb ist, wenn die Schwarze Laaber Hochwasser hat.

Die Burg der Zwerge

Auf Schloss Krumau an der Moldau lebte einst Graf von Rosenberg, der eine ungewöhnlich schöne Tochter namens Berta hatte. Sie liebte einen jungen Mann, Herrn von Sternberg, und wollte ihn heiraten. Das aber ließ ihr Vater nicht zu, weil der – wenn auch von altem Adel – so doch nur ein armer Schlucker und hochverschuldet war. Als Berta achtzehn Jahre alt war, musste sie daher gegen ihren Willen den ungemein reichen Hans von Liechtenstein, Herr von Nikolsburg, ehelichen, obwohl dieser einen ganz schlechten Ruf als Schürzenjäger hatte, als besonders gewalttätig galt und ein rohes, jähzorniges Gemüt hatte.

Dies zeigte sich schon bei der erzwungenen Hochzeit des jungen Paares. Als die arme, verkaufte Braut ihrem heimlich Geliebten an der Hochzeitstafel einen sehnsüchtigen Blick zuwarf und ihr Bräutigam das bemerkte, sprang er wütend auf, riss Herrn von Sternberg vom Sitz, schleifte ihn zum Burgsöller und machte Anstalten, ihn von dort in die Moldau hinunterzustoßen. Dies wurde nur verhindert, weil mehrere andere Gäste eingriffen und den Wütenden daran hinderten.

Berta hatte kein gutes Leben auf der Nikolsburg. Sie wurde dort fast wie eine Gefangene gehalten und nicht nur von ihrem Gatten sondern auch von seiner Mutter und seinen zwei Schwestern drangsaliert. Ihr erstes Kind, ein Sohn, starb kurz nach der Geburt, das zweite – eine Tochter, die den Namen Elisabeth erhielt – war ihr einziger Trost in den fünfundzwanzig schweren Ehejahren, in denen sie neben Demütigungen und Verspottungen durch die drei bösen Frauen auch Schläge und andere Gewalttätigkeiten durch Hans von Liechtenstein erdulden musste.

An ihrer Silberhochzeit, als auf der Burg deshalb ein Fest gefeiert wurde, aß und trank ihr Gatte ganz besonders unmäßig, fiel plötzlich um und war auf der Stelle tot. Obwohl Berta, wie alle anderen am Tisch, darüber erschrak, war sie doch insgeheim erleichtert, weil sie hoffte, dass ihr Leiden nun ein Ende hätte. Ihre Schwiegermutter und ihre Schwägerinnen aber befürchteten, sie könne als Ehefrau des Verstorbenen nun Ansprüche auf Burg, Ländereien und andere Besitztümer stellen.

„Sie wird uns von unserer angestammten Burg verjagen", meinte die eine Schwester besorgt. „Sie wird sich dafür rächen, dass wir sie und ihre Tochter all die Jahre so schlecht behandelt haben!"

„Das darf nie geschehen! Hier ist unser Heim, wir sind hier zuhause, sie hat nur eingeheiratet! Sie darf uns nicht fortschicken, eher bringe ich sie um!" erwiderte heftig die andere Schwester, denn sie hatte ein ebenso rohes Gemüt wie ihr verstorbener Bruder. Die Mutter der beiden aber sagte:

„Das ist viel zu gefährlich für uns, wenn wir sie vergiften, fällt der Verdacht sofort auf uns und wir werden dafür zur Rechenschaft gezogen. Ich weiß etwas besseres!"

Sie erinnerte ihre beiden Töchter daran, dass noch eine andere Burg, die in Neuhaus, zum Besitz des Verstorbenen gehörte. Sie war lange von einem Vogt verwaltet worden, den Hans von Liechtenstein zu seinen Lebzeiten eingesetzt hatte. Der hatte das Gebäude aber verlassen, als dort eines Tages ein ganzes Zwergvolk eingezogen war und von der Burg Besitz ergriffen hatte. Seitdem war sie dem Verfall preisgegeben worden und schon fast zur Ruine geworden. Die Bewohner des Ortes Neuhaus hatten Angst vor den Zwergen und mieden sie, darum stand sie ganz menschenleer.

Die Schwiegermutter redete Berta, der ihre neue Situation als Witwe und Erbin des Vermögens ihres Gatten noch nicht recht bewusst war, ein, sie müsse sich nun um diese Burg im Sinne ihres Gatten kümmern. Berta war froh, der verhassten Nikolsburg, in der sie so viele schlimme Jahre hatte verbringen müssen, zu entkommen und machte sich mit ihrer Tochter Elisabeth alsbald auf den Weg nach Neuhaus.

Im Dorf angekommen, warnten dessen Einwohner sie eindringlich, von ihrem Vorhaben, auf der Burg zu wohnen, Abstand zu nehmen.

„Edle Frau, das ist lebensgefährlich!" erklärte einer der Bauern besorgt. „Dort wohnen böse Zwerge, die werden Euch und Eure Tochter umbringen!"

Berta war nun klar, warum ihre böse Schwiegermutter und ihre Schwägerinnen sie nach Burg Neuhaus geschickt hatten. Sie ließ sich jedoch nicht abhalten, weil sie dachte: „Schlimmer als auf Burg Nikolstein kann es nicht sein!"

Dann verabschiedete sie sich freundlich von den Leuten und stieg mit Elisabeth den grasüberwucherten Weg zur Burg hinauf. Einer der Bauern aber lief ihr nach, fasste sie an ihrem Gewand und beschwor sie inständig, doch umzukehren:

„Ihr lauft in Euer Unglück, edle Dame! Kehrt um!" beschwor er sie. „Die bösen Zwerge dort haben auch den Burgvogt verjagt, kehrt um, bevor es zu spät ist!"

„Ich glaube, es sind gute Zwerge, die in der Burg wohnen!" erwiderte Berta, denn sie hatte, während sie mit dem Bauern sprach, ein leises Wispern gehört und neben dem Weg einen Wichtel mit freundlichem Gesicht entdeckt. „Habe keine Sorge um uns!"

So setzten die beiden Frauen – zwar mit einem etwas mulmigen Gefühl, doch ohne größere Ängste – ihren Weg fort. Wohl fanden sie die Burg in einem völlig heruntergekommenen, fast unbewohnbaren Zustand vor, sie ließen sich aber dadurch nicht abschrecken. Auch auf Nikolsburg hatten beide oft niedrige Magddienste verrichten müssen, darum machte es ihnen nichts aus, das Schlafgemach zu säubern, die verstaubten Bettdecken auszuschütteln und ins Freie zu hängen, die Tücher und Vorhänge zu waschen und in der Sonne trocknen zu lassen. Am Abend aßen sie ein wenig von ihrem mitgebrachten Proviant, legten sich dann todmüde in dem gereinigten Raum zur Ruhe und fielen sogleich in tiefen Schlaf.

Um Mitternacht wurden sie plötzlich durch einen schwachen Lichtschein und seltsame Geräusche geweckt. Da sahen sie, dass um ihre Betten zahlreiche kleine Männlein mit kleinen Lämpchen in den Händen standen und aufgeregt miteinander flüsterten und wisperten. Einer der Zwerge hatte eine goldene Krone auf dem Kopf. Er trat, als er sah, dass die beiden Frauen wach waren, auf sie zu und erklärte:

„Habt keine Angst, wir tun euch nichts Böses! Ich bin der König dieses Volkes hier. Wir sind hierher gekommen, weil wir von unserem ehemaligen Schlupfwinkel im Berg verjagt worden sind. Wir wollten nur in einer kleinen Ecke dieser Burg Zuflucht suchen, aber der Vogt versuchte uns mit Rattengift zu töten und uns auszuräuchern. Da haben wir ihn vertrieben. Seitdem fürchten sich die Leute vor uns, obwohl wir niemandem etwas zuleide tun."

Da antwortete Gräfin Berta freundlich: „Wir fürchten uns nicht vor euch. Wenn ihr wollt, könnt ihr gerne hier bei uns auf der Burg wohnen, dann sind wir nicht so alleine."

„Habt Dank! Das sollt ihr nicht bereuen müssen! Wir werden euch helfen, wo immer ihr uns braucht!" rief da der Zwergenkönig freudig, und seine Untertanen lachten und warfen vergnügt ihre Mützchen in die Luft.

„Noch eine Bitte habe ich", erklärte der Zwergenkönig. „Wir Zwerge essen nichts lieber als Hirsebrei. Wenn ihr uns jeden Tag Hirsebrei kocht, dann bauen wir die Burg für euch in kurzer Zeit wieder auf, schöner, als sie jemals war!"

„Gerne, wir können sehr gut Hirsebrei kochen!" lachten Berta und Elisabeth und schlossen den Pakt mit den Zwergen, die ihnen ein Säckchen voll Hirse und frische Milch gaben.

Am nächsten Morgen brachten die beiden Frauen die Küche so weit in Ordnung, dass sie auf dem Herd einen großen Topf mit Hirsebrei kochen konnten. Als der Brei fertig war, gesüßt mit Honig, den sie aus Nikolsburg mitgenommen hatten, gaben sie ihn zum Auskühlen auf ein Fensterbrett. Um Mitternacht kamen wieder die Zwerge, jeder mit einem kleinen Näpfchen und einem Löffelchen. Sie stellten sich artig in einer Reihe auf und ließen sich von Berta und Elisabeth ihre Näpfchen füllen. Sie aßen mit Vergnügen den süßen Brei und bedankten sich dafür. Nun legten sich die beiden Frauen zum Schlafen, während die Wichte damit begannen, das Gebäude wieder instand zu setzen.

In der Frühe, als die Gräfin und ihre Tochter aufwachten, war schon die Küche fertig und die Treppe ins Obergeschoss begehbar. Wieder kochten sie einen guten Hirsebrei, den sie um Mitternacht den Zwergen zum Verzehr gaben, und wieder war am nächsten Morgen ein weiterer Teil der Burg wiederaufgebaut. So ging das ein paar Tage, dann stand diese schöner als je zuvor da. Aber auch, als sie fertig war, bekamen die Zwerge jede Nacht ihren geliebten Hirsebrei. Dafür verrichteten sie alle Arbeiten, die in Haus oder Burghof anfielen.

Berta und Elisabeth gelangten zu Wohlstand und hatten Zeit, sich um die Bevölkerung ringsum zu kümmern, weil sie sonst nichts tun mussten. So waren sie bald als Wohltäterinnen im ganzen Böhmerwald bekannt und beliebt. So lebten die Zwerge zusammen mit den Frauen lange Jahre in Eintracht und Frieden in der „Zwergenburg", wie Burg Neuhaus von da an von den Leuten genannt wurde.

Aus Bechstein: Sagen aus deutschen Landen. Illustration v. 1853

Der Bauer im Zwergenreich

Ein Bauer aus Obernberg am Inn in Oberösterreich kam einmal in arge Bedrängnis, weil er Schulden hatte und zudem noch Steuern bezahlen musste. In diesem Jahr wusste er nicht, woher er das Geld dafür nehmen sollte. Der Grund für seine Notlage waren ein Hagelschlag, der die Ernte auf seinen Feldern vernichtete, und der Tod der Bäuerin, die vorher lange krank war, was große Ausgaben für Heilkundige und Arzneimittel verursacht hatte. Auch musste er eine Wirtschafterin einstellen, damit es einigermaßen daheim umging. Er wusste nicht mehr ein noch aus, deshalb machte er sich auf den Weg zu Verwandten, um sich von ihnen Geld zu borgen.

Der Weg dorthin führte durch eine wilde Schlucht, die als „Hölle" bezeichnet wurde und als nicht geheuer galt. Deshalb wurde diese Gegend von der Bevölkerung gemieden. Aber der Bauer musste diesen Weg gehen, weil er gar keine andere Wahl hatte.

Als er die schaurige Schlucht passierte, wurde es ihm ganz komisch zumute; auch dachte er an die niederdrückenden Schulden und was aus seinen unmündigen Kindern werden sollte. Voller Gram seufzte er vor sich hin: „Ach, wenn sich nur ein guter Geist meiner erbarmte."

Er war noch ganz tief in seine Gedanken versunken, da hörte er plötzlich ein Wispern und Flüstern. Neugierig ging er in die Richtung, aus der die Stimmchen kamen. Nach wenigen Augenblicken stand er vor einem dichten Dornengestrüpp, durch das er sich mühsam einen Weg bahnte. Ein Höhleneingang wurde sichtbar. Jedwedes Unbehagen war merkwürdigerweise von ihm abgefallen und er ging in die Höhle hinein, und kaum war er ein paar Meter gegangen, da befand er sich auf einer Wiese, auf der sich viele Zwerge aufhielten, die alle einen frohen Eindruck machten. Sie wuselten um ein prächtiges Gefährt, das von sechs Ziegenböcken gezogen wurde. Ein kleines Männchen, das herrschaftliche Kleider und auf dem Kopf eine Krone trug, steuerte die Kutsche.

Der Bauer versteckte sich hinter einem Strauch, um unbemerkt das Treiben zu beobachten. Aber ein besonders schlaues Zwerglein hatte den Eindringling erspäht, lief auf den Busch zu und veranstaltete dabei ein arges Geschrei. Sofort war der Bauer von einer Schar Zwerge umringt und er wurde zu dem kleinen Männchen auf dem Wagen, ihrem König, gebracht. Der Herrscher fragte ihn freundlich, wie er diesen Ort gefunden habe. Der Bauer hatte alle Scheu verloren und erzählte es ihm und dabei redete er sich all seinen Kummer von der Seele.

Der König stieg vom Wagen und nahm ihn mit zu einer unauffälligen Anhöhe. Dieser Berg öffnete sich, und sie traten ein. Der Bauer fand sich in einer prunkvollen, riesigen Höhle, wo Gold, Silber und Edelsteine in unübersehbarer Menge lagerten. Dann wurde der arme Landmann in einen großen Speisesaal gebracht, und es wurde ihm an der königlichen Tafel ein üppiges Mahl vorgesetzt.

Nach einiger Zeit fragte der König seinen Gast, ob es ihm hier gefalle. Dieser sagte: „Ja! Gerne würde ich für immer hier bleiben. Aber, edler Herr, Ihr wisst, ich habe zu Hause kleine Kinder, die auf mich warten. Und nur deshalb muss ich wieder zurück."

Dem König gefiel diese Antwort und er meinte wohlwollend: „Nimm dir als Andenken von den Schätzen hier. Du darfst dir davon mitnehmen so viel du tragen kannst."

Daraufhin schleppten auf Weisung des Monarchen einige Wichtel Gold und Silber herbei, befüllten damit einen großen Sack, der so schwer war, dass der Bauer ihn gerade noch tragen konnte. Gerührt bedankte er sich unter Tränen und verabschiedete sich von allen. Unmittelbar danach, er wusste nicht wie es geschehen war, stand er in der warmen Sonne auf der Wiese vor der Schlucht.

Er schulterte den Sack, machte sich auf den Heimweg und sah nach wenigen Schritten einen Mann, der auch einen Sack auf der Achsel hatte. Als sie zusammentrafen waren beide sehr erstaunt! Es waren Vater und Sohn. Der Bursche sagte: „Vater, ich habe mir große Sorgen gemacht, weil du vom Verwandtenbesuch nicht zur vereinbarten Zeit zurückgekehrt bist. Deshalb meinte ich, es sei dir ein Unheil zugestoßen und ich wollte dich suchen. Gott sei Dank bist du gesund!" Dann erzählten sie sich wie es ihnen ergangen war. Und Vater und Sohn hatten genau das gleiche Erlebnis mit dem Zwergenvolk. Verwundert waren sie nur darüber, dass sie sich im Berg drinnen nicht getroffen hatten. Glücklich und dankbar zogen sie nach Hause. Sie konnten die Schulden und Steuern bezahlen und das Elend hatte ein Ende.

So nach und nach erfuhren die Leute im Dorf, wie der einstmals arme Bauer zu seinem Wohlstand gekommen ist. Einige, auch Bewohner der Nachbardörfer, gingen in die Schlucht, um auch zu Reichtum zu gelangen. Aber die Zwerge blieben verschwunden.

Das unheimliche Schloss Schauenstein

Schloss Schauenstein im österreichischen Waldviertel galt früher lange Zeit hindurch als ein unheimliches Spukschloss, das kaum einer zu betreten wagte. Es hieß, es sei verflucht worden und mit ihm der Schatz, der sich dort befinde. Wohl hätte manch ein Glücksritter versucht, diesen zu finden. Jeder aber, der in das Schloss gegangen sei, sei dann nie mehr gesehen worden.

Eines Tages, kurz nach dem Dreißigjährigen Krieg, kam ein alter Soldat, der sein Leben lang mit einem der Heere durch die Lande gezogen war und nirgends mehr Heimat hatte, auf der Suche nach einer neuen Bleibe für seine Zukunft, in das Dorf bei Schloss Schauenstein. Als er bei einem Wirt nach Quartier fragte, war dieser nicht sehr begeistert den alten Haudegen beherbergen zu müssen, denn die Leute hatten langsam genug von den ausgemusterten und plan- und ziellos umherziehenden Kriegern. Daher sagte er:

„Ihr könntet in Schloss Schauenstein oben nächtigen. Das kostet Euch keinen Heller, denn es steht schon seit hundert Jahren leer. Auch ist dort ein reicher Schatz verborgen, den bisher noch niemand gefunden hat."

Neugierig erkundigte sich der Soldat, ob denn noch niemand versucht habe, diesen zu finden.

„Doch, doch," musste der Wirt zugeben, „aber das ist sehr gefährlich, denn es hausen böse Geister im Schloss, die ihn bewachen; bisher ist es noch niemandem gelungen ihn zu finden."

Diese Auskunft schreckte den kampfgewohnten Mann aber nicht ab. Er ließ sich vom Wirt eine Wegzehrung mitgeben, ebenso eine geweihte Kerze und geweihte Kreide vom Dreikönigstag. Dann stieg er – es war schon Abend – zum Schloss hinauf, dessen Fenster hell erleuchtet waren und dessen Tore weit offen standen, obwohl angeblich niemand darin wohnte.

Unerschrocken ging der Mann in einen großen Saal, stellte seine Kerze auf den Tisch und zündete sie an, obwohl im Saal alle Lichter brannten. Dann zog er mit der geweihten Kreide um den Tisch einen Kreis, der nirgends unterbrochen war, und setzte sich anschließend in diesem Kreis an den Tisch. Sein Schwert hatte er griffbereit bei der Hand. So harrte er der Dinge, die da kommen sollten.

Als die Kirchturmglocke im Dorf die Mitternacht einläutete, öffnete sich beim letzten Schlag mit einem Mal eine Türe, die der Mann vorher noch nicht entdeckt hatte, und vier Zwerge, von Kopf bis Fuß schwarz gewandet, betraten mit feierlich gemessenen Schritten den Saal. Sie trugen einen schwarzen Sarg und stellten ihn an dem Kreidekreis, den sie nicht überschreiten konnten, ab.

Immer kampfbereit umklammerte der Soldat sein Schwert und beobachtete jede Bewegung der Zwerge ganz genau. Sie jedoch blieben regungslos stehen, während sich der Sargdeckel ganz langsam hob. Als er offen war, entstieg ihm ein Zwerg mit einer goldenen Krone auf dem Haupt. Gleichzeitig füllte sich der Sarg, in dem er gewesen war, bis an den Rand mit zahllosen, funkelnden Goldmünzen.

Der Mann hielt vor Überraschung den Atem an, als ihn der Zwergenkönig ansprach:

„Du willst den Schatz gewinnen und dein ganzes Leben lang ein reicher Mann sein. Dazu musst du vorher aber eine Aufgabe lösen. Du musst diesen Goldschatz in genau zwei Hälften teilen. Wenn dir das gelingt, so gehört er dir, gelingt es dir nicht, so musst du sterben und ich muss weiter darauf warten, endlich von meiner Pein erlöst zu werden."

Ohne aus dem schützenden Kreis zu treten, begann der Soldat die Münzen aus dem Sarg Stück für Stück auf zwei gleich große Haufen zu verteilen. Zum Schluss jedoch blieb ein Goldstück übrig. Da nahm er kaltblütig sein Schwert, schlug es in der Mitte entzwei und warf jeweils eine Hälfte davon auf jeden der zwei Haufen.

Da tat es einen ohrenbetäubenden Donnerschlag. Gleichzeitig erwachte das schon seit hundert Jahren nicht mehr bewohnte Schloss zu neuem Leben. Überall waren nun Mägde und Diener in dem Gebäude, die geschäftig umhereilten. Die vier Zwerge aber wurden zu Knappen und auch der winzige Zwergenkönig reckte und streckte sich und wurde zu einem stattlichen Ritter in voller Rüstung. Er trat auf den überraschten Soldaten zu und sprach:

„Dank sei dir, denn du hast mich erlöst. Ich war hier der letzte Herr auf diesem Schloss und wurde meiner bösen Taten wegen verwünscht. Du stammst aus meinem Geschlecht, darum hat dich das Schicksal wieder hierher in diese Gegend geführt, ohne dass du wusstest, warum. Das Schloss und alles was sich darin befindet, gehört fortan dir. Nutze es besser als ich. Nun kann ich endlich in die Ewigkeit hinübergehen. Hab' nochmals vielen Dank!"

Nach diesen Worten verschwand der Ritter mit seinem Gefolge. Der Soldat, sein tapferer Nachfahre, bewohnte das Schloss fortan und hatte so endlich eine Heimat und mit dem Schatz auch sein Auskommen bis ins hohe Alter gefunden.

Vom Zwergenstein auf dem Schneeberg

Innen im Schneeberg, der bei Puchberg und Gutenstein in Niederösterreich liegt, lebte vor so langer Zeit, dass niemand mehr sagen kann, wann genau es gewesen ist, ein Zwergenvolk. Die kleinen Leute kamen oft aus dem Berg heraus, besuchten die Almen und halfen den Hirten und Sennerinnen dort heimlich bei Nacht bei der Arbeit. Sie kümmerten sich um das Vieh, kehrten die Stuben oder rührten das Butterfass. Als Lohn tranken sie nur etwas frische Milch oder aßen ein Stückchen Käse. Die Zwerge waren fröhliche Gesellen, lachten und tanzten gerne und fanden es nach getaner Arbeit ganz besonders lustig auf den Kühen zu reiten und auf ihren breiten Rücken herumzuturnen.

Lange, lange Zeit, wohl ein paar Jahrhunderte hindurch, lebten Menschen und Zwerge friedlich miteinander auf dem Schneeberg.

Einmal aber arbeitete dort als Hüter ein arger Lausbub, der seine Freude daran hatte, die Tiere zu schlagen, die Blumen zu zertreten oder die Zweige von den Bäumen abzureißen. Auch versuchte er andere zu ärgern, wo er nur konnte. Er beobachtete nachts die Männlein einmal heimlich und als einer der Zwerge vergnügt auf dem Rücken einer Kuh ritt, seine Mütze in die Höhe warf und wieder fing und allerlei Kunststücke versuchte, knallte er ihm ganz ohne Vorwarnung seine Geißel über den Rücken. Das Männlein schrie vor Schmerz laut auf und fiel zu Boden, während der rohe Bursche sich vor Lachen schier ausschütten wollte.

Von Stund an ließen die Bergmännlein sich nicht mehr sehen. Vorbei war es mit ihrer freundlichen Hilfe. Die Menschen auf den Almen mussten wieder alle Arbeit alleine machen, das Vieh gab nicht mehr so viel Milch und oft stürzte eine Kuh ab oder wurde krank, was zu Zeiten der Zwerge nicht vorgekommen war. Wohl jagten die Senner den nichtsnutzigen Hüterbuben fort, aber es war zu spät. Die fröhlichen kleinen Helfer ließen sich nicht mehr blicken.

Viele Jahre später saß einmal am Weihnachtsabend die Familie des armen Bergbauern vom Puchberger Hof in der Stube beisammen und feierte miteinander die Geburt des Herrn. Draußen herrschte grimmige Kälte und es war eine so stürmische Nacht, in der es dazu noch ununterbrochen schneite, dass niemand sich hinauswagte. Da klopfte es plötzlich an die Türe.

„Wer mag das wohl sein, der in so einer Nacht noch unterwegs ist", fragte der Bauer verwundert, ging zur Türe und öffnete sie. Da stand ein kleines Männlein in einem völlig von Schnee bedeckten Umhang vor ihm, das vor Kälte nur so zitterte.

„Schnell, komm herein" sagte da der Bauer freundlich, „wenn du noch länger draußen bleibst, holst du dir ja den Tod!"

Er zog das schon ganz erstarrte Männlein in den Hausgang, nahm ihm den Mantel ab und schüttelte ihn aus. Dann führte er es zur Ofenbank und ließ es sich dort niedersitzen und sich aufwärmen ohne weitere Fragen zu stellen, wo es denn hergekommen sei und was es in solch einer Sturmnacht draußen gewollt hatte. Als sich das Männlein etwas erholt hatte, bat es: „Darf ich heute bei euch über Nacht bleiben, ich habe aber kein Geld um zu bezahlen!"

Der Schneeberg – Aquarell von K. J. Th. Leybold um 1820

„Natürlich", sagte der Bauer freundlich und die Bäuerin holte dem seltsamen Gast gleich etwas zu essen und gab ihm heiße Milch mit einem Löffel Honig zu trinken, obwohl sie nur arme Bauern waren und selbst nicht sehr viel hatten.

„Sonst wirst du noch krank!" meinte sie dabei, „wenn du noch mehr willst, musst du es nur sagen!"

Dann richteten sie dem Männlein ein Nachtlager auf der Ofenbank und begaben sich alle zu Bett.

Am nächsten Morgen verabschiedete sich der seltsame Gast bei der Familie mit den Worten:

„Habt Dank, ihr guten Leute. Viel kann ich euch nicht geben, aber achtet deshalb meine Gabe doch nicht gering!"

Er kramte aus seinem Mantel zwei schöne rotbackige Äpfel hervor auf legte sie in die Wiege des jüngsten Kindes. Dann ging er zur Türe hinaus und schritt über die weiten Almwiesen in Richtung der gerade aufgehenden Sonne davon. Der Großvater der Familie, der ihm durch das Fenster nachblickte, sah, wie sich der spitze Hut des Männleins plötzlich in eine goldene Krone verwandelte und auch sein Umhang ganz golden schimmerte.

„Das war der Zwergenkönig!" rief er ganz überrascht. Da schauten alle auf die Wiege mit den Äpfeln und entdeckten, dass auch sie sich in pures Gold verwandelt hatten. Nun hatte die Not auf dem armen Bergbauernhof ein Ende, aber obwohl sie nun genug zum Leben hatten, wurden sie nicht hochmütig und hartherzig und hatten immer ein Herz für die Armen. Niemand, der an ihre Türe kam und um ein Stück Brot oder einen Trunk Milch bat, wurde abgewiesen.

Von der Begegnung mit dem Zwergenkönig erfuhr auch sein Nachbar. Der wollte auch sein Glück machen, denn er war nur ein armer Schäfer. Weil ihn aber nie ein Zwerg um seine Hilfe bat, ließ er eines Tages einfach seine Herde im Stich und stieg auf den Schneeberg. Aber obwohl er in jede Felsspalte schaute und hinter jedem großen Brocken oder Busch nach dem Eingang ins Zwergenreich suchte, konnte er ihn nicht finden und er entdeckte auch nirgends einen Zwerg. Da wurde er wütend und schrie laut:

„He, wo bist du denn, du dummer Zwergenkönig! Ich suche dich schon so lang! Ich bin auch arm, gib mir also auch einen goldenen Apfel wie meinem Nachbarn! Zeig dich endlich und sprich mit mir!"

Aber kein Zwergenkönig erschien, nur das Echo seiner Stimme hallte aus den Bergen zu ihm zurück, eine Antwort bekam er nicht. Da fing er an zu fluchen und wollte gerade weitersuchen, als plötzlich aus heiterem Himmel ein Blitz unheilvoll zischend neben ihm in den Boden fuhr und ein ohrenbetäubender Donnerschlag ertönte. Gleichzeitig brach ein riesiger Felsbrocken vom Schneeberg ab und rollte bis vor die Füße des Schäfers, der zu Tode erschrocken zurücksprang.

Da endlich erkannte er, dass er den Zwergenkönig nicht zwingen konnte, ihm zu Reichtum zu verhelfen. Kleinlaut kehrte er ins Tal zurück und blieb ein armer Mann.

Der abgebrochene Felsbrocken liegt noch heute auf einer Alm am Schneeberg, die „Hengst" genannt wird. Bei den Leuten heißt er nur „Zwergenstein". Die Zwerge haben sich seit der Zeit aber nie mehr blicken lassen.

Der gestohlene Stoff

Ein fleißiger und geschickter Schneider ging seinem Handwerk in Baden bei Wien nach. Er arbeitete gleichermaßen für Honoratioren wie für die einfachen Leute.

Mit der Zeit fand Meister Zwirn, dass er neben dem Verdienst aus seiner Fertigkeit noch zusätzliche Geschäfte machen könne. Und das ging so: Wenn er ein neues Gewand anfertigen musste, so zwackte er – wenn immer dies möglich war – einen Teil des Stoffes für sich ab, mal handelte es sich um eine Elle und mehr, dann wieder nur um einen Fleck. Das ging längere Zeit gut so, und der unehrliche Schneider hatte eine recht gute zusätzliche Einnahmequelle.

Aber irgendwann war es wie verhext, denn über Nacht schrumpfte der gestohlene Stoff. Von einer Elle blieb nur noch wenig übrig; eine Weste konnte daraus nicht mehr genäht werden und als Flicken für Ausbesserungsarbeiten war das Teil zu groß.

Der Schneider, der sich niemandem anvertrauen konnte, überlegte, wie er dem Geheimnis auf die Spur kommen könnte. Da glaubte er die Lösung gefunden zu haben! Er spannte ein großes Stück von dem erbeuteten Stoff auf ein Brett auf und befestigte es an den vier Ecken mit kleinen Nägeln. Als er am nächsten Tag nachsah, war nur noch ein kläglicher Rest vorhanden. Der Schneider besah das Brett und stellte fest, dass der Stoff fein säuberlich aufgespannt war, aber statt der vier waren jetzt acht Löcher im Holz vorhanden.

Und nach intensivem Grübeln kam dem Meister der Nadel eine neue Idee! Immer wenn er Stoff zurückbehielt, so verarbeitete er diesen noch am gleichen Tag. Aber das ging nur eine Zeitlang, denn so viel stibitzten Stoff konnte er an einem Tag, auch wenn er bis spät in die Nacht hinein arbeitete, nicht verwerten. Also schrumpfte der nicht sogleich verarbeitete Stoff weiterhin über Nacht.

Da Fenster und Türen immer fest verschlossen waren, konnte also niemand von draußen eingedrungen sein. Jetzt kam dem tapferen Schneider eine zündende Idee: Er legte sich mit einem Prügel bewaffnet auf die Lauer. Er hatte ein besonders schönes Stück Tuch auf den Tisch gelegt.

Baden bei Wien – Aquarell von Eduard Gurk, um 1830

Als die Kirchturmuhr Mitternacht schlug, hüpfte urplötzlich ein Zwerg auf den Tisch, tanzte lustig darauf herum und fing an den Stoff zu bearbeiten. Der Schneider war starr vor Schreck – er wagte kaum zu atmen. Dann sah er, wie der Wicht in aller Seelenruhe eine Hose zuschnitt, den passenden Faden an der Nähmaschine aufzog und hurtig nähte. Es schlug 1 Uhr. Übermütig lachend sprang das Männchen in die Höhe, nahm die Hose an sich, drehte sich noch einmal im Kreis, hüpfte vom Tisch und verschwand, ohne dass der Schneider feststellen konnte wohin.

Langsam erholte sich der Meister von dem Schreck. Er wankte zum Tisch und sah, dass nur noch ein winziger Fleck übrig geblieben war. Von dem Erlebten war er so mitgenommen und fassungslos, dass er fortan seinen Auftraggebern auch den geringsten Stoffrest zurückgab. Und er blieb redlich so lange er lebte.

Das Mädchen und die Zwerge bei Hundheim

Im niederösterreichischen Hundheim lebte einmal am Rande des Ortes ein alter Mann mit seiner Enkelin in einer ärmlichen Behausung. Weil sie so wenig besaßen, ging das Mädchen oft in den Wald, um Beeren und wilde Früchte zu pflücken oder um Holz zu sammeln. Einmal war sie auch auf dem Hexenberg unterwegs, um Pilze für das Mittagessen zu suchen, da begegnete ihr eine große Schar von Zwergen. Sie grüßte freundlich, da blieben die kleinen Männchen stehen und einer von ihnen lüpfte artig seine Mütze und erklärte:

„Wir wohnen hier in den Höhlen im Berg und haben dort wunderschöne Schätze an Gold, Silber und edlem Gestein. Willst du sie sehen?" Das Mädchen aber lehnte dankend ab, weil es sich fürchtete in die dunklen Gänge im Berg zu kriechen und erwiderte:

„Ich muss erst meinen Großvater fragen, ob ich darf."

Dann verabschiedete es sich von den Zwergen und lief rasch heim. Dort erzählte sie ihrem Großvater, was sie erlebt hatte.

„Niemals darfst du den Zwergen trauen!" warnte sie daraufhin der alte Mann erschrocken. „Niemals darfst du mit ihnen gehen, sie sind heimtückisch und werden dich nie mehr aus ihren Höhlen herauslassen, wenn du ihnen folgst. Traue ihren Versprechungen nicht!"

Das Mädchen versprach dem Großvater hoch und heilig, den Zwergen nicht in den Berg zu folgen. Da war der Alte endlich beruhigt.

Es verging ein ganzes Jahr, aus dem Mädchen war schon eine junge Frau geworden, da ging sie wieder einmal auf den Hexenberg, um Pilze zu sammeln, weil dort die schönsten und größten wuchsen. Wieder traf sie auf die Zwerge und wieder versprachen diese, ihr die schönsten Schätze zu zeigen, wenn sie ihnen in den Berg folgen würde.

„Wir besitzen aber auch die prächtigsten Kleider!" lockten sie. „Du wirst darin aussehen, wie eine Prinzessin!"

Da konnte die junge Frau nicht länger widerstehen und folgte den Zwergen beim sogenannten „Hexenloch", dem Eingang in das Höhlenreich, in den Berg. Nach langen dunklen Gängen kam sie in einen unterirdischen Palast, in dem alles nur so glitzerte von Edelsteinen, Gold und Silber. Überall hingen Spiegel aus Bergkristall und auch die schönen Kleider, von denen die Zwerge gesprochen hatten, lagen in reichverzierten Truhen aus Silber. Fröhlich zog sie die Kleider eines nach dem anderen an, drehte sich entzückt über die eigene Schönheit vor den Spiegeln aus Bergkristall und ließ sich von den Zwergen bewundern. Anschließend bewirteten sie die Zwerge mit köstlichen Speisen und Getränken, tanzten und feierten lustige Feste mit ihr, zu denen sie jedes Mal ein anderes schönes Kleid tragen und sich mit Perlen und Edelsteinen schmücken durfte. Bei diesem angenehmen, verantwortungslosen Leben schob sie die Rückkehr zu dem kargen Dasein auf der Erde immer mehr auf und blieb schließlich ganz bei den Zwergen.

Inzwischen wartete der Großvater verzweifelt auf die Rückkehr seiner geliebten Enkelin. Er vermutete, dass ihr plötzliches Verschwinden mit den Zwergen am Hexenberg zu tun haben könnte; darum stieg er eines Tages hinauf und ging zum Hexenloch. Dort versperrten ihm aber Wächterzwerge den Eingang in ihr Reich.

„Bitte, gebt mir meine Enkelin zurück, ich bin einsam und habe sonst niemanden mehr auf der Welt, bitte gebt sie mir zurück!" flehte der alte Mann inständig.

Aber die Zwerge weigerten sich und wollten nicht einmal bestätigen, dass sich die junge Frau in ihrem Reich aufhielt. Als er versuchte, sich an ihnen vorbeizudrängen, um in den Gang hineinzukommen, stießen sie ihn mit Gewalt zurück und bedrohten ihn mit einem schrecklichen Tod, sollte er jemals ihr Reich betreten.

Als sich seine Enkelin bereits ein Jahr im Berg aufhielt, kam der Großvater wieder zum Zwergenloch. Gerade um diese Zeit hatte sich das Mädchen, das wieder einmal die unterirdischen Gänge erkunden wollte, zufällig dem Ausgang genähert und nach der langen Zeit zum ersten Mal wieder die Sonne durch das Zwergenloch hereinscheinen sehen. Da erfasste die junge Frau eine tiefe Sehnsucht nach der Welt dort draußen, nach ihrem Großvater und ihren Freunden und sie wollte hinauslaufen. Da aber packten sie die Zwerge und schleppten sie, obwohl sie laut um Hilfe schrie, in das Zwergenreich zurück. Der Großvater hörte die Rufe und erkannte die Stimme seiner Enkelin. Er lief zum Eingang, fiel dort vor den Wächterzwergen auf die Knie und flehte inständig:

„Wenn ihr mir schon meine Enkelin nicht zurückgebt, so lasst sie mich wenigstens noch einmal sehen, bevor ich sterbe, lasst sie noch einen einzigen Tag zu mir. Dann will ich zufrieden sein!"

„Niemals mehr sollst du sie sehen", antworteten die Zwerge hartherzig, „denn sonst kehrt sie nicht mehr zu uns zurück!"

„Dann seid verflucht!" schrie der alte Mann in tiefer Verzweiflung und in bitterem Groll. „Seid verflucht, wenn ihr meine Enkelin nicht mehr aus dem Berg herauslasst, so sollt auch ihr nie mehr herauskommen!"

Der Fluch des Alten ging in Erfüllung. Gleich darauf fing der Berg an in seinen Grundfesten zu erzittern. Die Erde bebte, die Felsen stürzten krachend nieder und die Gänge mit dem unterirdischen Schloss der Zwerge brachen in sich zusammen. Alle darin, auch das arme gefangene Menschenkind, kamen ums Leben. Heute erinnern nur noch einige wilde Kalksteinhöhlen beim Zwergenloch am Hexenberg daran, dass früher einmal hier die Zwerge ihr prachtvolles Reich hatten.

Der glückliche Zwerg

In Hainburg, östlich von Wien, sah man beim Wiener Tor nachts oft ein kleines Lagerfeuer, vor dem ein Zwerglein saß, das einen niedergedrückten, Mitleid erregenden Eindruck machte. Immer wenn Leute vorbeigingen, hob es ihnen die kleinen Händchen wie ein Bettler entgegen und zeigte dann auf das Feuer. Achtlos eilten die Menschen, die sich an den Anblick bereits gewöhnt hatten, weiter und machten sich auch keinerlei Gedanken über das Männchen oder dessen Schicksal.

Aber irgendwann einmal kam ein Fremder des Wegs, der selbst arm war. Ihn überkam arges Mitleid mit dem erbarmungswürdigen Wicht, und er warf ein paar Brotbröckchen ins Feuer, weil der Zwerg immer darauf deutete. Wie kam da auf einmal Leben in das Männchen! Es straffte sich und jauchzte voll Freude, schwang seine Ärmchen, nickte dem verdutzten Mann freundlich zu und verschwand, und zwar auf ewig.

Der Fremde sah in die noch glimmende Asche, erspähte etwas Funkelndes und bemerkte, dass es sich um Goldstücke handelte.

Da das Zwerglein sich entfernt hatte, nahm er an, dass das Gold für ihn bestimmt ist. Er nahm es an sich und zog fröhlich pfeifend weiter.

Ansicht Wiener Neustadt – Aquarellierte Federzeichnung um 1817 von Ferdinand Anton Johann Freiherr von Wetzelsberg

Die Zwerge im Ruprechtsloch

Das Ruprechtsloch, das am östlichen Steilhang des Großen Otter in Niederösterreich – der zum Gebiet des Semmerings gehört – tief ins Innere des Berges führt, war von jeher den Leuten unheimlich, weil sie nicht wussten, was sich darin befindet. Da verabredete sich einmal ein Bauer aus der Umgebung mit zwei Freunden dort, um es endlich zu erkunden. Alle drei galten als unerschrockene Männer, denen das Gelingen solch eines Unternehmens wohl zuzutrauen war. Sie hatten Seile mitgebracht und alles was sie sonst noch für ihr Vorhaben brauchten. Nun seilte sich der Bauer an und dann ließen die beiden anderen ihn in das dunkle Loch in die unbekannte Tiefe hinab. Es wurde immer dunkler und dunkler, und er hatte noch lange nicht den Boden des unheimlichen Loches erreicht, da überkam selbst diesen tapferen Mann plötzlich eine tiefe Furcht vor dem, was ihn da unten erwartete und er schrie laut:

„Zieht mich heraus! Zieht mich heraus!"

Seine Stimme aber klang derart schaurig aus der Tiefe herauf, dass seine Freunde vor Schreck das Seil losließen und in wilder Furcht Hals über Kopf davonliefen und ihn seinem Schicksal überließen. Der Bauer aber stürzte ganz hinab und blieb unten im Ruprechtsloch bewusstlos liegen. Als er endlich wieder zu sich gekommen war und sich aufgerappelt hatte, versuchte er verzweifelt einen Ausgang aus der Höhle zu finden. Es drang nur sehr wenig Licht von oben herein, aber er konnte einen Gang erkennen, der weiter in den Berg oder aber wieder zur Erdoberfläche führte, er wusste es nicht. Da es aber die einzige Möglichkeit schien, hier je wieder herauszukommen, schritt er hinein, indem er sich an der Wand entlang hangelte und immer nur ganz vorsichtig einen Fuß vor den anderen setzte, um nur ja nicht zu stolpern.

In der tiefsten Dunkelheit entdeckte er vor sich plötzlich einen schwachen Lichtschimmer. In der Hoffnung, sich dem Ausgang zu nähern, ging er freudig darauf zu. Als er näher kam, sah er, dass das Licht von der kleinen Lampe eines Bergmännleins kam, das ihn verwundert fragte, was er denn hier wolle. Da erzählte er ihm sein Missgeschick und bat den Kleinen um Hilfe.

„Komm mit!" forderte ihn dieser auf und schritt vor ihm her, bis sich der Gang zu einer großen, lichterfüllten Höhle weitete, in der sich fröhlich viele Zwerge von der schweren Arbeit im Berg entspannten. Die einen saßen um ein Spielbrett, die andern warfen sich Bälle zu und lachten ganz ausgelassen, wenn sie einen fangen konnten, andere aber saßen ganz still in einer Ecke und lasen in uralten Büchern oder spielten Schach. Einige der Bergmännlein jedoch hatten sich um eine Kegelbahn aufgestellt und vergnügten sich beim Kegeln. Staunend bemerkte der Bauer, dass die Kegel aus Silber, die schweren Kugeln aber aus purem Gold waren.

„Wir wollen noch ein wenig spielen. Wenn du uns die Kegel aufstellst, so werde ich dich anschließend aus dem Berg führen!" versprach das Bergmännlein, das ihn hergebracht hatte. Der Bauer wollte das gerne tun, denn zu Hause im Wirtshaus seines Dorfes kegelte er selbst sehr gerne.

Als die Zwerge endlich genug von dem lustigen Spiel hatten, gab ihm das Bergmännlein den größten der silbernen Kegel – denn es waren sehr viele von ihnen vorhanden, mehr als für ein Spiel gebraucht wurden – als Lohn für seine Hilfe. Dann führte es ihn einen langen Weg durch den Berg bis hin zum Ausgang. Dort verabschiedete sich der Bauer voller Dankbarkeit von dem Kleinen und sagte:

„Niemals hätte ich alleine hier wieder herausgefunden. Ich danke dir von ganzem Herzen. Wenn ich dir einen Wunsch erfüllen kann, so will ich das gerne tun."

„Wir Zwerge essen für unser Leben gerne Rosinen", erklärte dieser. „Wenn du uns morgen ein Säckchen davon bringst, so soll es dein Schaden nicht sein!"

„Das will ich gerne tun, ihr Schleckermäuler!" lachte der Bauer und ging mit dem silbernen Kegel nach Hause, wo sich alle freuten, ihn lebend wiederzusehen und das Geschenk der Zwerge reichlich bestaunten. Gleich am nächsten Tag kaufte er alle Rosinen, die er bekommen konnte, ließ sie für seine kleinen Freunde in ein Säckchen füllen, stieg damit wieder auf den Großen Otter und wartete dort – wie versprochen – vor dem Eingang zum Zwergreich. Als es aber Abend wurde und sich immer noch niemand blicken ließ, wollte er sich doch wieder auf den Heimweg machen, denn es zogen schon die ersten Nebel auf. Da konnte man bei Dunkelheit leicht den richtigen Weg verlieren und sich verirren. Nach einigem Zögern stellte er das Säckchen mit den Rosinen an der verabredeten Stelle ab, denn wenigstens er wollte sein Wort halten, wenn schon das Bergmännlein nicht – wie versprochen – gekommen war.

Der Rückweg durch den immer dichter werdenden Nebel fiel ihm zusehends schwerer. Zuletzt schien es ihm, als laste seine Kleidung bleischwer auf ihm, und als er endlich zu Hause anlangte, konnte er sich kaum mehr vorwärts schleppen. Er schrieb das der Durchfeuchtung seines Lodenmantels durch den Nebel zu, als er diesen aber im Licht betrachtete, entdeckte er zu seiner größten Verwunderung, dass die vermeintlichen Nebeltropfen aus purem Gold bestanden. Das war der Dank der Bergmännlein für die Rosinen. Darum war er so ungewöhnlich schwer gewesen. Nun konnte der Bauer, der über Nacht zu einem reichen Mann geworden war, künftig ohne Sorgen, zumindest was das Geld betraf, leben.

Das wahrsagende Bergmännlein

Nahe Eisenstadt im Burgenland liegt der sagenumwobene Burgstallberg. Dort sollen die Geister längst verstorbener Ritter und Burgfräulein umgehen. Ganz oben aber ist, so heißt es, ein wertvoller Schatz vergraben, der von einem Bergmännlein bewacht wird. Viele schon sind ihm begegnet oder haben es gesehen, mit niemandem jedoch hat es je ein Wort gesprochen. Die Leute behaupten, es sei nicht stumm, seine Schweigsamkeit komme daher, weil das Bergmännlein in die Zukunft schauen könne. Es sehe aber leider nur die traurigen Dinge, darum halte es lieber den Mund, als darüber zu reden. Es tut den Menschen nie etwas zuleide, aber es versucht ihnen auszuweichen, um nur ja nicht gefragt zu werden und ihnen möglicherweise Schlimmes verkünden zu müssen. Wenn es jemandem unverhofft begegnet, legt es sofort warnend den Finger auf den Mund und verschwindet, so schnell es kann im Gebüsch.

Einmal hatte sich ein Bürger von Eisenstadt länger als sonst im Wald aufgehalten, weil er noch mit einer wichtigen Arbeit fertig werden wollte, und machte sich daher erst bei Einbruch der Dunkelheit auf den Heimweg über den Burgstallberg. Das störte ihn jedoch nicht weiter, denn er war ein beherzter Mann und fürchtete sich nicht vor Geistern.

Plötzlich jedoch überkam ihn ein ganz unheimliches Gefühl, so, als verfolge ihn jemand. Er blickte sich um, konnte aber niemanden entdecken. Trotzdem ging er ganz angespannt weiter, weil das unheimliche Gefühl nicht nachließ. Als er einmal ein ganz leises Knistern hörte, drehte er sich blitzschnell um und bemerkte, dass ihm ein kleines Männlein folgte, das mit todtraurigem Gesichtchen hinter ihm herlief. Das gefiel ihm gar nicht, darum ging er immer schneller. Als er sich erneut umblickte, sah er, dass ihm das Bergmännlein noch immer folgte. Da packte ihn doch eine seltsame Ängstlichkeit und er fing an zu laufen, rannte zuletzt sogar und sprang, zuhause angelangt, sogar über die Gartenmauer, um nur ja rasch ins Haus zu gelangen.

Eisenstadt – Kupferstich v. Matthias Greischer um 1697

Aber noch immer war der kleine Wicht hinter ihm. Beim Haus angelangt, tat es zum erstenmal seinen Mund auf, sagte traurig „musst dich trösten" und verschwand.

Rasch betrat der Mann sein Haus und fand dort seine Frau, die schon länger krank, aber nicht todkrank, gewesen war, sterbend vor. Hätte ihn die Furcht vor dem Bergmännlein – das ihn aber nur auf sein Unglück hatte schonend vorbereiten wollen – nicht so rasch vorangetrieben, wäre er zu spät gekommen, hätte sie nicht mehr lebend angetroffen und sich nicht mehr von ihr verabschieden können.

Die seltene Blaue Glasur

Einst kam ein Venedigermandl (Anmerkungen 4 u. 5) in die Wölzer Tauern in der Obersteiermark nach Oberwölz, um nach edlen Metallen und Steinen zu suchen. Eines Tages bemerkte es in seinem Bergspiegel etwas merkwürdig Blaues, das sich in einer Grube im Berg befand. Der Zwerg kämpfte sich durch unwegsames, felsiges Gelände und fand hinter dichtem, dornigem Gesträuch den Eingang zu einer Grube. Aber wie jämmerlich sah er aus! Total zerschunden und zerkratzt! Das ohnehin abgetragene Kleidchen hatte vom Kriechen durch die Dornen ausgezogene Fäden und Löcher, die Feder auf dem verwaschenen Filzhut war zerrupft und abgebrochen.

Er betrat den Schacht und sah eine schwarze Bodenart, die mit blauem Flimmer umgeben war und als „Blaue Glasur" bezeichnet wurde. Bewahrte man dieses Material bei kühler Dunkelheit auf und berührte damit irgendein Metall, so verwandelte sich dieses in Gold und Goldmünzen. Auch wenn von diesem Gold genommen und Anschaffungen bezahlt wurden, so wurde es doch nie weniger; es war eine ewige Geldquelle. Auch wenn jemand nur ein Kleinststückchen dieser Blauen Glasur bei sich trug, so verlieh sie demjenigen Schutz und immensen Reichtum.

Jedes Jahr zur Sommersonnenwende kam der Zwerg und immer füllte er ein Tüchlein mit dieser Blauen Glasur und nahm es mit.

Irgendwann fand das Mandl, dass es genug von dem wertvollen Mineral mit nach Hause genommen habe, und es beschloss, den Ort nicht mehr aufzusuchen. Aber zuvor sagte es den Leuten, welch kostbarer Schatz im Berg ruhe und sie ihn nur zu holen bräuchten. Die Oberwölzer durchkämmten das gesamte Gebiet, und das nicht nur einmal! Aber so sehr sie sich auch mühten, sie fanden den Eingang zur Höhle nicht.

Das verwundete Venedigermandl

Regelmäßig, einmal im Jahr, quartierte sich ein kleines Männchen bei einem Großbauern in Landschach bei Knittelfeld in der Obersteiermark ein. Woher es kam war unbekannt, aber der Sprache nach vermutete man aus dem Welschland (Italien), und es wurde allgemein nur als Venedigermandl (Anmerkungen 4 u. 5) bezeichnet. Es benahm sich ganz unauffällig; nur um Mitternacht sah man es auf dem Krautacker hinter dem Gehöft umherwandern.

Die Bauersleute freuten sich immer, wenn der Gast kam, und sie freuten sich noch mehr, wenn er sie bei seiner Abreise üppig entlohnte für die Nächtigungen und Verpflegung. Es fiel nur auf, dass er ohne jedes Gepäck kam, beim Verlassen des Ortes aber immer mehrere Säcke mit sich schleppte.

Das Leben ist endlich, auch das eines treuen, braven Hofhundes. Das Tier starb. Der Bauer legte sich einen neuen Hund zu, leider ein bösartiges, heimtückisches, gefährliches Wesen. Nur seinem Herrn folgte er. Die Hofbewohner hatten eine Scheu vor ihm, aber ihnen tat er nichts. Wenn Nachbarn oder Fremde auf den Hof kamen, so mussten sie damit rechnen, von ihm angefallen und übel zugerichtet zu werden.

Das Jahr war wieder um, und der Zwerg kam auf den Hof. Des Nachts lief er wieder im Krautacker umher. Der Hund rannte auf das Feld und stürzte sich auf ihn. Das Mandl schrie um sein Leben, der Bauer fuhr erschrocken aus dem Schlaf und erfasste sofort das Geschehen. Er stieß einen Pfiff aus, der Hund ließ von dem Gast ab und lief sofort zu seinem Herrn. Alle wussten, wenn der Hofbesitzer nicht so rasch eingegriffen hätte, würde jetzt das arme Männlein zerfleischt auf dem Acker liegen.

Die Bäuerin versorgte die Wunden des Verletzten, der den Bauern bat, sich von dem niederträchtigen Hund zu trennen, was dieser aber strikt ablehnte. Nicht länger wollte daraufhin der Welsche bleiben. Er holte seine Sachen aus der Kammer, verließ sofort den Hof und kam nie mehr wieder.

Damals, noch mehr als heute, begaben sich die Leute öfter auf Wallfahrt. Die Gründe dafür waren unterschiedlich. Es ging aber immer um Bitte und Dank. Und so fand es der Hofbauer wieder einmal an der Zeit, zum Luschariberg im slowenischen Krain zu pilgern. Schon wollte er nach Verrichtung seiner Gebete, dem Kerzenopfer und einer Spende für die Armen den Rückweg antreten, aber da dachte er bei sich:

„Warum soll ich eigentlich sofort wieder nach Hause? Daheim ist alles gut geordnet; jeder weiß welche Arbeit er zu verrichten hat. Ich kann es mir also leisten ein wenig durch die Gegend zu reisen und schauen wie es anderswo aussieht, wie dort die Leute leben und wie die Bauern ihre Felder bestellen."

Und er kam auch ins Welschland. Wie staunte er über die Städte! Eine Stadt schien ihm besonders interessant, denn dort standen neben normalen Häusern große Prachtbauten. Diese Paläste zogen ihn geradezu magisch an. Ein Prunkbau, der noch größer war als die anderen und auf ein immenses Vermögen seines Besitzers schließen ließ, stand mitten im Ort. Der Bauer blieb stehen und fragte einen Einheimischen, wem dieses wundervolle Haus gehört und der sagte ihm, dass ein reicher Italiener darinnen wohnt. Während der Reisende noch mit großen Augen und offenem Mund den Bau betrachtete, trat plötzlich ein Diener neben ihn und lud ihn ein den Palast zu betreten.

Obwohl der Bauer sich gar nicht wohl in seiner Haut fühlte und sich keinen Reim darauf machen konnte, was dies zu bedeuten habe, kam er der höflichen Aufforderung des Livrierten nach. Aber wie sah dieser Herrschaftssitz erst von innen aus: Breite Marmortreppen, wertvolle Skulpturen, kostbare Gemälde, überreicher Stuck und vieles mehr. Der Bedienstete brachte ihn in einen Raum in einem der Obergeschosse, wo der Hausherr sich aufhielt. Dieser ging dem Landmann entgegen und begrüßte ihn sehr herzlich. Sogleich erkannte der Bauer staunend den noblen Herrn; es war der Zwerg, der sich früher jedes Jahr bei ihm eingemietet hatte.

Groß war die Freude über dieses Wiedersehen. Sofort ließ der Herr ein Festmahl bereiten, und der Gast wurde bewirtet, so wie er es noch nie erlebt hatte. Es waren Speisen, die er überhaupt nicht kannte, nicht mal gehört hatte er davon! Während diesem feudalen Mahl erzählte der Herr, dass er den ganzen Reichtum dem Krautacker des Landschachers zu verdanken habe, und dass sich noch sehr viel Gold dort befände und der Bauer sich diesen Schatz zu eigen machen könnte. Er hielt dies für undenkbar und sagte es auch dem Italiener.

Aber der lächelte geheimnisvoll und führte ihn in eine kleine Kammer, in der sich nur ein Spiegel auf einem Tischchen befand. Dies war kein normaler Spiegel sondern ein Erdspiegel. Der Herr hieß den Bauern in den Spiegel zu schauen. Es waren Fluren und Städte zu sehen, und auf einmal erschien eine dem Bauern vertraute Umgebung: Der Heimatort, seine Familie – seine Frau kochte am Herd, das Gesinde arbeitete auf dem Feld; ein Teil des Viehs lag satt und zufrieden im Stall, der andere befand sich auf der Weide. Die bösartige Töle lag vor der Haustür und lauerte wie gewöhnlich nach einem Opfer. Auf dem Krautacker hinterm Haus sah er kleine funkelnde Teilchen.

Der Bauer wusste mit all dem nichts anzufangen. Der Herr erklärte ihm, dass dies ein Erdspiegel sei, und in ihm könne man alles auf der Welt betrachten und erkunden wie es anderswo zuginge. Auch zeige dieser Spiegel seinem Besitzer verborgene Schätze, wie Gold, Silber, Edelsteine und Erze. Dann gelte es nur noch den Schatz zu heben oder im Berg abzubauen. Als der Mann ihm immer noch keinen Glauben schenken wollte, machte er ihm einen Vorschlag: „Wenn du einverstanden bist, dann töte ich deinen gemeinen Hund, der mir so zugesetzt hat. Sobald du nach Hause kommst, kannst du dich davon überzeugen, dass ich die Wahrheit gesagt habe."

Der Bauer gab seine Zustimmung. Daraufhin nahm der Hausherr eine geladene Pistole aus der Schublade, öffnete ein Fenster und schoss hinaus. Der Gast sah im Spiegel wie sich sein Hund aufbäumte, umfiel und sich nicht mehr rührte. Den Bauern beschlich ein unbehagliches Gefühl; es wurde ihm mit einem Mal eisig kalt und dann wieder brennend heiß. Er wollte so schnell wie möglich weg, aber seinen Gastgeber wollte er nicht mit einem überstürzten Aufbruch verletzen. Der Abschied von Seiten des Hausherrn war sehr herzlich und er drückte dem Gast, der ob des Erlebten ganz bleich geworden war, noch einen großen Beutel mit Goldtalern in die Hand.

Jede Lust, seine Reise noch fortzusetzen, war dem Bauern vergangen. Er wollte ganz schnell nach Hause. Als er nach geraumer Zeit dort eintraf, berichtete man ihm sofort, dass sein Hund vor mehreren Tagen vor der Haustür erschossen worden war und vom Täter jede Spur fehle, und dass man auch niemanden der Tat verdächtigen könne. Als man dem Hofbauern noch Tag und Zeit sagen konnte, wann dies geschehen war, wusste er Bescheid, behielt aber sein Wissen für sich.

Dann machte er sich daran, auf seinem Krautacker nach dem verheißenen Gold zu suchen. Aber er fand nur wenig und ein guter Geschäftsmann war er auch nicht. So blieb der erwartete Reichtum aus, aber da er ein Großbauer war, mangelte es ihm sowieso an nichts.

Das gefangene Venedigermandl

Immer, wenn irgendwo Venedigermandl (Anmerkungen 4 u. 5) zu sehen waren, dachten die Leute an Gold, Silber und Edelsteine; denn die Venediger waren aufgrund ihrer Zauberhilfsmittel, wie etwa dem Erdspiegel, wahre Meister im Aufspüren solcher Schätze.

Auf seinem Weg von Eisenerz nach Hieflau in der Steiermark traf ein Fuhrmann auf ein Venedigermandl, das im weichen Gras vor einem Berg eingeschlafen war. Sofort erinnerte sich der Händler, dass die Venediger als sehr reich gelten. Warum sollte nicht auch er ein reicher Mann werden? Und jetzt witterte er eine günstige Gelegenheit, um selbst zu großer Wohlhabenheit zu gelangen.

Ohne viel zu überlegen schlich er an, packte das selig schlafende Männlein und fesselte es. Der Zwerg erwachte und bemerkte sofort was mit ihm geschehen war; er wurde wütend, schimpfte und zeterte und versuchte mit allerlei Verrenkungen die Stricke abzustreifen. Als er einsah, dass alles keinen Sinn hatte und er hilflos diesem Fuhrmann ausgeliefert war, wollte er verhandeln, bot Lösegeld und der Fuhrmann solle ihm sagen, was er sich vorstelle.

Sogleich forderte dieser Gold und Silber in rauen Mengen. Aber das kleine Männchen sagte, dass es weder Gold noch Silber besitze, doch könne es ihm etwas anderes anbieten, von noch größerem Wert. Es würde ihm von diesem wertvollen Schatz zeigen, aber dazu müsse es in den Berg. Der Fuhrmann dachte, dass der Zwerg ihn überlisten wolle und die Gelegenheit zum Fliehen nutzen werde, wenn er ihn von seinen Fesseln befreite. Der Wicht wurde also an einem starken, langen, doppelten Seil befestigt, dessen Enden der Fuhrmann festhielt und auch noch zusätzlich an dem schweren Wagen sicherte. Sogleich entfernte sich der Wicht und entzog sich den Blicken des Fuhrmanns, was in dem felsigen Gelände nicht schwer war.

Es dauerte nicht lange, da trat das Männchen wieder in Erscheinung. Es hatte aus dem Berg erzhaltiges Gestein herausgeschafft und reichte es dem Fuhrmann. Diesem war so etwas fremd. Er war sehr verärgert über dieses Angebot und beharrte erneut auf Gold und Silber als Lösegeld. Ganz ruhig sprach der Zwerg zu ihm:

„Das ist Erz – Eisen! Der Abbau dieses schier unerschöpflichen Bodenschatzes bringt dir und zukünftigen Generationen immensen Reichtum und Ansehen."

Der unerfahrene Mann glaubte ihm dies nicht. Aber das Männlein überzeugte ihn dann doch noch:

„Du bist ungeschickt, wenn du mir nicht vertraust. Ich mache dir einen Vorschlag. Ich bleibe bei dir ein halbes Jahr und zeige euch wie man dieses Erz abbaut und mit der Förderung kann dann sofort begonnen werden. Wenn du nicht innerhalb dieser Frist zu Wohlstand gekommen bist, dann werde ich dir mein ganzes Leben lang treu dienen; wenn du aber innerhalb dieser Zeit Reichtum erlangt hast, dann musst du mir meine Freiheit wieder geben."

War es die Ruhe, die das Männchen ausstrahlte? Jedenfalls wurde der Vorschlag angenommen, und tatsächlich, nach Ablauf der Frist war der Fuhrmann bereits schwerreich. Er hielt sein Versprechen, so wie der Zwerg das seine gehalten hatte, und gab ihn frei. Dieser machte sich sofort auf den Weg und ward nie mehr gesehen.

Das Bergwerk erwies sich als schier unerschöpflich und bescherte nicht nur dem ehemaligen Fuhrmann und seinen Nachkommen sondern allen, die im Bergbau arbeiteten, weiterhin enormen Reichtum.

Der Winzig und das Erz bei Eisenerz

In vielen Gegenden war es üblich, die Häuser nicht aus gebrannten Ziegelsteinen zu bauen, sondern mit sogenannten „Bummerl". Das sind runde, eckige oder ovale, große Steine, die man besonders im Bereich der Berge findet. Männer, Frauen und auch Kinder waren beschäftigt mit der Suche nach solchen Felsstücken.

Eines Tages gewahrten die Leute bei ihrer Arbeit einen Zwerg, der ganz nahe zu ihnen herantrat. Er sah merkwürdig aus: In der einen Hand hielt er ein Bergeisen, in der anderen einen Hammer; bekleidet war er mit einem sonderbaren Anzug, der noch ein Hinterleder hatte. Die heutige Tracht der Bergleute leitet sich von dieser Erscheinung ab.

Auf einmal fing dieser Winzling an mit seinem Hämmerchen gegen das felsige Gestein zu schlagen, und es sprangen rote Teile ab. Staunend verfolgten die Leute das Tun des Zwerges. Urplötzlich stand er direkt vor ihnen und fragte sie nach ihrer Tätigkeit. Als sie ihm freundlich ihre Antworten gegeben hatten, lächelte sie das Männchen an und sagte:

„Ich weiß euch etwas viel Besseres als Bausteine zu suchen. Ihr habt gesehen, wo ich die Felsstücke weggehauen habe. Genau an dieser Stelle müsst ihr in den Berg einen Gang graben. Dort befinden sich nämlich große Bodenschätze, die ihr fördern könnt. Damit erlangt ihr Reichtum. Ihr könnt wählen! Wollt ihr lieber Gold oder Eisen abbauen? Ich sage euch den Unterschied, damit euch die Wahl leichter fällt. Die Goldader ist nur für eine kurze Zeitdauer ergiebig. Vom Erz ist aber unermesslich viel vorhanden, und ihr habt euer Lebtag Arbeit. Auch die nachfolgenden Generationen können noch das Erz abbauen."

Die Leute mussten nicht überlegen; sie erkannten sofort, dass Erz vorteilhafter ist und entschieden sich dafür. Das Bergmännlein verschwand so schnell wie es gekommen war; keiner konnte sagen in welche Richtung es sich entfernt hatte.

Schon kurze Zeit nach dieser Erscheinung trieben die Leute Gänge in den Berg und fanden immense Erzlagerstätten, die sie anfingen abzubauen. Der Ort kam zu großem Reichtum. Noch heute wird dort Erz abgebaut. Den Winzig, wie ihn die Leute nannten, sah man nie mehr in dieser Gegend.

Die frommen Knappen und das Bergmännlein

Jeder weiß, wie gefährlich die Arbeit im Bergwerk ist. Immer wieder kommt es zu sogenannten „Schlagenden Wettern". Wenn sich dabei Knappen im Berg befinden, so werden sie dadurch verschüttet, oder es dringen Wassermassen in Schächte und Gänge, dann ertrinken die Arbeiter elendiglich.

Ehe die Bergleute in den Eisenerzer Gruben ihre Schicht begannen, nahmen sie ihre Kappe vom Kopf und sprachen aus tiefster Seele ein Gebet, dass Gott sie bei ihrer schweren und gefährlichen Arbeit beschützen möge und sie wieder heil ans Tageslicht kommen. Dann ertönte noch das Totenglöckchen. Ernst und ganz auf ihre Arbeit konzentriert fuhren sie in die Grube ein und jeder ging seiner ihm zugewiesenen Tätigkeit fleißig und besonnen nach.

Wie immer kontrollierte der Steiger die Stollen, ehe die Hauer mit ihrer Arbeit begannen. Alles war in Ordnung. Noch nicht lange werkten die Knappen, da ertönte aus der Tiefe der Ruf „Schicht aus!". Das war ungewöhnlich, denn, wenn die Schicht beendet war, kam dieser Ruf vom Schichtführer. Die Bergleute erstarrten; und wieder und noch ein drittes Mal ertönte die Parole „Schicht aus". Da erfasste die Knappen Entsetzen und sie verließen rasch, aber ohne panisches Gedränge, so dass keiner den anderen behinderte, die Grube. Kaum waren sie außerhalb des Berges, hörten sie ein infernalisches Beben und Bersten. Die Stollengänge, in denen sie noch vor wenigen Minuten gearbeitet hatten, waren eingebrochen. Und nun war ihnen klar, dass der Berggeist sie gewarnt hatte. Denn, hätten sie sich im Berg aufgehalten, so wären sie verschüttet worden und der Tod hätte reiche Ernte gehabt. Große Trauer, Elend und Armut wäre über die Bergarbeiterfamilien gekommen.

Jetzt aber, dankbar durch das Wohlwollen des Zwerges dem Tod entronnen zu sein, knieten sie nieder und dankten Gott für die glückliche Fügung ihrer Rettung. Dann gingen sie heim zu ihren Familien.

Der Markt Eisenerz und der Erzberg
Berge im Hintergrund – der Paffenstein und der Polster –
Kupferstich von Matthäus Merian d. Ä. um 1649

Die silbernen Zwerge bei Arzberg

In der Gegend von Arzberg, das zwischen Frohnleiten und Weiz in der Steiermark liegt, wurde früher südlich von Passail am Eingang zur Raabklamm lange Zeit hindurch Silberabbau betrieben. Der Name des Ortes soll sogar von daher kommen. Noch heute soll es in den wildzerklüfteten Gösser Wänden, die dort steil in die Höhe ragen, Silber geben. Diese Schätze aber werden, wie die Leute behaupten, von den „silbernen Buben" – Bergmännlein mit der Größe von kleinen Buben, die Kleider, wie aus Silber gemacht, tragen – so streng bewacht, dass niemand sie finden kann.

Einst war ein armer Bergknappe auf der Suche nach Arbeit in diese Gegend gekommen. Er stieg in den Gösser Wänden herum und hoffte, dort Erzadern zu finden. Er kroch in verschiedene Gänge und klopfte mit seinem Hammer die Felsen ab, konnte aber nichts entdecken. Auch hob er heruntergefallene Steine und Felsbrocken auf und untersuchte sie genau, ob sie wertvolle Metalle enthielten, jedoch umsonst.

Von der schweren Arbeit war er ganz müde geworden. Daher legte er sich ein wenig auf eine kleine Wiese, um sich auszurasten. Er erwachte erst wieder, als es schon fast Mitternacht war. Da sah er im hellen Licht des Vollmondes auf dem gegenüberliegenden Hang – die Raab floss zwischen den beiden Berghängen hindurch – etwas unterhalb von seiner Wiese, einige Männlein, wie Bergknappen gekleidet, an den dortigen Felswänden fröhlich arbeiten. Die einen schlugen mit ihren Hämmerchen und Pickelchen das Gestein ab, die anderen luden es auf kleine Schubkarren und schafften es in eine Höhle. Wenn sie genug von der Arbeit hatten, spielten sie ein wenig miteinander und bewarfen sich vergnügt mit kleinen, silbrig schimmernden Steinchen. Erstaunt sah der Bergknappe diesem Treiben zu und dachte dabei:

„Dort muss ich morgen nach Silber suchen! Bisher war ich immer an den falschen Stellen!"

Er begann abzusteigen, um auf den einsamen Berghof zu gelangen, wo er bei einem armen Bergbauern gewöhnlich übernachtete. Da bemerkten ihn die „silbernen Buben" und warfen zahlreiche

Steine nach ihm. Obwohl er so rasch abstieg, wie er nur konnte, traf ihn eine Menge der Geschosse und er war froh, als er endlich bei dem Bauernhof angelangt und ihnen entkommen war.

Er erzählte am nächsten Morgen seinem Gastgeber, was er erlebt hatte und dass er dort, wo er die silbernen Männchen gesehen habe, nach Silber schürfen wolle. Auf dessen Rat hin, lieh er sich im Dorf Pferd und Wagen, machte sich auf sie Suche und fand die Stelle mit den Silberadern alsbald. Fleißig arbeitete er nun fast Tag und Nacht und wurde durch seinen Fleiß bald ein wohlhabender Mann.

Einen Teil des Silbers musste er jedoch, wie damals üblich, dem Grundeigner, dem Grafen von Stubenberg auf Burg Stubegg, überlassen. Dort herrschte zu dieser Zeit ein raffgieriger, unehrlicher Burgvogt, den der Graf eingesetzt hatte, weil er sich mit dem Landesherrn auf Kriegszug befand. Der Vogt wollte von dem Knappen genau wissen, wo sich die Silbermine befand. Dann ließ er ihn in den Kerker werfen und machte sich selbst mit einigen Hilfsknechten daran, sie für sich auszubeuten. Als er an eine Höhle, die ihm der Knappe unter der Folter beschrieben hatte, angelangt war, befahl er seinen Begleitern, zurückzubleiben, und machte sich alleine auf den Weg ins Innere zu den Schätzen. Er sah auch einige der „silbernen Buben" und folgte ihnen auf verwinkelten Pfaden immer tiefer in den Berg hinein.

Lange Stunden, ja Tage, warteten seine Begleiter vor dem Eingang auf die Rückkehr ihres Herrn. Sie wagten sich nur ein kurzes Stück in die dunklen Pfade im Inneren der Gösser Wände, die sich andauernd verzweigten und in die Irre führten. Der Vogt aber war verschwunden und kam niemals wieder ans Tageslicht.

Kurze Zeit später kehrte der Graf zurück, erfuhr von dem Unrecht, das sein Verwalter dem Bergmann angetan hatte, ließ ihn sofort aus dem Kerker holen und gab ihm seine Rechte an der Silbermine zurück. Zum Dank für seine Rettung stiftete dieser mit einem Teil des Geldes aus seinem Bergwerk in den Gösser Wänden, das ihn ja zu einem sehr reichen Mann gemacht hatte, die Jakobskirche in Arzberg.

Die „silbernen Buben" wurden seither nie mehr gesehen.

Die Mordknappen von Zeiring

Schon vor mehr als 1000 Jahren wurde in Zeiring, nahe Andritz bei Graz, eine Silbermine abgebaut. Diese war sehr ertragreich, und die Knappen kamen zu großem Wohlstand, denn außer ihrer hohen Entlohnung waren sie zusätzlich noch am Erlös der Ausbeute beteiligt.

Aber, wie es so ist, irgendwann konnten sie mit dem vielen Geld nicht mehr umgehen. Es fing damit an, dass ihnen ihre zweckmäßige, bodenständige, wollene Kleidung nicht mehr entsprach, und sie gewandeten sich in Samt und Seide wie die Fürsten des Landes; sie beschäftigten sich gerne mit dem Kegelspiel, aber jetzt genügten die Holzkegel nicht mehr. Die Kegel mussten aus massivem Silber und die Kugeln aus purem Gold sein. Das Essen war ihnen auch nicht mehr gut genug; sie wollten Wildbret auf dem Tisch, wie die Adligen, denen die Jagd vorbehalten war. Deshalb betätigten sie sich als dreiste Wildschützen. Sie lebten in Saus und Braus. Ein gottgefälliges Leben führten sie schon lange nicht mehr. Sie gingen zwar ihrer Arbeit nach, aber sie wurden immer frivoler und lasterhafter, und niemand zog sie zur Rechenschaft.

In der Grube sonderten sich einmal vierzehn Bergleute von den anderen ab und prahlten mit ihren Untaten, die sie in ihrer Heruntergekommenheit als lustige Possen betrachteten, lachten und amüsierten sich köstlich darüber. Plötzlich stand vor ihnen ein silbrigweißes Männchen; das Mäntelchen war silberweiß, die Kopf- und Barthaare, die bis zur Körpermitte reichten, bestanden aus Silberfäden, und auf dem Kopf trug es einen silbernen Hut mit breitem Rand. Die Bergleute erschraken heftig, und als der Zwerg sie mit funkelnden Augen anblickte und dann auch noch mit bebender Stimme zu ihnen redete, war alle Keckheit von ihnen abgefallen. Er tat ihnen kund:

„Ich bin der Gebieter über all die Schätze in diesem Berg und ich werde euch hart bestrafen für eure Freveltaten. Die gewonnenen Bodenschätze sind zum Nutzen der Menschen bestimmt. Ich gewähre euch noch Gelegenheit zur Umkehr! Wenn ihr euch innerhalb der nächsten sieben Jahre nichts mehr zuschulden kommen lasst und fortan ein rechtschaffenes Leben führt, dann werde ich euch vor einem großen Grubenunglück verschonen; andernfalls wird euch mein Zorn treffen, indem gewaltige Wassermassen in die Stollen einbrechen und das ganze Bergwerk vernichtet wird."

Nach diesen prophetischen Worten war das Männlein verschwunden.

Die Vierzehn gingen bedrückt zu ihren Arbeitskameraden und erzählten was vorgefallen war. Alle waren sehr betroffen und innerlich aufgewühlt; sie gingen in sich, und tatsächlich – aus purer Angst – änderten sie ihren Lebenswandel.

Aber, wie das halt so ist, wenn man länger ein ungezügeltes und genusssüchtiges Leben geführt hat, so verblasste mit der Zeit im Gedächtnis der Knappen das Erscheinen des Berggeistes und dessen Prophezeiung. So nach und nach stellte sich der lasterhafte Lebenswandel wieder ein. Und es wurde schlimmer wie ehedem; sie wurden noch dreister, unersättlicher und gotteslästerlicher!

Eines Tages – sie waren gerade beim Kegelspiel – sahen sie eine arme alte Frau mit ihrem Enkel, dessen bildschönes Gesichtchen von herrlich blondlockigem Haar umrahmt war, daherkommen. Da fanden die wüsten Bergleute, dass sie ihr Kegelspiel abändern könnten, und zwar grausam! Sie entrissen der entsetzten Frau das Kind, schlugen ihm den Kopf ab, warfen den Rumpf der fassungslosen Großmutter vor die Füße, und das Knabenköpfchen, aus dem noch das Blut tropfte, verwendeten sie bei ihrem Spiel als Kugel.

Die Greisin hatte ein Töpfchen mit Mohnsamen in der Hand, das sie vor Grauen fallen ließ, und unzählige Körnchen zerstreuten sich auf dem Boden. Plötzlich fing die Frau mit dunkler, belegter Stimme zu reden an; sie verfluchte das Bergwerk indem sie sagte: „So viele Mohnsamen hier auf der Erde, so viele Jahre in Zeiring kein Bergsegen mehr!"

Als sich dieser gemeine Mord zutrug, war die Zeitspanne, die der Wächter der Silbermine den ruchlosen Knappen zur Umkehr gewährt hatte, noch nicht um.

Am darauffolgenden Tag, als sich die Hauer zur Arbeit begaben und die Grube befahren wollten, trat ein alter, tauber Kumpel, der sich nie an dem ausschweifenden Leben beteiligt hatte – im Gegenteil, er erhob oft seine mahnende Stimme, aber vergeblich – zu ihnen und sagte:

„Ich habe ein merkwürdiges Rauschen aus dem Inneren des Berges gehört. Ihr dürft auf keinen Fall in die Grube einfahren. Es gibt ein Unglück!"

Aber was sollte ein Tauber hören? Sie verspotteten und verhöhnten ihn und versetzten ihm einen derben Stoß weil er ihnen im Wege stand. Dann begaben sie sich lachend in die Mine, einen bangen ehemaligen Kameraden zurücklassend. Es dauerte nicht lange, da hörte man ein Tosen und Toben. Der Herr des Berges machte seine Prophezeiung wahr. Alle Stollen und Hohlräume wurden im Berginnern überschwemmt, und die vielen Knappen ertranken kläglich.

Die Bestrafung der Noreianer

Im Gebiet der Steiermark lag einst eine Stadt, die Noreia hieß. Ihre Einwohner waren durch ihrer Hände Arbeit und noch mehr durch geschickten Handel zu großem Wohlstand gekommen. Aber oft geht mit Reichtum auch das Laster einher, und die Leute beginnen sich die Zeit mit allerlei unnützen Dingen zu vertreiben. Aber irgendwann langweilt man sich auch damit und neue Abwechslung ist gefragt. Und so wurden die Noreianer immer ausgelassener und leichtfertiger. Sogar an den hohen Kirchenfeiertagen trieben sie ihre anrüchigen Späße: Unbekleidet vollführten sie anstößige Tänze und noch vieles mehr.

Als sie es wieder einmal arg schlimm trieben, stand plötzlich ein kleines graues Männchen in ihrer Mitte und redete ihnen gut zu: „Hört auf mit eurem sündigen Lebenswandel! Kehrt um! Wenn ihr weiterhin dieses frevelhafte Leben führt, so werdet ihr hart bestraft werden!"

Man könnte meinen, dass das Erscheinen einer solch nicht alltäglichen Gestalt zum Nachdenken anregen würde, aber nein, die Leute waren schon so verdorben, dass sie den Zwerg verlachten. Noch zweimal kam er mahnend und forderte sie auf ihren Lebensstil zu ändern; auch beim zweiten Mal lachten sie nur, aber beim dritten Erscheinen des Zwerges verlachten und verspotteten sie ihn so sehr, dass er zornig ankündigte, dass das Strafgericht unmittelbar bevorstehe. Kurze Zeit später kam das Männchen wieder und schleppte ein Fässchen mit sich. Es stellte sich auf eine Anhöhe, zog den Spund aus dem Behälter und kippte mit einer Zauberformel auf den Lippen die Füllung über die Stadt. Sogleich öffnete sich die Erde und verschlang den ganzen Ort.

Bechstein L. : Sagen aus deutschen Landen. Illustration 1853

An der Stelle des Geschehnisses entstand ein unbegehbares Moor, das den Namen Hörfeld trägt (Anmerkung 6). In der Nähe liegt die Stadt Neumarkt. Menschen, die auf ihrem Weg am Rand dieses Sumpfgebietes entlanggehen, berichten oftmals von einem Glockengeläut, das aus der Tiefe des Moores kommt (vgl. S. 79).

Das Erdloch im Schöckl bei Graz

Einst herrschte im Sommer im Gebiet um den Schöckl eine arge Hitze. Nicht einmal in der Nacht erfolgte Abkühlung. Die Sonne versengte die zu erwartende Ernte, das Laub an den Bäumen und Sträuchern verdorrte, das Gras wurde braun und der Boden brannte aus, das Wasser wurde knapp. Mensch und Tier litten arge Not. Die Leute beteten, ließen in den Kirchen Messen lesen – aber der dringend benötigte Regen blieb aus.

Ein Greis erinnerte sich, dass ihm, als er noch ein kleiner Bub war, sein Großvater erzählt hatte, und der wusste es wiederum von einem Ahnen, dass es im Schöckl, einem Berg bei Graz, ein Erdloch gebe, das mit Wasser aufgefüllt werden müsse, dann käme der ersehnte Regen. Die Bauern sahen keinen anderen Ausweg, ihre schlimme Lage vielleicht doch lindern zu können, als zu dem Wasserloch zu wandern. Sie füllten Krüge mit dem kostbaren Nass und machten sich auf den Weg. Als sie ihrem Ziel schon nahe waren, stank es höllisch und sie sahen Qualm und Funken aus einem Krater stieben; zudem bemerkten sie, dass während ihres anstrengenden Marsches das Wasser in den Krügen verdunstet war.

Voller Entsetzen wollten sie von dem schrecklichen Ort fliehen, aber in der Zwischenzeit hatte einer der Männer einen Zwerg direkt beim Loch entdeckt, der eifrig das Feuer schürte und wegen des Rauchs von den Ankömmlingen nicht gleich bemerkt worden war. Er war bekleidet mit einem grünen Wams und auf dem Kopf hatte er ein feuerrotes Käppchen, das mit Federn geschmückt war, die lustig auf- und abwippten.

Vorsichtig bewegte sich der Späher in Richtung Loch und es gelang ihm das Feuermännlein zu packen. Der Wicht wehrte sich, er strampelte und zappelte. Der Bauer erhöhte den Druck seiner Faust. Das Männchen sah ein, dass sein Aufbegehren keinen Erfolg bringt und außerdem bekam es schon erhebliche Probleme mit dem Atmen durch die Umklammerung. Also änderte es sein Verhalten; es verlegte sich aufs Wehklagen und krächzte dabei:

Alter Stich von Graz – um 1855

„Ach, lieber Landmann! Hab Erbarmen mit mir! Du bereitest mir arge Schmerzen, zudem bekomme ich kaum noch Luft, so hart ist dein Griff. Gib mir meine Freiheit zurück. Denn wisse, im Berg ruht ein großer Schatz! Den Eingang in den Felsen, damit du den Schatz heben kannst, will ich dir zeigen."

Der Bauer lockerte ein klein wenig seinen Griff, um dem Wicht etwas Erleichterung zu verschaffen. Das Feuermännlein redete ganz hingerissen und überzeugend immer weiter von dem immensen Reichtum, dem der Bauer, ja das ganze Dorf, entgegengehe. Die Begeisterung des Bauern wurde immer größer und zugleich der Griff seiner Faust immer lockerer, und schwups, das Feuermännlein entglitt seiner Hand; laut und hämisch lachend entwischte es ins Wetterloch.

Ratlos stand der Mann da. Es dauerte einige Zeit bis er begriff, wie der Zwerg ihn zum Narren gehalten hatte. Urplötzlich verstummte das böse Lachen – es wurde kirchenstill. Keine Rauchwolken und Funken kamen mehr aus dem Wasserloch. Müde und betrübt machten sich die Bauern mit ihren ausgetrockneten Krügen auf den Heimweg. Total erschöpft kamen sie zu Hause an.

So sehr man auch suchte, den Eingang zum Schatz im Berg fand man nicht. Auch wurde das Feuermännlein nie mehr in dieser Gegend gesehen. Im übrigen, es dauerte noch einige Zeit bis endlich der ersehnte Regen kam.

Burg Gleichenberg und die Meixnerstube

In der Oststeiermark, nahe bei Bad Gleichenberg, heißt eine höhlenartige Felsvertiefung in dem Berghang, der von den Leuten dort „Klausen" genannt wird, „Meixnerstube". Sie soll den Namen nach einem armen Bergbauern haben, der hier, auf dem Gleichenberg, einst seinen Hof hatte. Er musste hart um das tägliche Brot für sich und seine Familie kämpfen, denn sein karger Boden gab trotz mühseliger Arbeit nicht viel her. Oft wusste der Mann nicht, wie es weitergehen sollte.

Als der Meixner einmal in der Nacht mit sorgenzerfurchter Stirne in seiner Stube saß und ganz verzweifelt war, kam plötzlich aus einer dunklen Ecke seiner Stube ein kleines Männlein auf ihn zu. Es war uralt und hatte einen langen weißen Bart. Seine Äuglein aber wirkten hellwach und schlau.

„Wenn du mir einen Gefallen tust, dann werde ich dir aus deiner Not helfen und dich zu einem der reichsten Männer im weiten Umkreis machen!" versprach der Gnom.

„Was muss ich dafür tun?" fragte der Bauer ein wenig ängstlich. „Ich mache aber nichts, was gegen die Gebote Gottes ist. Da kannst du mir so viel Geld versprechen, wie du willst!"

„Keine Sorge," beruhigte ihn der Kleine, „ich will nichts Unrechtes von dir! Wie du weißt, will euer Herr Graf hier in der Gegend eine neue Burg bauen. Du sollst nur herausfinden, wo er das zu tun gedenkt und es mir morgen um Mitternacht, wenn ich wieder zu dir komme, mitteilen. Dann wirst du deine Belohnung erhalten!"

Da willigte der Bauer erleichtert ein und machte sich am nächsten Morgen sogleich auf, um dies auszukundschaften. Als der Zwerg in der nächsten Nacht wiederkam, konnte er ihm mitteilen:

„Der Herr Graf will seine neue Burg oberhalb der Felshöhle bauen, und zwar so, dass sie gleich hoch ist mit dem Berg gegenüber!"

„Das hast du gut gemacht!" lobte das Männlein. „Nun sollst du deinen Lohn erhalten. Komm mit!"

Es führte den Mann durch die Dunkelheit, die nur von der kleinen Lampe des Zwerges erhellt wurde, zu der Felsenhöhle, denn dort war der Eingang ins Zwergenreich. Staunend blickte sich dieser im Inneren um. Alles war strahlend hell erleuchtet durch zahlreiche Kerzen, die sich in Kristallspiegeln widerspiegelten. Die Wände waren durchzogen von Silberadern und goldene Zapfen hingen von der Decke, gerade bereit zum Abpflücken. Zahlreiche kleine Männchen hämmerten und schliffen an kleinen Tischen wertvolles Gestein zu Edelsteinen oder fertigten schönen Schmuck aus den fertig geschliffenen Rubinen, Smaragden oder Diamanten.

Als sie den Menschen sahen, der in ihr Reich gekommen war, stutzten sie erst ganz verblüfft, aber als der Zwerg ihnen erklärt hatte, dass dieser ihnen allen einen großen Dienst erwiesen habe und nun seine Belohnung bekommen sollte, nickten sie freundlich mit ihren Köpfen. Der Zwerg führte den Meixner in eine etwas abseits gelegene Höhle, in der bis zur Decke Gold, Silber und Edelsteine angehäuft waren.

„Nimm dir davon so viel du willst!" forderte er den Bauern dann auf. Dieser stopfte sich seine Taschen so voll, dass sie fast platzten und gab auch noch einige Goldstücke unter seinen Hut. Dann bedankte er sich überglücklich bei dem Zwerg. Dieser führte ihn wieder zum Ausgang bei der Felsenhöhle zurück. Dort verabschiedete er sich von dem Bauern und ermahnte ihn noch eindringlich:

„Du darfst keinem Menschen verraten, was du hier gesehen hast! Auch darfst du unser Reich nie wieder betreten, auch wenn du nun den Eingang kennst. Der wird immer streng von uns bewacht. Nur in der Christnacht, zwischen 11 und 12 Uhr gibt es hier keine Wächter, denn da haben alle Zwerge wichtige andere Dinge zu verrichten. Aber hüte dich trotzdem, es dann zu versuchen, jedes Eindringen in unserer Reich wird dein Verderben sein!"

Gerne versprach der Bauer, was der Zwerg von ihm forderte, denn er hatte ja nun so viel Geld, dass es für sein ganzes Leben reichen musste. Von nun an war er ein reicher Mann, der seinen Reichtum auch genoss. Er ließ sich ein schönes großes Haus erbauen, kaufte Pferd und Kutsche, stellte Dienstboten ein und tat künftig keinen Handstreich mehr selbst.

In der Zwischenzeit hatte auch der Graf versucht, seine neue Burg oberhalb der Höhle, in der sich der Eingang zum Zwergenreich befand, zu errichten. Sein Vorhaben aber stand unter keinem glücklichen Stern, denn das ganze Baumaterial, das er tagsüber heranschaffen ließ, war jedes Mal in der Nacht in die tiefe Schlucht hinuntergestürzt worden, keiner konnte sagen, von wem.

Da merkte der Graf, dass mächtigen Kräften der Bau an dieser Stelle nicht recht war, und er entschloss sich, auf dem gegenüberliegenden Berghang seine neue Burg zu errichten. Hier ging das Werk ohne Zwischenfälle, ja sogar schneller voran, so, als würden unsichtbare Hände mithelfen. So entstand Schloss Gleichenberg, das seinen Namen davon hat, weil es gleich hoch ist, wie der gegenüberliegende Felshang.

Einige Jahre waren inzwischen vergangen, in denen der Meixner unbekümmert in Saus und Braus lebte. Als er jedoch eines Abends in seine Schatztruhe, in die er das Gold der Zwerge gelegt hatte, hineingriff, war sie gähnend leer. So sehr er auch suchte, es fand sich nicht mehr das kleinste Goldkörnchen.

„Oh je, was soll ich nur machen?" fragte er sich ganz erschrocken, denn das Arbeiten hatte er inzwischen völlig verlernt. Da fiel ihm ein, dass der Zwerg gesagt hatte, dass der Eingang ins Zwergenreich in der Weihnachtsnacht zwischen 11 und 12 Uhr unbewacht war, und diese Heilige Nacht stand kurz bevor.

„Ich bin gerettet!" dachte er erleichtert und vergaß dabei völlig, wie ernst ihn der Zwerg gewarnt hatte, diese Stunde zu nützen. Als die Christnacht gekommen war, kletterte er sogleich um 11 Uhr zu der Höhle. Und wirklich, es gelang ihm, ins Zwergenreich hineinzukommen, denn es standen keine Wächter vor dem Eingang. Er hastete durch die Gänge und Säle, die alle ganz leer waren. Kein einziger Zwerg war zu sehen.

Als der Meixner endlich bei der Schatzhöhle angelangt war, stopfte er sich seine Taschen und einen mitgebrachten Sack so voll mit Gold und Edelsteinen, dass er unter dem Gewicht, das er nun zu tragen hatte, kaum mehr vorwärts kam. Keuchend und schwitzend kroch er vorwärts durch die Gänge und hatte fast den Ausgang erreicht, als die Glocken Mitternacht schlugen und die Mette einläuteten. Gleichzeitig ging ein unheimliches Beben und ein ohrenbetäubendes Krachen durch den Berg. Der Ausgang der Höhle war plötzlich völlig verrammelt und der Bauer konnte nicht mehr hinaus.

Kein Mensch hat den Meixner jemals wiedergesehen. Seit der Zeit aber heißt die Felshöhle im Berg gegenüber von Schloss Gleichenberg „Meixnerstube".

Die unachtsamen Zwerge

Früher hatten die Bauern noch viel Gesinde; zum einen herrschte bittere Armut und die Leute brauchten Arbeit, zum anderen gab es noch keine landwirtschaftlichen Maschinen wie heutzutage. Deshalb hatte es der Hofherr meist gar nicht nötig in aller Herrgottsfrühe selbst auf die Felder zu gehen. Es wurden Dienstleute gesandt.

So hatte ein Knecht in Krieglach in der Steiermark den Auftrag, das taunasse Gras in der Morgendämmerung zu mähen. Plötzlich musste er bei seiner Arbeit innehalten, denn die Sense war so schwer geworden, dass er gar nicht mehr zum Schwung ausholen konnte. Als er nach der Ursache sah, erblickte er ein grünes Netz, das sich in der Sense verfangen hatte. In dem Maschenwerk befanden sich kleine Lebewesen – Zwerge. Mit erschrockenen Äuglein blickten sie zum verdutzten Mäher auf und wimmerten:

„Lieber guter Mann, bitte lass uns unserer Wege ziehen. Wir waren unachtsam, deshalb sind wir in deine Sense geraten. Verschone uns! Es soll dein Schaden nicht sein; wir werden dich reich belohnen."

Der gutherzige Knecht, dem die Wichtel leid taten, befreite sie behutsam aus ihrer bösen Lage und gab dabei acht, dass er das Netz nicht zerstörte und keiner der Zwerge verletzt wurde. Dann riefen sie fröhlich „danke, danke, komm morgen wieder" und hopsten davon.

Tags darauf musste der Knecht wieder auf diese Flur. Er dachte gar nicht mehr an die kleinen Wesen. Auf der Wiese lagen Torfknollen herum. Da wurde der Bursche ärgerlich, denn er dachte, irgendjemand wolle ihm seine Arbeit erschweren und ihn foppen. In seiner Wut trat er auf einen Klumpen, und als dieser zerfiel, sah er etwas aufblinken. Als er den Batzen etwas näher anschauen wollte, waren plötzlich die munteren Zwerglein mit ihrem grünen Netz wieder da und riefen fröhlich: „ Komm mit uns; wir wollen dir eine Freude machen."

Der Knecht ging mit ihnen in eine lichte Höhle; hier hatten die Zwerge Unmengen Gold gelagert. Der arme Knecht sperrte Mund und Augen auf. Er kam aus dem Staunen gar nicht mehr heraus. Währenddessen füllten die Wichtel einen großen Korb mit Golddukaten, begleiteten den Landarbeiter noch vor die Höhle und verabschiedeten sich herzlich von ihm.

Der Bursche ging froh und beschwingt nach Hause.

Das Glück des armen Knechtes sprach sich bald herum. Aber nicht alle freuten sich darüber; er hatte auch Neider. Und ein solcher war ein wegen seines Geizes verschriener, raffgieriger, reicher Bauer.

Er wurde krank vor Missgunst, und so beschloss er, zur Bergwiese, die mittlerweile als Zwergenwiese bezeichnet wurde, zu wandern, um dort einiger Wichtel habhaft zu werden und sie dann nur für immenses Lösegeld frei zu lassen. Aber so weit kam es gar nicht, sondern ganz anders: Er selbst verfing sich im grünen Netz der Männlein. Was dann mit ihm geschehen ist, weiß niemand. Jedenfalls, ab diesem Zeitpunkt hat man nie mehr etwas von ihm gesehen oder gehört.

Das verlorene Kind im Berg

Im Böttingberg bei Mitterndorf in der Steiermark lagert ein immenser Schatz, der von Zwergen gehütet wird. Jährlich einmal, und zwar am Morgen des Ostertages, wenn der erste Glockenschlag ertönt, öffnet sich der Fels und der Zugang zur Höhle ist frei.

Eine arme Witwe, die ihren Säugling zu versorgen hatte, wusste oft nicht, wie sie die Nahrung für das Kind und sich selbst beschaffen sollte. Sie arbeitete fleißig und schuftete bis in die Nacht hinein. Aber es reichte trotzdem hinten und vorne nicht. Oft musste sie bei den Bauern ein wenig Milch für ihr Kind erbetteln.

An einem Karsamstag, als die Not wieder einmal ganz besonders groß war, beschloss sie, am Ostermorgen in der Frühe zum Berg zu gehen, um sich von den Schätzen, von denen immer erzählt wurde, etwas zu holen.

Zeitig, noch in der Nacht, nahm sie ihr schlafendes Kind auf den Arm und verließ das Haus. Sie hastete den Berg hinauf. Erschöpft und schwer atmend stand sie vor dem wuchtigen Felsen. Kurz darauf begannen in Mitterndorf die Kirchenglocken zu läuten, und tatsächlich öffnete sich beim ersten Glockenschlag mit Krachen und Bersten der Fels. Furchtlos betrat sie mit ihrem Kind die Höhle und lugte neugierig umher. Und was sie erblickte, ließ ihr den Atem stocken! Haufenweise lagerte Gold in großen, offenen Truhen. Sie wollte so viel wie möglich davon bergen. Aber sie wusste auch, dass sie nicht viel Zeit hatte, denn der Berg ist nur so lange offen wie die Dauer des Geläuts; mit dem letzten Glockenschlag schließt sich der Berg wieder. Sie legte ihr Kind auf den Boden, füllte ihre Schürze mit Gold, rannte vor den Fels und legte es ab. Sie hastete zurück, und jetzt war die Gier in ihr erwacht! Sie dachte nur noch an Reichtum und raffte von dem Gold so viel zusammen wie in ihre Schürze passte, eilte vor den Berg, um es dort wieder zu lagern und wollte erneut hineinstürmen. Aber, eben als sie die Schürze leerte, tat es den letzten Glockenschlag des Ostergeläuts.

Mit lautem Knall und solcher Wucht, dass die Erde erbebte, schloss sich der Berg. Zugleich war von dem Gold, das die Frau hinausgetragen hatte, nichts mehr zu sehen. Jetzt wurde ihr bewusst, dass sie ihr Kind im Berg zurückgelassen hatte. Sie warf Steine gegen den Fels, schlug sich die Fäuste blutig, weinte und bettelte, haderte mit Gott und der Welt – aber das Tor öffnete sich nicht wieder. Erst spät in der Nacht des Ostertages, als sie endlich einsah, dass alles vergeblich ist, machte sie sich in ihrem selbst verschuldeten Seelenschmerz auf den Heimweg.

Die Frau litt unendliche Qualen ob ihrer Schuld. Aber jedes Jahr wird das Osterfest gefeiert. Und so ging sie im darauffolgenden Jahr wieder zum Berg. Sie wartete demütig vor dem Fels und betete. Und wirklich! Beim ersten Glockenton des Festgeläuts öffnete sich der Berg, sie sprang ins Innere und was sie da sah! Ihr Kind spielte fröhlich mit den Goldstücken. Überglücklich packte es die Mutter und verließ eilends die Höhle. Irgendetwas mitzunehmen von dem Goldschatz – daran dachte sie gar nicht mehr. Sie jagte, ihr Kind auf dem Arm fest an sich gepresst, den Berg hinab und war froh als sie mit dem gesunden Kleinen zu Hause war.

Der eiserne Ofen

Der Erdspiegel (Anmerkung 5) ist kein normaler Spiegel, wie wir ihn in Gebrauch haben. Beim Hineinschauen sieht man darin nicht sein Gegenbild, sondern Landschaften und die dort verborgenen Schätze. Diese Wunderspiegel besaßen nur die Venedigermännlein.

Eines schönen Abends erschien auf einem Bauernhof in der Oststeiermark ein sonderbares Männlein, gewandet mit einem himmelblauen Höschen, einem roten Jöppchen und genagelten Bergschühchen. Es gab vor, nicht mehr weiterreisen zu können, weil es schon lange unterwegs ist; auch sei es müde, erschöpft und hungrig. Deshalb fragte es, ob der Bauer ihm Quartier geben wolle. Der Zwerg wurde als Gast aufgenommen. Als sie in der gemütlichen Stube saßen, sah sich der Fremde ganz genau um, und sein Blick blieb an dem uralten, großen, gemauerten Herd in der Ecke hängen. So ganz beiläufig meinte er:

„Ach, was habt ihr für einen plumpen, unzweckmäßigen Herd! Es gibt jetzt schöne eiserne Herde, die viel besser wärmen und leichter zu handhaben sind. Wollt ihr nicht dieses alte Stück gegen einen neuen, eisernen Ofen eintauschen? Ich baue euch den alten ab und stelle dafür einen neuen auf. Es kostet euch nichts. Auch alle damit verbundene Arbeit werde ich übernehmen. Ihr werdet zufrieden sein. Das ist mein Dank für eure Gastfreundlichkeit."

Der Bauer erinnerte sich, dass sein Großvater einstmals gesagt hatte, dass der Ofen nur dann abgebrochen werden sollte, wenn der Hofbauer in größter Not sei. Nachdem er das Vermächtnis des Ahnen in Ehren halten wollte, sagte er dem Gast ein klares Nein zum vorgeschlagenen Handel.

Der vornehm aussehende Herr blieb noch einige Tage, und als er den Bauern fragte, was er für Kost und Logis schuldig ist, wehrte dieser ab und nahm keine Bezahlung an. Darüber war der Fremde verwundert, freute sich aber doch so sehr, dass er dem Bauern anbot, ihn in seine Heimat zu begleiten und dort sein Gast zu sein. Da der Bauer den Hof bei seiner Frau und dem treuen Gesinde in besten Händen wusste, willigte er ein.

Sie wanderten viele Tage über Berge und Ebenen, und endlich kamen sie in Venedig an. Der Bauer konnte sich gar nicht satt sehen, so etwas hatte er noch nie gesehen: Prunkvolle Häuser, große reich ausgestattete Kirchen mit hohen Türmen – und das Meer!

Vor einem besonders ausladenden Palast blieb das Männlein stehen, pochte an das Portal und sogleich öffnete ein Diener und begrüßte seinen Herrn ehrerbietig. Der Besitzer führte seinen Gast in einen edel ausgestatteten Raum, in dem ein eiserner Ofen stand, den der Gastgeber selbst sofort einheizte. Schon nach ganz kurzer Zeit verbreitete sich im Zimmer eine Wärme, fast Hitze, und der Bauer fühlte sich pudelwohl. Der Hausherr versäumte es nicht, dem Gast die Vorzüge des eisernen Ofens werbend vor Augen zu führen, so dass dieser bald überzeugt war, doch den gemauerten gegen den eisernen einzutauschen. Der Handel wurde besiegelt.

Als am nächsten Tag der Venediger in der Stadt seinen Geschäften nachging, und der Bauer allein im Palast weilte, wollte er sich in den anderen Gemächern umsehen. Diesen Prunk, den er da sah! Und irgendwann stand er in einem kleinen, unscheinbaren Zimmer, in dem nur ein Spiegel seinen Platz hatte. Als er näher ging, sah er nicht – wie erwartet – sich selbst darinnen, sondern eine Landschaft, die ihm irgendwie vertraut vorkam. Jetzt war seine Neugierde geweckt! Er schaute genauer, und siehe da, seine Heimat erblickte er, sein Dorf mit der Kirche, seine Felder, sein Haus – und merkwürdigerweise sein Haus auch von innen! Er sah seine Knechte und Mägde fleißig bei der Arbeit; seine Frau kochte am Herd. Er bemerkte in der Ecke, eingemauert in den Herd, drei Gefäße, die mit Goldstücken gefüllt waren.

Jetzt bekam der Bauer einen gehörigen Schreck! Ihm wurde klar, dass dies ein Erdspiegel war, und der Venediger darin den Schatz gesehen hatte; auch kamen ihm die Worte des längst verstorbenen Großvaters wieder in den Sinn. Nun bereute er den Handel bitter und er grübelte nach einem Ausweg. Was tun? Der Handel war besiegelt. Aber er war ein schlauer Bauer! Und er hatte eine Idee, die er in die Tat umsetzte: Er verfasste eine Depesche an seine Frau mit dem Inhalt, dass sie sofort in der hinteren Ecke des Herdes ein paar Steine heraushauen soll, denn dort lägen drei Töpfe mit Goldstücken. Sie solle diese entnehmen, die mit Steinen gefüllten Gefäße wieder an ihren Ort stellen und sorgsam die offene Stelle zumauern.

Der Bauer rechnete sich aus, wie viel Zeit bis zur Ankunft des Eilbriefes verstreichen würde, dann musste die Arbeit am Herd getan sein und alles musste auch noch trocknen, so dass bei seiner Rückkehr von den frischen Maurerarbeiten nichts mehr zu sehen wäre. Deshalb nahm er die Gastfreundschaft noch mehrere Tage in Anspruch, und erst dann fuhren sie mit einem stattlichen Fuhrwerk, auf das der eiserne Ofen geladen war, in Richtung Steiermark.

Als sie am Ziel angekommen waren, hatte es der noble Herr sehr eilig. Auf Weisung des Bauern hob das Gesinde den eisernen Ofen vom Wagen und sofort baute der Zwerg vorsichtig den alten Herd ab – und dann fand er die mit Steinen gefüllten Gefäße! Zuerst schaute er ungläubig, dann schimpfte und fluchte er, rannte aus dem Haus, sprang auf sein Gefährt und jagte davon.

Der kluge Bauer freute sich zusammen mit seiner Frau, den Zwerg überlistet zu haben. Er hatte gut lachen, denn er besaß die Goldstücke und den neuen eisernen Ofen dazu.

Der gerettete Bergmann bei Knappenberg

Ergiebige Bergwerke, so wie auch die bei Knappenberg in Kärnten, bescherten der Bevölkerung, welche die Bodenschätze förderte, großen Reichtum. Immer mehr Familien siedelten an der Straße von Knappenberg nach Mösel. Die Männer verdienten den Lebensunterhalt mit dem Erzabbau. Die Leute an dieser Erzstraße wurden immer wohlhabender, aber auch immer ausgelassener und gottloser, und ihre Herzen verhärteten immer mehr.

An einem herrlichen Sonnentag zog ein alter, hinkender Mann durch den reichen Ort und bat um ein wenig Essen. Jetzt hatten die bösen Menschen eine Abwechslung für ihren Zeitvertreib gefunden. Sie beschimpften und verspotteten den Bettler und sagten:

„Wenn du schon zu faul zum Arbeiten bist, dann brauchst du auch nichts zu essen. Aber hier nimm das, vielleicht wirst du davon satt."

Dabei drückten sie ihm Steine in die Hand und jagten ihn johlend aus dem Ort. Am Ortsende wandte sich der Bettler nochmals um und schrie zornbebend:

„Heute heißt es noch auf der Jaungen, morgen aber auf der Raungen!" (Sinngemäß: Heute rot, morgen tot!)

Da sie den Alten für wirr im Kopf hielten, lachten sie nur noch mehr über ihn und gingen in ihre Häuser zurück.

Wie immer fuhren die Knappen am nächsten Tag ins Bergwerk ein. Das traditionelle Gebet vor dem Befahren der Grube hatten sie schon längst abgeschafft. An diesem Tag jedoch stürzten die Stollen ein und die Geröllmassen erschlugen die einst so stolzen und frevlerischen Hauer.

Aber unter den Bergleuten war auch ein frommer, rechtschaffener Mann, der sich an dem verwerflichen Treiben der anderen nie beteiligt hatte. Auch er war unter den Verschütteten, aber er lebte. Um ihn herum war ein kleiner Freiraum, so dass er keine Atemnot hatte. In seinem Entsetzen versuchte er ein paar Gesteinsbrocken wegzuschieben. Urplötzlich stand vor ihm ein kleines Männchen in Bergmannstracht und sagte:

„Sei guten Muts! Du bist vom Fluch, der deine niederträchtigen Kameraden getroffen hat, verschont geblieben, weil du immer ein gottesfürchtiges Leben geführt hast. Hier nimm! Ich habe dir Nahrung mitgebracht. Stärke dich! Auch gebe ich dir eine Schaufel. Mit dieser musst du dir einen Weg bahnen, der dich wieder an die Erdoberfläche bringt. Auch überlasse ich dir diese Laterne, damit du immer Licht hast."

Daraufhin verließ der Zwerg den Mann. Dieser grub schier rastlos immer weiter. Das gute Männlein brachte dem Überlebenden jeden Tag etwas zu essen und spornte ihn an. Endlich, er meinte, dass sieben Tage vergangen seien, hatte er es geschafft! Er sah einen Schimmer, und dann kroch er aus dem Berg. Er kniete nieder und dankte Gott für seine Rettung.

Sofort ging er zu seinem Haus, trat ein und begrüßte seine Frau. Diese erschrak heftig, als er sich zu erkennen gab. Mit großem Erstaunen vernahm er, dass er nicht sieben Tage im Bergwerk verbracht hatte, sondern sieben Jahre! Nachdem er sich gewaschen und vom struppigen, langen Bart befreit hatte, gab es keinen Zweifel mehr. Die Frau schloss ihren tot geglaubten Mann glücklich in die Arme.

Der törichte Bub und das Bergmännlein

In früherer Zeit wurde im Nestlgraben auf der Turracher Höhe in Kärnten Steinkohle abgebaut. Heute noch kann der Wanderer Teile der verfallenen Gruben ausmachen.

Ein armer Taglöhner mit einer großen Kinderschar wusste sich keinen Rat mehr, wie er genug Essen für seine Familie herbeischaffen sollte. Als die Not wieder einmal besonders groß war, sagte der älteste Bub: „Lieber Vater! Du und die Mutter, ihr rackert euch ab, um für uns das Essen zu verdienen. Ich bin groß genug, dass ich für mich selbst sorgen kann. Und auch für euch und meine Geschwister will ich mitsorgen. Im Bergwerk werden Leute gesucht. Der Lohn ist gut. Dort will ich mich verdingen." Den Eltern war der Entschluss des Sohnes gar nicht recht, denn er war ein schmächtiges Bürschchen, und sie hatten große Angst um ihn. Ja, sie hatten doppelte Angst! Zum einen war er körperlich schwach, und wie wollte er die harte Arbeit schaffen? Zum anderen gab es immer wieder schwere Grubenunglücke. Aber da er keine andere Arbeit bekam, willigten die Eltern schweren Herzens ein.

Er fuhr mit den Knappen jeden Tag ins Bergwerk ein. Seine Tätigkeit bestand darin, losgehauene Kohlenstücke in einen Bottich zu werfen, der dann in die Höhe gezogen wurde. Für diese Arbeit musste man sehr flink sein, und selbst für einen kräftigen Mann wäre das vorgegebene Tempo kaum einzuhalten gewesen. Der Junge werkelte so gut er konnte. Aber die hochmütigen Knappen beschimpften und prügelten ihn, weil er ihnen zu langsam war. Wie er wieder einmal am Ende seiner Kräfte war, setzte er sich in seiner Hilflosigkeit und Verzweiflung in einem Nebenschacht auf den Boden und weinte sich schier die Augen aus. Auf einmal sagte jemand zu dem Knaben:

„Ich habe dich schon längere Zeit beobachtet. Du zeigst immer guten Willen und gibst dein Bestes. Auch entging mir nicht, wie brutal dich die Bergleute behandeln. Weil du ein braver, rechtschaffener Bub bist, will ich für dich arbeiten. Keiner wird es bemerken. Aber du musst mir versprechen, niemandem ein Sterbenswörtchen davon zu sagen. Wenn du unser Geheimnis jemandem offenbarst, dann ergeht es dir sehr übel!"

Zwischenzeitlich hatte sich der Knabe die Tränen in dem vom Kohlenstaub geschwärzten Gesicht mehr verwischt als abgewischt. Er gewahrte ein kleines Männchen mit langem, weißem Bart, das die Tracht der Bergleute trug. Der zunächst erschrockene Bursche hatte sich wieder gefasst und schwor zu schweigen.

Ab diesem Zeitpunkt lief die Arbeit hurtig voran und im Nu waren die Behälter mit den Kohlestücken befüllt und konnten hochgezogen werden. Schon bald erhielt er Junge mehr Lohn, obwohl er gar nichts arbeitete, was aber niemand bemerken konnte.

Die Knappen ärgerten sich sehr, weil ihr Lohn gleich blieb, während der schmächtige Bub immer mehr erhielt. Jetzt erfasste sie eine arge Wut, denn sie missgönnten ihm den Verdienst. Sie redeten untereinander, dass dies nicht mit rechten Dingen zugehen könne.

Es schien ihnen ausgeschlossen zu sein, dass der schwächliche Bursche auf einmal so viel anstrengende Arbeit schafft.

An einem Sonntag luden sie den Knaben ganz scheinheilig ein, mit ihnen ins Gasthaus zu gehen. Der arglose Bub freute sich darüber, weil er glaubte, endlich Anerkennung gefunden zu haben.

Aber die wüsten Gesellen prosteten ihm immer wieder zu, und so wurde ein Krügel Wein nach dem anderen geleert. Der Plan der Bergleute ging auf: Sie erfuhren, was sie wissen wollten. Der Junge, der Alkoholkonsum nicht gewohnt war, war so betrunken, dass er das Geheimnis preisgab.

Als er bis Schichtbeginn seinen Rausch ausgeschlafen hatte, wurde ihm bewusst, was er angerichtet hatte. Mit ganz schlechtem Gewissen fuhr er in die Grube ein. Da stand bereits zornbebend der Zwerg, packte den treulosen Knaben, zerfetzte ihn und warf die blutigen Körperteile in das Aufzugsfass. Aber der Berggeist war gerecht. Er bestrafte nicht nur den Jungen, sondern auch die niederträchtigen Knappen, die ihn bedrängt und trunken gemacht hatten. Alle verunfallten in der Grube, einer nach dem anderen.

Wie das Lavanttal entstand

Im Gebiet der Sau- und Koralpe in Kärten gibt es viele, wohl auch noch manche unentdeckten Metallvorkommen, besonders Eisen. Dazwischen liegt das Tal der Lavant. Über dessen Entstehung erzählt man sich folgende Sage:

Schon vor vielen hundert Jahren betrieben die Menschen in diesem Gebiet Bergbau, denn die Leute brauchten das Eisen, um daraus ihre Ackergeräte und Waffen herzustellen. Damals lag hier kein Fluss sondern ein langgestreckter und sehr tiefer See. Wie es heißt, wohnten damals Bergmännlein in den Bergen, die ihre Schätze eifersüchtig bewachten und nicht wollten, dass die Menschen ihr Reich betraten.

Bergwerk – 16. Jahrhundert

Als die Knappen einmal einen tiefen Schacht gegraben hatten, sich am nächsten Tag wieder an die Arbeit machen und ihn noch tiefer in den Berg hineintreiben wollten, da konnten sie es nicht, weil die Bergmännlein in der Nacht vorher den Eingang mit Felsblöcken versperrt hatten. Außerdem saßen sie mit ihren Hämmerchen und Pickeln dahinter, um ihn zu verteidigen. Das hinderte die Knappen nicht daran, in den Stollen zu kommen. Ohne sonderliche Mühe räumten die Menschen, die ja viel größer waren, die Steine weg und trafen auf die Zwerge dahinter, die sich mutig in den Kampf mit den ungebetenen Eindringlingen stürzten. Sie waren von großer Anzahl und sehr tapfer, daher hätten sie vielleicht gesiegt, wenn es nicht dem Hutmann (Anmerkung 7) der Knappen gelungen wäre, den König der Gnome, der an seiner goldenen Krone kenntlich war, zu packen: Er hielt den Kleinen hoch über die Köpfe seiner Untertanen und brüllte mit drohender Stimme:

„Wenn ihr uns nicht in den Schacht lasst, ist das Leben eures Königs keinen Pfifferling mehr wert!"

Die Knappen nahmen den König mit, fesselten ihn und hielten ihn von da an gefangen. Nun konnten sie ohne Sorgen in dem Stollen arbeiten, weil die Bergmännlein es nicht wagten, sie anzugreifen, um ihren Herrscher nicht zu gefährden.

Dieser saß nun viele Jahre, ja Jahrzehnte in seinem Kerker und durfte nie heraus, obwohl er seinen Wärtern alle Schätze im Berg versprach, wenn sie ihn nur freilassen würden. Er saß noch immer im Kerker, als der Hutmann, der ihn gefangen genommen hatte, und dessen Kameraden schon längst gestorben waren. Da hielt es der Gnomenkönig wieder für an der Zeit, um seine Freilassung zu bitten, denn es schien ihm, dass die jungen Bergknappen nicht so hartherzig waren, wie die alten.

„Wenn ihr mich endlich heim zu meinen Untertanen lasst, dann gebe ich euch fruchtbares Land, das ihr bebauen könnt, so groß wie der See im Tal. Dann könnt ihr Ackerbau betreiben und müsst nicht mehr die gefährliche Arbeit im Berg machen!" versprach er eines Tages seinen Wächtern.

„Wir würden dir gerne glauben und dich freilassen. Wie können wir aber sicher sein, dass du auch Wort hältst?" fragten die Knappen.

„Es ist das Wort eines Königs!" erklärte der Kleine würdevoll. „Das Wort eines Königs gilt, darauf könnt ihr euch verlassen!"

Sie glaubten ihm und schenkten ihm die Freiheit. Noch in der gleichen Stunde kehrte der Gnomenkönig in den Berg zu seinen Leuten, die ihn jubelnd empfingen, zurück.

Die Menschen aber harrten auf die Belohnung, die ihnen der Zwergenkönig zugesagt hatte. Daher beobachteten sie den großen See, wo das fruchtbare Land entstehen sollte, jeden Tag ganz genau. Erst tat sich nichts, und sie meinten schon, betrogen worden zu sein. Aber nach ein paar Tagen rief ein junges Mädchen plötzlich ganz aufgeregt:

„Schaut doch, da sind ja auf einmal lauter Strudel im See!"

Und wirklich, der vorher völlig ruhig und still daliegende See schien mit einem Mal in Bewegung geraten zu sein. So, als würde sein Wasser von Tausenden von Löchern am Grund hinweggesaugt, wirbelte es in den Boden hinein, bis es ganz verschwunden war. Nur feuchte, fruchtbare Erde blieb in dem entstandenen Tal zurück, das von einem kleinen Fluss in der Mitte durchströmt wurde. Hier konnten sich nun die Menschen ansiedeln und das Land bebauen. Der Zwergenkönig hatte sein Wort gehalten.

Bald entstanden entlang des Flusses, dem die Bewohner des Tales den Namen „Lavant", gegeben hatten, kleine und größere Ortschaften, etwa der Markt St. Paul mit seinem Benediktinerkloster.

Der Wohlstand des Fassbinders

Der Möslofen ist eine kleine bewaldete Anhöhe vor dem Möslberg im Görtschitztal in Kärnten. In diesem Möslofen sollen ungeheure Schätze lagern, die von Zwergen bewacht werden.

Müde von der Arbeit freute sich ein armer Fassbinder auf den wohlverdienten Feierabend. Als er auf seinem Nachhauseweg am Möslofen angekommen war, trat ein Zwerglein mit roter Mütze vor ihn hin und sagte freundlich:

„Binder, das ist gut, dass du gerade zwölf Reifen dabei hast! Geh mit mir! In meinem Schloss lagern zwölf Fässer, die gebunden werden müssen."

Als der Geselle es ablehnte, am Samstag Abend noch zu arbeiten, wurde das Männlein plötzlich sehr böse und jähzornig; mit Funken sprühenden Augen und geballten Fäustchen drohte es dem erschrockenen Mann: „Ich reiße dich in Stücke, wenn du nicht mitkommst!"

Daraufhin war der Schäffler ganz eingeschüchtert und folgte ängstlich dem Wicht. Dieser sperrte mit einem großen Schlüssel ein Tor auf, das der Handwerker nie zuvor gesehen hatte, und er ging sehr oft diesen Weg. Sie betraten einen Burghof, in dem Pferde und Zwerge in Kriegsrüstung herumstanden und vor sich hinstarrten.

Mitten im Hof befand sich ein hoher Lehnstuhl, in dem ein uraltes Männlein saß und ein ebenso altes Buch mit dickem Ledereinband auf einem Tischchen vor sich hatte, in dem es eifrig blätterte, als suche es eine ganz bestimmte Stelle darin. Um den Tisch war der graue Bart des Schlossherrn schon zweimal herum gewachsen. Der Handwerksgeselle kam aus dem Staunen gar nicht mehr heraus und stand mit offenem Mund und aufgerissenen Augen da. Der Zwerg, der ihn hergebracht hatte, forderte den Fassbinder auf, sofort mit der Arbeit zu beginnen. Obwohl er flink hantierte, drängte ihn der Wicht noch schneller zu werken und sagte dabei: „Rasch, rasch! Bald ist die Stunde zu Ende!"

Der Schweiß rann dem Burschen vom Kopf als er fertig war. In Reih und Glied standen die zwölf mit den Reifen versehenen Fässer da, und der Zwerg sagte: „Als Lohn nimm zwölf Hände voll

Silbertaler – für jedes Fass eine Hand voll – aus der großen Kiste in der Ecke. Hab Dank und geh deines Wegs!"

Der Bursche nahm die Taler und wollte so schnell wie möglich den merkwürdigen Ort verlassen. Aber in seiner Eile passierte ihm ein Missgeschick – er stieß an eine Trommel. Von dem Ton aufgeschreckt kam Leben in das Zwergenheer. Es sah für den Fassbinder so aus, als wollten sie in den Krieg ziehen. Es glückte ihm, ehe er in das zu erwartende aufgeregte Gewurl gezogen wurde, den Berg zu verlassen, denn er verspürte ein großes Unbehagen. Er war froh als er gesund zu Hause ankam.

Seit diesem Erlebnis im Möslofen lebte der Fassbinder in Reichtum und Wohlstand, denn soviel er auch ausgab, die Silbertaler wurden nicht weniger.

Der Fluch des Zwerges und der Wörthersee

Vor Urzeiten lag in einem der schönen und fruchtbaren Täler Kärntens eine reiche Stadt. Ihren Bewohnern fehlte es an nichts und so wurden sie, wie das leider oft geschieht, hochmütig und glaubten, nur ihrem eigenen Fleiß, ihrer Klugheit und ihrer Geschäftstüchtigkeit hätten sie ihren Wohlstand zu verdanken. An Gott dachten sie nicht mehr und dankten ihm auch nicht dafür, dass es ihnen so gut ging. Arme oder Kranke, wollten sie in ihrer Stadt nicht haben und wiesen sie fort, denn ihr Anblick hätte ihre Daseinsfreude getrübt. Sie lebten in Saus und Braus, nur auf ihr eigenes Wohlergehen bedacht.

Eines Abends wurde im größten Saal der Stadt ein Fest gefeiert. Die Leute aßen mehr als sie konnten, tranken mehr als sie vertrugen und tanzten ausgelassener als je zuvor. Plötzlich ertönte eine so laute Stimme über dem Lachen und Gelärme, dass alle plötzlich verstummten und sich nach dem Sprecher umsahen. Es war ein kleines, eisgraues Männlein. Mahnend erhob es nun wieder die Stimme und rief: „Denkt ihr denn gar nicht daran, was heute für ein hoher Festtag ist?"

Da antwortete einer der Feiernden übermütig: „Festtag hin, Festtag her, wir feiern, wann wir wollen! Schau, dass du weiterkommst und störe uns nicht länger!"

Und alle lachten über das eisgraue Männlein und wollten wieder weitertanzen, dieses aber rief noch lauter: „Denkt doch daran, dass heute Christnacht ist! Hört ihr denn nicht die Glocke, die euch zur Mette ruft? Macht euch auf, die Geburt des Herrn zu feiern!"

„Schmeißt den Kerl endlich raus!" rief einer der Gäste daraufhin zornig. „Er stört unser Fest, wir wollen ihn hier nicht haben!"

Da packten ein paar kräftige Diener den Zwerg, hoben ihn hoch und warfen ihn durch die Türe in die Dunkelheit hinaus. Inzwischen feierten die Leute noch ausgelassener weiter.

Nicht lange, da kam der ungebetene Gast wieder durch die Türe herein. Diesmal trug er ein kleines Fässchen unter dem Arm. Er stellte sich in die Mitte des Saales und schrie so laut er konnte: „Hört endlich auf und besinnt euch! Wenn ihr weiter diese Heilige Nacht entweiht, seid ihr verflucht; dann werdet ihr es alle mit dem Leben bezahlen!"

Wütend über diese erneute Störung ihrer Lustbarkeit, stürzten sich einige der Gäste auf den Zwerg und wollten ihn verprügeln. Der aber hatte flugs sein Fässchen abgestellt, den Spund herausgezogen, war hurtig zwischen den Leuten hindurchgeschlüpft und ward nicht mehr gesehen.

„Na endlich ist der Kerl weg!" „So einer kann einem ja wirklich alle Freude verderben!" „Hoffentlich kommt er nicht noch mal!"

So riefen die Leute durcheinander, dann aber ließen sie sich nicht mehr stören und feierten weiter. Sie achteten nicht auf das kleine Fässchen, das der Zwerg hatte stehen lassen, und aus dem – so klein es auch war – unaufhörlich Wasser aus dem offenen Spund floss.

„He, warum ist es hier so nass?" fragte einer der Tanzenden, weil er ausgerutscht war, völlig verdutzt. Da bemerkten auch die anderen, dass der Boden des Tanzsaales schon ganz unter Wasser stand. Sie konnten die Ursache dafür nicht entdecken, weil das kleine Fässchen unter einem Tisch stand und es niemand beachtete. Als das Wasser bereits kniehoch war, gingen plötzlich alle Lichter im Raum aus. Nun gerieten die Menschen in große Furcht und wollten alle gleichzeitig ins Freie. Aber auch dort empfing sie sintflutartiger

Regen, der, wie aus Eimern gegossen, vom Himmel niederfiel. Verängstigt kehrten die einen in den Saal zurück, die anderen liefen wie panisch in die Dunkelheit hinaus.

Es wurde immer schlimmer, nicht nur vom Himmel strömte das Wasser, auch aus der Erde und aus dem unergründlichen Fässchen quoll es in solchen Massen, dass bald alles ringsum im Tal überschwemmt war und alle Menschen in der einst so schönen und reichen Stadt ertrunken waren.

Als es endlich wieder aufhörte zu fließen, war in dem Tal der „Wörthersee" entstanden, der sich heutzutage von Loretto bis Velden ausdehnt.

Die Leute dort aber erzählen, dass derjenige, der in einer hellen Mondnacht auf dem See fährt, wenn ringsum alles still ist, um Mitternacht noch die Glocke der versunkenen Stadt läuten hören kann.

Schloss Loretto am Wörthersee –
Aquarell v. Ferdinand Runk – um 1795

Der unglückliche Ritter von Scherfenberg

Der Ritter von Scherfenberg, der in Kärnten in der Gegend von Völkermarkt lebte, hatte bei seinen Untertanen ein hohes Ansehen. Er war ein edler und gerechter Mann. Als er wieder einmal allein ausritt, um seinen Gedanken nachzuhängen und zu innerer Ruhe zu kommen, sah er eine Gruppe kleiner Männlein dahermarschieren. Unter einem von vier Zwergen auf Stangen getragenen Himmel ritt ein König, den man an seiner Krone erkennen konnte. Die Hufe der edlen Pferdchen dieser Truppe waren mit Gold beschlagen; das Sattel- und Zaumzeug war mit prächtigen Edelsteinen besetzt, so dass in der Sonne alles nur so strahlte und funkelte.

Erstaunt, aber höflich, nach Art der Ritter, grüßte der Schlossherr. Freundlich sprach der Zwergenkönig:

„Edler Herr Ritter! Ich bin froh, dass ich Euch treffe, denn ich bin in arger Bedrängnis. Ein anderer König möchte sich mein Land und Volk einverleiben. Er besitzt ein großes Heer und er ist stark, viel stärker als ich. Es ist ein Zweikampf zwischen ihm und mir vorgesehen; dieser soll entscheiden, ob ich mein Land verliere. Meine Wahl fiel auf Euch, dass ihr für mich den Fechtkampf mit dem gegnerischen König übernehmt. Ihr seid stark und mutig! Ich bitte Euch, den Kampf für mich auszutragen. Ich flehe Euch an! Stimmt zu! Es kann Euch kein Leid geschehen, denn ich gebe Euch einen Zaubergürtel, der seinem Träger die Kraft von zwanzig Männern gibt."

Der König nannte noch Ort und Zeit, wo der Kampf stattfinden solle. Nach kurzem Überlegen war der Ritter einverstanden und stimmte zu. Überglücklich gab der Zwerg noch Weisung, dass der Scherfenberger nur seinen Knappen zum Kampf mitbringen dürfe. Er musste noch versprechen, dass er niemandem, auch nicht seiner Ehefrau, von der Unterredung etwas erzählen werde, denn sonst wäre alles verloren.

Der Scherfenberger gelobte nichts zu verraten. Der König reichte ihm den Gürtel und noch einen Ring als Pfand für die gegenseitige Treue. Dieser Ring sollte den Ritter vor allem Unheil bewahren und ihm Reichtum und Wohlstand bescheren. Sie verabschiedeten sich herzlich, der König zog weiter und verschwand mit seinem Volk im Berg.

Zu Hause wurde der Ritter immer nachdenklicher und in sich gekehrter, denn er grübelte darüber nach, ob es richtig gewesen war, dem Zwergenkönig seine Hilfe zuzusichern. War es angebracht sich für einen anderen zu schlagen? Auch fing er an, an der Kraft des Zwanzigmännergürtels zu zweifeln. Das veränderte Wesen des Ritters fiel auch seiner Ehefrau auf, und sie fragte ihn nach dem Grund. Aber er erzählte nichts. Die Frau machte sich immer mehr Sorgen und deshalb lud sie vier Ritter, Freunde ihres Mannes, ein, denn sie dachte, ihnen würde es schon gelingen, bei oft gefüllten Krügen Wein, das Geheimnis zu ergründen.

So sehr sie sich auch bemühten, der Scherfenberger gab nichts preis und hielt sich an sein Gelöbnis. Als alle Mühe vergeblich schien, fiel einem Kameraden eine verhängnisvolle List ein und er sagte: „Du brauchst gar kein solches Geheimnis um die Sache machen; wir wissen sowieso um was es sich handelt."

Und weil der Scherfenberger dies für wahr hielt, erzählte er die ganze Geschichte. Nun rieten ihm alle von dem Vorhaben ab und forderten, dass er auf keinen Fall in den Kampf zöge.

Die Zeit für den Zweikampf war gekommen. Der Scherfenberger wollte sein gegebenes Versprechen halten und befahl seinem Knappen die Kampfausrüstung herbeizubringen und ihm Kettenhemd und Panzer anzulegen sowie sein bestes Streitross zu satteln. Da trat seine Frau weinend vor ihn, jammerte, rang die Hände und bettelte, dass er nicht in das Gefecht ziehen möge. Sie lamentierte so lange, bis er derart zermürbt war, dass er um des lieben Friedens willen zu Hause blieb. Sehr bald schon wurde ihm bewusst, wie treubrüchig er, der überall als edler Ritter bekannt war, an dem Zwergenkönig geworden war; dies ging ihm sehr zu Herzen – er hatte an nichts mehr Freude und wurde geradezu trübsinnig.

Ein paar Monate später ritt der Scherfenberger zu seiner Burg Landstrotz. In seiner Versunkenheit und Schwermut bemerkte er die Zwerge erst, als sie ihn schon umringt hatten. Sie verspotteten und verhöhnten ihn. Da trat der entrüstete König grimmig auf ihn zu und rief:

„Wenn jemand deinen Edelmut rühmt, so lügt er! Durch deine Wortbrüchigkeit bist du mir in den Rücken gefallen, hast mich verraten und betrogen! Gottes Zorn soll dich treffen für das was du mir angetan hast! Nimmer wird dir das Glück hold sein! Jedem Gegner wirst du im Kampf unterliegen! Der Ring, den ich dir gegeben habe, was ich zutiefst bedaure, übt leider noch einen gewissen Schutz aus. Ohne ihn würdest du alles verlieren und bittere Armut und Not hättest du mit deinem Weib und Kind zu leiden."

Daraufhin entfernte sich der König grußlos mit seinem Volk.

Schon kurze Zeit später wurde der einst so angesehene Ritter, der alle Daseinsfreude verloren hatte, im Kampf schwer verwundet. Als seine Knechte ihn aus dem Staub aufhoben und aufs Pferd legten, um ihn nach Völkermarkt zu transportieren, hauchte er sein Leben aus.

Der Goldsucher und die geschwätzige Bäuerin

Merkwürdige, kleinwüchsige Leutchen kamen jedes Jahr aus dem Welschland in die Bergtäler, um nach verborgenen Schätzen zu suchen; meist war es Gold, aber auch Silber, Edelsteine und Erze. Da sie sich auf allerlei Zauberkünste verstanden, wurden sie auch fündig. Im Volksmund bezeichnete man sie als Venediger (Anmerkung 5). So sehr sich aber die Einheimischen auch abmühten, sie fanden nichts oder höchstens mal ein winziges, glitzerndes Staubkorn, mit dem nichts anzufangen war.

Solch ein Venediger kam jedes Jahr nach der Schneeschmelze zum Gruberbauern ins Lesachtal in Kärnten. Schon von weitem erkannte man den ärmlich gekleideten, alten, dürren Zwerg mit seinem Lederränzlein. Immer hatte er seinen kleinen schwarzen Hund mit dabei. Er blieb den ganzen Sommer über und im Herbst machte er sich wieder auf den Heimweg. Jeden Tag in der Frühe entfernte er sich vom Hof mit einem großen Sack, der bei seiner Rückkehr jeweils prall gefüllt war. Dann ging er sofort in seine Kammer.

Der gutmütige Bauer interessierte sich in keiner Weise für seinen nichtgesprächigen und etwas menschenscheuen Gast. Aber nicht so seine vorwitzige Bäuerin! Sie wollte unbedingt wissen, was der Venediger den ganzen Tag so treibt. Zuerst bat sie ihren Mann, dem kleinen Männchen nachzugehen. Als dieser keinerlei Anstalten machte, der Bitte nachzukommen, wurde sie fordernd und am Ende bedrängte sie ihn so arg, dass er nachgab.

Eines Morgens schlich er dem Zwerg nach. Über das Tuffbad ging's noch weiter bis ins Hintertal. Dort war an einem schroffen Felsen die Wanderung zu Ende. Hier versuchte der Bauer so nahe heranzukommen wie möglich, um zu sehen, was geschieht. Aber er hatte nicht mit der Aufmerksamkeit des Hundes gerechnet! Dieser fing laut zu bellen an und gab auch noch drohende Knurrlaute von sich. Der Venediger wusste sofort, dass Gefahr drohte, und für den Bauern war es zu spät, den Rückzug anzutreten.

Also sprang er neben den Zwerg und sah, wie es in der Quelle, die aus dem Felsen hervorquoll, funkelte, und der Venediger blinkende Körner, die Gold waren, herausnahm. Als er gewahr wurde, dass der Gruberbauer ihn bei seiner Arbeit beobachtet hatte, erfasste ihn eine arge Wut. Er wollte sich auf den Bauern stürzen, aber sofort war ihm klar, dass dies angesichts der kräftigen Gestalt des Grubers unmöglich ist. Also bezähmte er seinen Grimm und sprach – äußerlich vollkommen ruhig, innerlich aber bebend vor Zorn – zum Bauern: „Du hast mein Geheimnis entdeckt. Wenn du über dein Wissen schweigst, werde ich dich in reichem Maße belohnen; wenn du aber nur ein Wort von dem Gesehenen ausplauderst, werde ich mich rächen, und ich bestrafe dich sehr hart. Vergiss das nie!"

Angespannt, aber friedlich saß der Spitz daneben und ließ den Bauern dabei nicht aus den Augen. Der Gruber versprach hoch und heilig zu schweigen wie ein Grab, denn es war ihm doch recht eigentümlich und bange zumute geworden. Nachdenklich und bedrückt ging er nach Hause, wo ihn seine wissbegierige Frau schon sehnsüchtigst erwartete. Auf ihre Fragen antwortete er ausweichend und meinte dann ärgerlich: „Ich bin dem Venediger vorsichtig nachgeschlichen und war immer auf Abstand bedacht, denn ich musste ja auch noch wegen des Hundes aufpassen. Du weißt selbst, wie felsig das Gelände ist, und da habe ich ihn aus den Augen verloren. Und jetzt will ich nichts mehr hören von der Sache."

Die Frau gab sich zufrieden, wollte aber, dass er einen neuen Versuch unternimmt. Aber immer hatte er eine Ausrede, einmal war es die Feldarbeit, dann ein dringendes Geschäft über Land, oder das Wetter war zu schlecht, oder die Sonne brannte zu heiß, dann war es wieder der Spitz, dessen Wachsamkeit man sicher nicht entgehen könne. So verstrich der ganze Sommer, ohne dass die Bäuerin ihr Ziel erreicht hatte.

Im Herbst, bevor der Schnee die Gipfel der Berge bedeckte, bezahlte der Venediger den vereinbarten Geldbetrag für seine Beherbergung und verabschiedete sich. Aber ehe er das Gehöft verließ, nahm er den Bauern zur Seite und beschwor ihn abermals, von der Goldquelle nichts zu verraten und wiederholte die Worte, die er zu ihm schon bei ihrem Zusammentreffen am Fels gesagt hatte. Dann gab er ihm noch ein Säckchen mit Goldtalern. Wiederum gelobte der Bauer, dass er das Geheimnis auf ewig hüten werde.

Der Bauer versteckte das Säckchen. Aber mit der Zeit ergriff ihn eine Unrast und auch ein Verlangen nach mehr Reichtum nahm von ihm Besitz. Stetig stärker wurde seine Gier, die Goldquelle selbst auszubeuten. Also machte er sich auf den Weg zum Felsen; immer öfters entfernte er sich vom Haus, ohne ersichtlichen Grund für die anderen. Aber im gesamten felsigen Gestein konnte er die Quelle nicht finden.

Der Bäuerin kam das Verhalten ihres Mannes immer merkwürdiger vor, und sie wollte wissen, wo er die Zeit verbringt. Aber er schwieg beharrlich. Als sie eines schönen Tages im Schrank etwas suchte, stieß sie auf das Säckchen mit den Goldtalern. Sie war sehr erschrocken darüber, denn sie konnte sich nicht vorstellen, woher das viele Geld kommt. Völlig außer sich rief sie nach ihrem Mann und wollte auf der Stelle wissen, woher das Säckchen stammt. Der Bauer war bestürzt, hatte sich aber so unter Kontrolle, dass er sich nichts anmerken ließ und tat so, als wisse er nichts und wäre selbst erstaunt ob des merkwürdigen Fundes; und er schwieg weiterhin beharrlich, denn er hatte große Angst vor der angedrohten Rache des Venedigers.

Aber das Misstrauen der Bäuerin war geweckt; sie keifte und schimpfte den lieben langen Tag und behandelte ihren Mann dermaßen schlecht, dass es schier nicht mehr zum Aushalten war. Und als alles nichts mehr half, den Bauern zum Reden zu bringen, ja zu zwingen, beschuldigte sie ihn, das Geld gestohlen zu haben. Auch diese Anschuldigung brachte der Frau nicht den gewünschten Erfolg. Dann griff sie zum letzten Trick, den sie glaubte zu haben, und sagte: „Ich lasse meine Hände ab sofort ruhen und auch sonst kümmere ich mich um gar nichts mehr auf dem Hof. Dann kannst du schauen wie du zurechtkommst ohne meine Arbeit!" Wenn die Bäuerin diese Drohung wahr macht, dann würde sie als Arbeitskraft ausfallen und auch jede Fürsorge für den Hof wäre weg; für die Mägde wäre dann eine schöne, faule Zeit gekommen, denn niemand würde ihnen die Arbeit zuweisen. Und der Frau war ernst!

Jetzt sah der Bauer keinen Ausweg mehr, das Geheimnis für sich zu behalten, und berichtete – obwohl er von ihrer Schwatzhaftigkeit nur zu gut wusste – wie und warum er zu den Goldtalern gekommen war. Allerdings erzählte er auch von dem Fluch des Zwerges und beschwor sie, keinem Menschen von der Goldquelle etwas zu sagen. Die Frau war nun zufrieden und das Leben ging seinen gewohnten Gang. Der Gruber aber hatte Angst, und das nicht grundlos! Die Bäuerin tratschte gern. Ob dieser Klatschsucht hatte es oftmals schon viel Ärger gegeben. Und eines schönen Tages kam es so, wie zu befürchten war. Sie offenbarte das Geheimnis einer Nachbarin, natürlich unter dem Siegel der Verschwiegenheit. Sofort erzählte diese Nachbarin – natürlich auch unter dem Siegel strengster Verschwiegenheit – das Geheimnis ihren Freundinnen, und binnen kürzester Zeit war das gesamte Dorf informiert. Die Kenntnis über die Goldquelle erreichte auch die Nachbarorte, und von dort verbreitete sich die Kunde immer weiter im Land.

Nach der Schneeschmelze kamen die Leute in Scharen ins Hintertal, um Gold aus der Felsenquelle zu holen. Aber niemand konnte das einstmals als dem Felsen sprudelnde Wasser finden.

Inzwischen litt der Bauer Höllenqualen; er konnte nicht mehr schlafen, wurde immer wortkarger und niedergedrückter, magerte ab, denn das Essen schmeckte ihm auch nicht mehr, und er hatte enorme Angst vor der Prophezeiung des Zwerges, denn dass diese eintreten werde, war ihm klar. Schon kurze Zeit später lag sein kräftigstes Pferd an einem Morgen tot im Stall – unerklärlich, denn es zeigte zuvor keinerlei Anzeichen irgendeiner Krankheit.

Es verstrich nicht viel Zeit, dann verstarb ganz plötzlich des Bauern ältester Sohn, der Hoferbe. Wiederum eine kleine Zeitspanne später verunglückte die Bäuerin, zwar nicht tödlich, aber so, dass sie einen bleibenden Körperschaden davontrug – sie hinkte. Die bedrückte Stimmung auf dem Hof und die Schwermut des Bauern behagten auch dem Gesinde nicht mehr; ein Dienstbote nach dem anderen schaute sich nach einem neuen Arbeitsplatz um.

Es war eine helle Mondnacht; deshalb hielt sich der Revierjäger länger als sonst im Bergwald auf. Als er aus dem Gehölz trat, sah er im Tal ein Gebäude lichterloh brennen. Sofort rannte er den Berg hinab und schrie fortwährend „Feuer, Feuer!".

Er kam zu einer übersichtlichen Stelle im Gelände – jetzt konnte er feststellen, dass die Flammen aus dem Gruberhof schlugen. Nun schrie er: „Feuer, Feuer! Der Gruberhof brennt!"

Als die Hofleute den Brand bemerkt hatten, war nichts mehr zu retten. Sie mussten um ihr nacktes Leben laufen. Der gesamte Hof, mit Ställen und Scheunen, wurde eingeäschert. Gespenstisch sah es aus. Innerhalb von ein paar Stunden war aus dem wohlhabenden Gruber ein mittelloser Mensch, ja ein Bettler geworden. Weinend standen die Kinder schutzsuchend bei ihm. Die Gruberin lamentierte und jammerte.

Er sagte nur zu ihr: „Schweigen ist Geld, Reden ist g'fehlt!"

Der Fichtenzwerg

Nahe am Weg zwischen Haimburg und Diex in Kärnten standen früher auf einer Anhöhe alleine und weithin sichtbar zwei mächtige alte Fichten. Einst befahl ein reicher Bauer, bei dem sich ein Kleinbauer, dessen Hof neben den Bäumen lag, aus Armut als Holzknecht hatte verdingen müssen, diesem, die Baumriesen zu fällen.

Der Arme aber weigerte sich, weil er die schönen Fichten, die schon zu seines Großvaters Zeiten neben dem Hof gestanden waren, liebte. Da stellte ihn der Großbauer nicht mehr ein. Als der Arme dadurch in große Not geriet und einmal traurig unter den alten Bäumen saß, sah er plötzlich im Geäst ein kleines Männlein sitzen. Das war der Baumzwerg, der auf ihnen wohnte und sie beschützte. Die Leute der Gegend kannten ihn, weil er sich manchmal zeigte, und nannten ihn „Fichtling". Wollte jemand etwa Äste abreißen oder den Bäumen anderweitig Leid zufügen, dann bekam er es mit dem Zwerg zu tun. Wer aber Gutes mit ihnen vorhatte, den belohnte er. Darum tröstete er den Armen und riet ihm:

„Sei ohne Sorge, bald wird es dir wieder besser gehen, denn du bist rechtschaffen und gut. Komm in der nächsten Dreikönigsnacht hierher und sammle die Erde mit den Fichtennadeln vom Boden. Dann wirst du reichen Lohn erhalten. Du darfst aber niemandem je ein Wort davon verraten!"

Der Arme versprach dem Fichtling, den Mund zu halten und kam in der nächsten Dreikönigsnacht wieder unter die Bäume, um die Nadeln aufzusammeln. Zu seinem höchsten Erstaunen fand er aber keine dürren sondern unzählige Nadeln aus purem Silber. Glücklich hob er sie alle auf, schaute in die Baumwipfel hoch und bedankte sich bei dem Zwerg, obwohl er ihn nicht sehen konnte. Und er versprach nochmals feierlich, das Geheimnis niemals zu verraten.

Von nun an war er ein reicher Mann, dem es an nichts mangelte, und er blieb dennoch rechtschaffen, sein ganzes Leben lang. Als er auf dem Totenbett lag, rief er seinen Sohn zu sich, übergab ihm Haus und Hof sowie eine Schatztruhe voller Geld. Dann ermahnte er ihn, sorgsam mit dem Erbe umzugehen. Sollte er aber einmal unverschuldet in Not geraten, so sollte er zu den zwei alten Fichten zum Fichtling gehen, dort werde er Hilfe erfahren. Er dürfe diese Bäume aber niemals fällen, müsse sie im Gegenteil hegen und pflegen, so gut er könne. Nach diesen Worten starb der Vater.

Der junge Mann aber war ein leichtsinniger Geselle. Mit falschen Freunden, Kartenspiel und einem kostspieligen Lotterleben hatte er den Reichtum seines Vaters in kurzer Zeit durchgebracht.

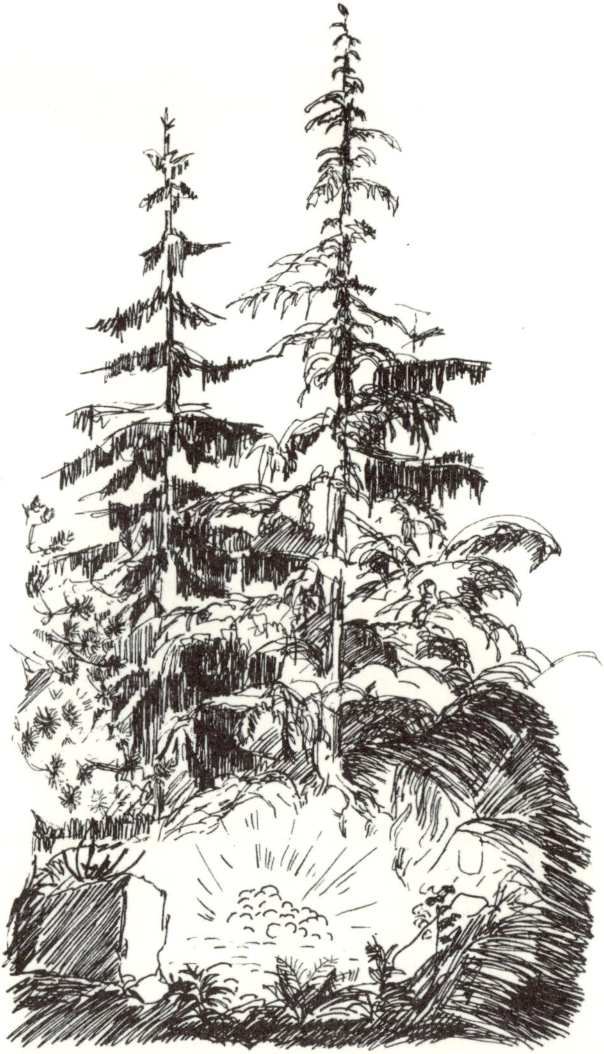

Da erinnerte er sich an die Worte seines sterbenden Vaters, nahm einen großen Sack, begab sich zu den Fichten mit dem Baumzwerg und bat dort um Hilfe. Aber nichts geschah, im Gegenteil, es ging ein so heftiges Unwetter nieder, dass der junge Mann bald von Kopf bis Fuß patschnass war. Zwar meinte er, hoch oben aus den Zweigen ein höhnisches Gelächter zu hören, der Zwerg zeigte sich jedoch nicht und half ihm auch nicht, weil er leichfertig seine Gaben verschleudert hatte. Unverrichteter Dinge musste der junge Mann wieder abziehen und künftig mit schwerer Arbeit seinen Lebensunterhalt selbst verdienen. Nie mehr hat künftig jemand einen Schatz unter den Fichten gefunden.

Der krumme Reißecker

Der große und der kleine Reißeckersee (Anmerkung 9) liegen zu Füßen des mächtigen Reißeckermassiv in Kärnten. In dieser wilden Berglandschaft stand auf einer einsamen Alm beim kleineren See eine Hütte als Unterkunft für die Hirten. Das Vieh, das hier oben weidete, war besonders wohlgenährt und hatte auch – im Vergleich zu anderen Almen, die in so felsigem Gebiet liegen – kaum Unfälle. Die Leute führten das auf die Zwerge zurück, die dort hausten. Diese neckten und ärgerten zwar manchmal die Sennen, wenn diese nach ihren Tieren schauten und spielten ihnen mancherlei Schabernack, aber sie passten sehr gut auf das Vieh auf, dass es nicht zu Schaden kam, wenn die Sennen nicht anwesend waren. Einer der kleinen Berggeister – die Leute nannten ihn nur den „krummen Reißecker", weil er ein wenig hinkte – trieb es oft besonders arg und war daher gefürchtet. Der war ein kleines Männlein, in grauen Loden gekleidet und mit einem breitkrempigen schwarzen Hut, den eine rote Hahnenfeder zierte, auf dem Kopf.

Eines Abends kam ein Hirte müde von seiner Arbeit zur Hütte, als plötzlich der „krumme Reißecker" vor ihm stand und ihn bat:

„Heute brauche ich die zwei schönen großen schwarzen Ochsen aus deiner Herde für eine schwere Arbeit. Wenn du sie mir leihst, soll es dein und deines Bauern Schaden nicht sein! Wenn ich fertig bin, bringe ich sie dir auch sofort wieder zurück!"

Der Hirte fürchtete sich mehr vor dem „krummen Reißecker", von dem er viel gehört hatte und nicht immer nur Gutes, als vor dem Bauern in Oberhattenberg, dem die prächtigen Ochsen gehörten. Er gab ihm die gewünschten Tiere, mit denen der Kleine dann abzog. Voller Sorge um die beiden Ochsen tat der Mann in dieser Nacht kein Auge zu und hoffte, dass der „krumme Reißecker" sein Versprechen halten und diese unversehrt zurückbringen würde. Als es Mitternacht war, vernahm er von weit her lautes Geschrei, von dem er nur einige Worte verstand wie: „Hü, Schwarzer, Hott! ...Kohle... zum großen See... Hü, zur Ecke!"

Er wagte es nicht, aufzustehen und nach den Tieren zu schauen, weil er sich vor der Rache des Männleins fürchtete. Bang erwartete er den nächsten Tag und machte sich gleich bei Anbruch der Morgendämmerung auf die Suche nach ihnen. Er fand sie nahe des Sees, aber völlig abgearbeitet und schweißüberströmt. Er wollte die beiden Ochsen, die ja seine besten Tiere waren und für die er seinem Bauern verantwortlich war, gerade abreiben und in den Stall führen, da stand plötzlich wieder der „krumme Reißecker" neben ihm und sagte: „Lass das sein! Warte, bis die Sonne aufgegangen ist, sonst müssen die beiden zugrunde gehen! Und höre gut zu, als Belohnung für's Herleihen soll deinem Bauern das gehören, was du bei Sonnenaufgang auf dem Haupt eines jeden Tieres, dir aber das, was du auf den Schwänzen findest!"

Nach diesen Worten war der „krumme Reißecker" so plötzlich wieder verschwunden, wie er gekommen war. Der Hirte aber hielt sich nicht an dessen Mahnung, rieb die Ochsen trocken und trieb sie noch vor Sonnenaufgang in den Stall. Als er nach Anbruch des Morgens wieder nach ihnen schaute, blinkte ihm reines Gold auf Hörnern und Schwänzen der Tiere entgegen. So hatte also der „krumme Reißecker" sein Versprechen gehalten und beide, den Bauern wie auch den Hirten, zu reichen Männern gemacht. Jedoch auch die andere Prophezeiung des Männleins ging in Erfüllung. Die Tiere, die der Mann in seiner Sorge nicht bis Sonnenaufgang hatte liegen lassen wollen, verendeten elendiglich.

Der Jäger und der Zwerg

Einst verstieg sich ein Jäger in das wilde, fast unzugängliche Gebiet der Alpen, das am Fuße der schroff aufragenden Felswände am Schareck im Salzburger Land liegt. Er bemühte sich gerade, einen Weg zurück ins Tal zu finden, als plötzlich hinter ihm eine Stimme laut wurde und „Grüß Gott, Jäger" sprach.

Er fuhr zu Tode erschrocken herum, denn er hätte in dieser weltabgeschiedenen, steinernen Wildnis nie einen anderen Menschen vermutet, und fürchtete schon, einem Wilderer in die Hände gefallen zu sein. Doch diesen Gedanken wies er gleich wieder von sich. Der ihn so freundlich gegrüßt hatte, war ein vom Alter schon ganz zusammengehutzeltes Männchen mit verfilztem weißen Bart, einem von unzähligen Falten zerknittertem Gesicht und einem wirren Gestrüpp weißer Haare auf dem Kopf.

Mit seinem zahnlosen Mund grinste es den Jäger fröhlich an. Der atmete erleichtert auf, denn von dem Alten konnte ihm seiner Meinung nach nichts Gefährliches drohen. Er erwiderte den Gruß freundlich, lupfte höflich den Hut und erkundigte sich dann erstaunt:

„Wie bist du denn hier heraufgekommen? Ich bin jung und stark und hätte es doch fast nicht geschafft!"

„Ei", lachte das Männlein vergnügt, „ich brauche nicht heraufzusteigen. Ich wohne hier!"

„Was, hier oben?" wunderte sich der Bursche, „hier muss es ja im Winter so kalt sein, dass einem sogar die Knochen zu Eis gefrieren! Warum suchst du dir nicht tiefer unten im Tal eine Behausung, wo es sich leichter leben lässt?"

„Ja, ja, du hast schon recht, es wäre leichter", gab der seltsame Greis zu und nickte dabei so heftig mit dem Kopf, dass der Jäger fürchtete, der könnte ihm von dem dürren, ausgemergelten Hals, auf dem er saß, herunterfallen. „Aber weißt du", fuhr er fort, ich kann meinen Vater nicht hier alleine lassen, denn der ist blind!"

„Dei-deinen Va-Vater", stotterte der Bursche und verschluckte sich fast vor Verblüffung, „ja lebt denn der noch?"

„Freilich, freilich", bestätigte der Zwerg eifrig und nickte wieder mit dem Kopf. „Wenn du willst, kannst du ihn besuchen!"

Der Jäger konnte sich beim besten Willen nicht vorstellen, dass der Vater des uralten Männleins noch leben sollte und dachte, das wolle sich entweder einen Spaß mit ihm machen oder es sei nicht ganz richtig im Kopf. „Vielleicht bildet er sich ein, dass sein Vater noch immer bei ihm lebt wie früher, weil er sonst die Einsamkeit hier oben in den Bergen nicht aushalten kann" überlegte der Bursche bei sich, „so etwas soll es ja geben!"

Er wollte den merkwürdigen Alten nicht kränken und erklärte daher: „Ich besuche deinen Vater gerne, ihr beide habt sicher nicht oft Gäste!"

„Nein, nie!" gab das Männlein bekümmert zu und meinte dann eifrig: „Mein Vater wird sich sehr freuen, wenn du kommst!"

Es bat den Burschen, ihm zu folgen, und trippelte dann vor ihm her, um ihm den Weg zu zeigen. Es kletterte so geschickt und geschwind über Felsen und Abgründe, dass ihm dieser kaum folgen konnte und sich immer mehr wunderte. Dabei redete es in einem fort und gab zuletzt seinem jungen Begleiter noch den Ratschlag:

„Wenn du meinen Vater begrüßt, dann reiche ihm nicht wie das üblich ist deine Hand sondern deinen Bergstock. Er merkt es nicht, denn er ist ja blind. Weißt du" setzte es erklärend hinzu, als es den verblüfften Blick seines Begleiters bemerkte, „mein Vater ist ungeheuer stark, er könnte dir sonst die Hand zerquetschen, ohne es zu wollen!"

„Das wird immer eigenartiger, der Alte muss verrückt sein!" So dachte der Jäger und es wurde ihm so unheimlich zumute, dass er schon bedauerte, sich auf das seltsame Abenteuer eingelassen zu haben. Am liebsten wäre er umgekehrt, aber „Verrückte soll man nicht reizen, also tue ich ihm seinen Willen" beschloss er bei sich und folgte ihm, bis sie zu einer Höhle im Felsen kamen, vor der ein Feuer prasselte. Natürlich war niemand bei dem Feuer, weder der Vater des Männleins noch sonst einer.

„Ich habe ja gleich gewusst, dass er sich alles nur einbildet", sah der Jäger seine Vermutungen bestätigt. „Das gibt es ja auch nicht, dass der Vater eines so steinalten Männleins noch am Leben ist!"

Er hütete sich aber, seine Gedanken laut auszusprechen, denn er wusste nicht recht, woran er mit dem Alten war. Dieser schien die Zweifel seines Begleiters nicht zu bemerken und rief, am Eingang der Höhle angelangt, mit lauter Stimme: „Vater, komm heraus, ich habe Besuch mitgebracht!"

Wer beschreibt das Entsetzen des Jägers, als daraufhin ein riesenhafter Mann aus der Höhle tappte, der nur ein Auge hatte, mit dem er aber offensichtlich nicht sah. Obwohl die Höhle mehr als doppelt so hoch wie der Jäger groß war, musste sich der Riese ganz tief bücken, um sich nicht den Kopf anzuschlagen, so gewaltig war sein Wuchs. Vor jedem Schritt tastete er erst lange mit den Händen und setzte dann erst behutsam Fuß vor Fuß.

Nun fiel dem Jäger ein, wie seine Großmutter einst erzählt hatte, dass früher manchmal ein Riese gesehen worden sei, der von Berggipfel zu Berggipfel gewandert sei (Anmerkung 10). Manchmal sei er auch mit einem Fuß in der Grubenmoosalm, mit dem anderen auf der Einödbrücke gestanden, das tiefe Tal zwischen seinen Beinen. Der Jäger hatte diese Berichte immer für Hirngespinste gehalten, war jetzt aber davon überzeugt, eben diesem Riesen gegenüberzustehen, von dem seine Großmutter gesprochen hatte.

„Sei willkommen bei uns und gib mir die Hand!" grüßte der. Und obwohl er freundlich sprach, rollte seine Stimme wie Donnergrollen über die Berge. Er streckte dem Burschen suchend eine seiner gewaltigen Pranken hin. Der wollte gerade seine Hand hineinlegen, da sah er, wie das Männlein ganz aufgeregt heftig den Kopf schüttelte. Nun fiel ihm wieder dessen Warnung ein und er steckte seinen knotigen Bergstock in die dargebotene Riesenhand. Die packte den Stock und drückte ihn dermaßen fest zusammen, dass das harte Holz zerbröselte als wäre es nur trockenes Laub. Dann atmete der Riese tief und wie von einer zentnerschweren Last befreit auf und wandte sich dem Jäger zu, der die Arme schützend vor sein Gesicht hielt und sich zitternd in eine Felsnische drückte.

„Hab Dank", sagte er mit froher Stimme zu ihm, „du hast mich erlöst! Nun kann ich endlich zu den Meinigen heimkehren!"

Nachdem er so gesprochen hatte, war es plötzlich ganz still. Dennoch wagte der Jäger nicht, sich zu rühren oder aufzublicken. Als er nach langer Zeit, in der nichts geschah, endlich vorsichtig zwischen den Fingern hindurchlugte, konnte er niemand mehr sehen. Das uralte Männlein, das ihn hergeführt hatte, der einäugige Riese, das Feuer und auch die Höhle waren verschwunden, als hätte sie der Erdboden verschluckt.

Der Bursche glaubte schon, alles geträumt zu haben, bis er die zerbröselten Reste seines Bergstockes am Boden entdeckte. Da wusste er, dass er sich sein seltsames Abenteuer nicht eingebildet hatte. Seit der Zeit aber, so heißt es, wurde der Riese nie wieder im Gebirge gesehen, weder von Gipfel zu Gipfel schreitend, noch bei der Einödbrücke und der Grubenmoosalm. Und auch das uralte Männlein war von Stund an verschwunden und ist keiner Menschenseele je wieder begegnet.

Der reich entlohnte Weinhändler

Ein Fuhrmann musste mit seinem Gespann aus den Tiroler Bergen hinunter nach Hallein im Salzburger Land. Als er die Brücke bei Niederalm passieren wollte, stellte sich ihm urplötzlich ein Bergmännlein in den Weg, so dass er anhalten musste. Sogleich fragte es ihn, was auf dem Wagen sei. Freundlich gab er Auskunft: „Fässer mit Wein, die ich nach Hallein liefere." „Ich bezahle dir mehr wie die Halleiner. Komm also mit mir", antwortete der Zwerg.

Weil man in Hallein auf die Lieferung wartete, weigerte sich der Fuhrmann auf den Handel einzugehen. Aber der Wicht wurde zornig, packte das Gespann und drohte, dass er den Händler orientierungslos machen werde, so dass das Fuhrwerk nie in Hallein ankomme. Dem Mann wurde es angst und bange; eigentlich hatte er gar keine andere Wahl als dem Vorschlag zuzustimmen. Daraufhin sprang der Wicht auf den Wagen, nahm die Zügel in die Hand und fuhr los. Es schien als wäre der holprige Weg zu einer ebenen, von Steinen und Schlaglöchern befreiten Straße geworden. Plötzlich wurden dem Fuhrmann die Glieder schwer, er konnte die Augen – so sehr er sich auch mühte – nicht mehr offen halten und schlummerte ein. Als er wieder – völlig frisch und erholt – die Augen aufschlug, fuhren sie gerade auf einen Palast zu, der aus weißem und rotem Marmor errichtet war. Dieser leuchtete weithin in der Sonne und wurde umgeben von einem tiefen, wasserhaltigen Burggraben, über den sieben Brücken führten.

Schon längst hatten die Turmwächter des auf hohem Fels stehenden Schlosses die Ankömmlinge erspäht und eine der Brücken herabgelassen, so dass sie ohne Aufenthalt in den Schlosshof gelangten. Neugierig lugten Schlossbewohner aus den mit hübschen Vorhängen versehenen Fenstern, andere wuselten um das Gefährt und alle zeigten große Freude. Dann trat ein Zwerg, dessen Bart bis zu den Knien reichte und einen riesigen Schlüsselbund mit sich führte, zu ihnen heran. Es war der Kellermeister, der den Fuhrmann besonders herzlich begrüßte. Dem aber war alles nicht geheuer und er schlotterte vor Furcht. Die Pferde wurden ausgespannt, in den Stall geführt und bestens versorgt; er selbst wurde in einen lichten Raum gebracht und überreich mit edlen Getränken und köstlichen Speisen, die auf blank gescheuertem Zinngeschirr kredenzt wurden, bewirtet. Er aß nur wenig, weil ihm aus Angst, was ihn noch alles erwarten würde, die Kehle wie zugeschnürt war.

Nachdem er sein Mahl beendet hatte, trat der Zwerg, der ihn hergebracht hatte, in den Raum, nahm ihn bei der Hand und führte ihn in den Keller. Zuvor mussten sie noch drei Säle durchschreiten.

Der erste Saal war prunkvoll gestaltet, sehr hoch und mit großen Fenstern versehen; der zweite war noch viel verschwenderischer ausgestattet: Der Boden bestand aus blankpoliertem Marmor, die Wände waren aus strahlendem Gold und durch die kristallenen Bogenfenster schien die Sonne, so dass alles funkelte und glitzerte; in der Mitte des Raums war an der Decke ein aus Stein gemeißeltes Bergmännchen befestigt, das eine goldene Krone auf dem Kopf hatte und goldene Ketten in den Händen hielt. Diese Ketten führten zu den Armen von vier aus edlem Metall gegossenen Riesen. Es sah so aus, als wären diese Gefangene. Überall standen Rüstungen, verziert mit Gold, Perlmutter und Elfenbein. Waffen jeder Kategorie waren zu sehen und kleine goldene Tischchen mit eingearbeiteten Edelsteinen waren rundum platziert. Im dritten ebenfalls reich ausgeschmückten Saal stand ein goldenes Bett. Dann mussten sie eine

Stiege hinab, anschließend ein düsteres Gewölbe durchschreiten, bis sie endlich im Keller waren. Dieser schien endlos zu sein – ein Weinfass stand am anderen. Hier bezahlte der Wicht den Fuhrmann. Er fragte nicht, was der Wein kostet, sondern gab ihm 180 Dukaten und sagte: „Hab Acht auf das Geld! Verwende es nur zum Weinhandel! Es wird zeitlebens nicht ausgehen und du wirst zu großem Wohlstand kommen." Dann gingen sie zurück zum Schlosshof.

Das Fuhrwerk stand bereits abfahrbereit da. Die Zwerge hatten bemerkt, dass ein Gaul auf einem Auge blind war; ein Wicht nahm einen Stein aus seiner Tasche und strich damit dem Pferd übers Auge und sofort hatte es sein Augenlicht wieder. Er schenkte dem Mann den blau und rot glitzernden Stein mit der Auflage, blinde Tiere von armen Leuten damit zu behandeln. Dann kam der Abschied. Der Zwerg, der ihn auf seiner Herfahrt begleitet hatte, bedankte sich nochmals für den Wein. Die Zugbrücke wurde herunter gelassen und der Fuhrmann verließ das Schloss.

Drei Zwerge, die schwarze Jöppchen und Mützchen aus grünem Samt mit einer Feder trugen, wuselten um den Wagen und verließen mit dem Gefährt die Burg. Auf dieser Fahrt unterhielten sich die vier prächtig; die Wichtel verrieten manches Geheimnis und aufgrund ihrer hellseherischen Fähigkeiten prophezeiten sie manche Dinge. Allerdings warnten sie den Händler von der Begegnung oder von dem ihm anvertrauten Wissen anderen zu erzählen. Nach längerer Zeit verabschiedeten sie sich herzlich voneinander.

Die Männlein gingen zurück und dem Fuhrmann war so schwummrig, dass er glaubte, nicht zu wissen, wo er sich befand. Er lockerte die Zügel und ließ seinen Pferden freien Lauf, und schon bald kam er zu der Stelle, wo er das Bergmännlein getroffen hatte, und ab hier ging es flugs nach Hause. Dort tat der Händler wie ihm aufgetragen. Fortan lebte er in Reichtum und ohne Sorgen, beschenkte auch großzügig die Armen und auf seinem Haus lag Segen. Erst kurz vor seinem Tod erzählte er einigen engen Freunden von der Begegnung mit dem Bergmännlein.

Der Kobold am Dürrnbach

Nahe bei Neukirchen im Pinzgau fließt der Dürrnbach durch einen dichten Wald, die Dürrnbachau. Dort treibt ein kleiner grauer Zwerg sein Unwesen. Er erschreckt die Leute, die vorbeikommen, oder führt sie vom Weg ab und in die Irre. Er treibt allerlei Schabernack mit den Menschen, zeigt sich manchmal auch als kleine Flamme oder auch als Schwein. Dieser Kobold wird in der Gegend „Putz" genannt. Wie es heißt, war er einst ein Ritter, der zu Zeiten der Kreuzzüge in den Krieg ziehen musste. Er war aber sehr geizig und habsüchtig. Darum vergrub er all seine Schätze irgendwo in der Dürrnbachau, ohne jemandem zu verraten, wo. Das weiß auch bis auf den heutigen Tag keiner. Der Ritter fiel im Kampf und kehrte nie mehr auf seine Burg zurück. Zur Strafe für seine Sünden, seine Hartherzigkeit und seinen grenzenlosen Geiz muss er nun in Gestalt des Kobolds seine Schätze bewachen, bis ihn jemand erlöst.

Als schon einige Jahre nach dem Tod des Ritters vergangen waren, zeigte sich der Kobold seltener und zuletzt gar nicht mehr, so dass die Leute schon glaubten, er sei endgültig verschwunden. Da war einmal ein Holzfäller mit seinem Hund bei der Arbeit in der Dürrnbachau. Als er gerade die Axt an einen Baum legen wollte, rief eine krächzende Stimme: „Halt, den nicht!"

Der Mann suchte den Sprecher, konnte aber niemanden entdecken. Zögernd wandte er sich einer anderen Fichte zu, als wieder die Stimme ertönte: „ Der ist richtig, schlag nur kräftig zu!"

Da blickte der Holzfäller auf und sah im Baum ganz oben ein kleines graues Männlein sitzen. „Das ist der Putz!" wusste er sofort, denn er hatte schon viel von dem Kobold gehört. „Dem darf ich nicht glauben!" So, als hätte der Kleine seine Gedanken gelesen, antwortete er: „Du darfst mir schon trauen, ich war einst dein Taufpate! Ich meine es gut mit dir!"

„Was willst du, Pate, soll ich diesen Baum umhauen, dass du wieder herunter kannst? Das müsste dir schon einen tüchtigen Schluck Wein für mich wert sein, denn das ist viel Arbeit!"

Gutmütig begann der Mann die Fichte zu fällen. Als sie stürzte, sprang der Putz mit einem Satz aus den Ästen zu Boden herab, rief dabei „nimm dir vom Schatz so viel du tragen kannst, er gehört dir!" und war daraufhin verschwunden.

Staunend bemerkte der Holzhauer, wie in dem hohlen Stamm der Fichte ein Goldschatz aus zahlreichen Münzen zum Vorschein kam. Rasch steckte er sich die Taschen so voll, dass er das Gewicht kaum mehr tragen konnte. Dann aber überlegte er sich, dass er vor dem Heimgehen noch seine Arbeit fertig machen wollte, leerte das Geld wieder auf den Boden, setzte seinen Hund zur Bewachung daneben, hackte die Äste des gefällten Baumes klein, schlichtete das Holz auf und war erst am Abend fertig. Da füllte er sich nochmals die Taschen mit dem Gold, rief seinen Hund und ging nach Hause.

Voller Freude, weil er ja jetzt ein reicher Mann war, leerte er dort den Inhalt seiner Taschen auf den Küchentisch, um das Geld zu zählen. Da musste er entdecken, dass sich die Goldstücke inzwischen in wertlose taube Haselnüsse verwandelt hatten. Bei ihnen lag ein Zettel, auf dem etwas geschrieben stand. Vor Schreck und maßloser Enttäuschung traf den Mann der Schlag und er fiel tot zu Boden. Auf dem Zettel, den man später fand, war zu lesen:

„Die Erde verschlingt die Menschen und ebenso auch das Erz. Menschen und Erz bilden den Samen, aus dem eine Fichte wachsen wird, die in ihren Zweigen ein Kreuz trägt."

Weiter hieß es, dass erst, wenn die Fichte so groß geworden sei, dass das Kreuz in ihrem Wipfel von der Kirche von Neukirchen aus zu sehen sei, der Putz von seiner Strafe erlöst sein werde. Dies hätte schon früher geschehen können, wenn der Holzfäller den Schatz gleich weggebracht und nicht wieder zu Boden gelegt hätte.

So muss also der Putz noch immer umgehen und darauf warten, bis endlich dieser Spruch in Erfüllung geht und er erlöst ist.

Die Begegnung mit dem Kasmandl

Die Kasmandl (Anmerkung 8) sind früher im Lungau, im Salzburger Land, besonders oft gesehen worden. Jäger und Senner, die sich manchmal nach dem Viehabtrieb im Herbst oben auf den eigentlich schon über den Winter abgesperrten Almhütten aufhielten, weil sie doch noch dort zu tun hatten, trafen häufig Kasmandln an, weil die es sich in der kalten Jahreszeit schon darin gemütlich gemacht hatten und bis zum Frühling dort bleiben wollten.

Einmal hatte ein Jäger auf der Gralatenalm im Lessachtal Gämsen gejagt und schleppte nun das erlegte Tier auf steilen Pfaden zur nächstgelegenen Almhütte. Weil er hungrig wie ein Bär war, zerlegte er es dort gleich an Ort und Stelle und briet sich die Leber als Abendessen in der Pfanne. Da kam aus der Milchkammer ganz ungeniert ein Kasmandl heraus, das eine Kröte in den Händen hielt. Es holte sich auch eine Pfanne, legte die Kröte hinein und fragte dann den Jäger neugierig: „Wer bist denn du?"

„I bin da Jager Lipp!" antwortete der und briet sein Essen, auf das er sich schon sehr freute, weiter. Dabei bemerkte er nicht, dass das Kasmandl ganz gierig in seine Pfanne schaute und sich schon die Lippen leckte, als es die fast fertige Leber darin anschaute.

„Ich bin schon ganz hungrig", erklärte der Kleine dann unwirsch und grapschte nach dem Braten. „Mein Essen ist noch lang nicht fertig! Gib' mir was von deinem!"

Der Jäger gab ihm ein einen heftigen Schlag mit dem Löffel auf die Finger, weil es ihn ärgerte, dass das Kasmandl seinen Braten betatschte, mit den gleichen Fingern, mit denen es die Kröte in die Pfanne gelegt hatte. Da heulte der Kleine laut auf und schrie:

„Weh 'tan! Weh 'tan!"

Dabei lief er zur Türe hinaus. Aus der Dunkelheit dort hallte es ganz schaurig von allen Seiten zurück:

„Selber 'tan! Selber 'tan!"

Kurz darauf kehrte das Kasmandl zurück, schaute den Jäger mit einem drohenden Blick an und verschwand mit der Kröte, die es aus der Pfanne geholt hatte, in der Milchkammer.

Da wurde dem Jäger ganz unheimlich zumute. Er wollte keine Minute mehr länger mit dem Kasmandl unter einem Dach verbringen. Obwohl es stockfinster war, nahm er die aufgebrochene Gämse über die Schulter und stieg hinunter ins Tal. Und das war gut so. Wer weiß, was ihm sonst von dem rachsüchtigen Kasmandl angetan worden wäre.

Theophrastus Bombastus v. Hohenheim um 1540,
bekannt als Paracelsus – Stich v. A. Hirschvogel

Das Geheimnis des Zwerges

Eine vornehme, adelige Dame, man munkelte sogar, die Königin eines benachbarten Landes – deren Name aber hier nicht verraten werden soll – litt schon viele Jahre lang an einer schlimmen Krankheit, die niemand heilen konnte. Sie hatte schon alle bekannten Ärzte aufgesucht, viele Heiler, darunter auch manchen Scharlatan, befragt und zahllose Mittelchen ausprobiert, wovon ihr aber nichts Linderung hatte verschaffen können. Sie war schon ganz verzweifelt, als sie hörte, dass der weltberühmte Wunderdoktor Paracelsus

(Anmerkung 12), der weithin für seine Heilkunst bekannt war und von dem man behauptete, dass er des Lebens Elixier hätte, sich zu der Zeit – es war um das Jahr 1540 – in Salzburg aufhielt. Sofort brach sie auf, reiste in die Stadt und bezog dort im „Goldenen Schiff" Quartier.

Gleich nach ihrer Ankunft bat sie Paracelsus zu sich und fragte ihn um Rat. Der Arzt untersuchte sie gründlich, erklärte sich dann aber außer Stande ihr zu helfen, obwohl ihm das peinlich war und er fürchtete, sein Ruf würde Schaden nehmen.

„Gegen das Leiden, das Euch plagt, edle Dame, hat noch niemand eine Arznei gefunden, auch ich bisher nicht. Es gibt kein Mittel dagegen, auch ich kann Euch nicht helfen."

Als er sich verabschiedet hatte und damit ihre letzte Hoffnung auf Heilung, schickte die Dame alle Bediensteten fort, setzte sich nieder und schluchzte zum Steinerweichen. Da kam plötzlich ein kleines Männlein in das Zimmer – es war ein sogenannter „Untersberger", also ein Zwerg aus dem nahegelegenen Untersberg, eines jener seltsamen weisen Geschöpfe, die im Innern des sagenumwobenen Berges leben – und sagte zu ihr: „So hat Euch also auch der berühmte Paracelsus nicht helfen können! Ich kann Euch helfen, aber ihr müsst einen hohen Preis dafür zahlen!"

„Wie kannst du mir helfen", fragte die Dame begierig, „ich will alles bezahlen, was du nur willst!"

„Ich heiße Hahnengickerl", antwortete der Zwerg. „Ihr müsst Euch meinen Namen ein Jahr lang merken. Wenn Euch das gelingt, so seid Ihr frei, wenn ihr ihn nicht mehr wisst, müsst Ihr mir als meine Gemahlin in den Untersberg folgen. Seid Ihr dazu bereit?"

Es schien der Dame ein Leichtes, sich diesen Namen zu merken, darum versprach sie lächelnd, seine Bedingung anzunehmen, wenn er sie von ihrem Leiden befreien würde. Der Zwerg murmelte einen geheimen Spruch, machte dazu einige seltsame Gebärden und verschwand dann wieder durch die Türe, durch die er gekommen war. Von Stund an ging es der vornehmen Dame besser und bald war sie wieder ganz gesund.

Wie es so zu gehen pflegt, vergaß sie über dem geschäftigen Leben, das sie nun wieder führte, die Vereinbarung mit dem Zwerg. Das Jahr war schon fast vorüber, als es ihr plötzlich siedend heiß wieder einfiel. Aber so sehr sie sich bemühte, sie konnte sich einfach nicht mehr an den Namen des Zwerges erinnern, so, als hätte dieser ihn gleichzeitig mit dem Zauberspruch, mit dem er ihre Krankheit geheilt hatte, aus ihrem Gedächtnis gelöscht. Da ließ sie überall in der Stadt und dem umliegenden Land verbreiten, dass sie denjenigen, der den Zwerg kenne und ihr den Namen verraten könne, reich belohnen würde.

Zur gleichen Zeit ging ein armes Mädchen, das eine kranke Mutter daheim hatte, auf den Untersberg, um dort ein paar Heilpflanzen zu suchen, die dieser Linderung verschaffen sollten, denn für einen Arzt hatte die Familie kein Geld. Plötzlich hörte sie eine fröhliche Stimme, die jubelnd immerzu einen seltsamen Reim sang. Neugierig geworden folgte sie den Tönen und gelangte an eine hinter Latschen verborgene Felsspalte, die sich zu einer kleinen Höhle verbreiterte. Darin erblickte sie ein kleines Männchen, das vergnügt herumtanzte, seine Mütze in die Höhe warf, in die Hände klatschte und immer wieder triumphierend sang:

„Juchhe, ich bin froh,
weil sie nicht weiß,
dass ich Hahnengickerl heiß!"

Auch das Mädchen hatte von dem Aufruf der fremden Dame gehört und von der hohen Belohnung für denjenigen, der ihr den Namen des Zwerges nennen könnte. Es ließ alles stehen und liegen, rannte den Berg hinunter und begab sich so schnell es konnte nach Salzburg zum „Goldenen Schiff". Dort ließ es sich bei der Dame melden und erzählte ihr, was es gesehen hatte.

„Ja", rief diese ganz aufgeregt und war überglücklich, „Hahnengickerl, das ist der Name des Zwerges, den ich vergessen hatte, Hahnengickerl! Gott sei Dank! Nun muss ich ihn nicht heiraten!"
Sie belohnte das Mädchen so reichlich, dass es fortan mit seiner Familie das ganze Leben lang gut versorgt war. An dem Tag jedoch, an dem der Zwerg kommen und von ihr seinen Namen erfahren wollte, wartete die edle Dame vergeblich. Wahrscheinlich war er irgendwie dahintergekommen, dass er sein Geheimnis selbst verraten hatte, darum erschien er nicht und wurde auch später nie mehr gesehen. Die Dame aber reiste wieder völlig gesund in ihr Land zurück und lebte noch viele Jahre.

Die Untersberger Zwerge

Im Untersberg, einem mächtigen Bergrücken an der bayerisch-österreichischen Grenze, der sehr viele Höhlen hat, wohnte einst, so behaupten die Alten, ein großes Volk von Zwergen, die sich von Zeit zu Zeit sehen ließen. Sie wurden von den Leuten „Untersberger" genannt, und es gibt viele Geschichten von Begegnungen mit diesen Zwergen.

Ein merkwürdiges Erlebnis mit den Untersbergern will zur Zeit der Franzosenkriege ein Grenzer gehabt haben, der einen Pass zwischen Berchtesgaden und Salzburg zu bewachen hatte. Dort, beim Pass „Am hangenden Stein" wurde der Mann einmal mitten in der Nacht von einem Zwergmännlein, wie er noch nie eines gesehen hatte, aufgeweckt.

„Öffne die Schranke und die Gitter!" forderte es den Beamten auf. Der rieb sich ganz verwundert die Augen und erblickte dann hinter dem Sprecher eine unzählige Menge anderer Zwerge. Da wagte er nicht, ihnen den Dienst zu verweigern, stand auf und öffnete die Grenze.

Da zogen die Zwerge ins Salzburgische hinüber, zuerst die Jungen, dann die Männer, dann die Greise. Die Jungen und die Männer waren ganz altertümlich gekleidet und hatten auch solch alte Waffen. Die Greise sahen ganz ehrwürdig aus wie hohe Würdenträger, etwa Richter oder Ratsherren. Es dauerte zwei Stunden, bis der ganze Zug endlich vorüber war. Der letzte Zwerg forderte ihn auf, das Gitter wieder zu schließen.

Von diesem Erlebnis ganz verstört, fragte er am nächsten Morgen alle Leute in der Umgebung, ob sie etwas von dem Kriegszug der Untersberger mitbekommen hatten. Viele der Bauern bestätigten ihm, die Zwerge zwar nicht gesehen, aber ihren Marsch gehört zu haben. Da machte der Beamte Anzeige bei seiner Behörde und blieb sogar bei seiner Aussage obwohl man ihm körperliche Züchtigung androhte. –

Ein ähnlicher Vorfall ereignete sich am Pass Luegg, wo im Jahre 1807 der Wächter des Passes durch einen gewaltigen Lärm geweckt wurde und eine unzählige Schar von Untersbergern anrücken sah.

Als er sich weigerte ihnen zu öffnen, zerstörten sie mit Gewalt die Absperrung und zogen hindurch. –

Wie es heißt, können die Untersberger Zwerge auch die Zukunft voraussagen. Wenn sie ihre nächtlichen Heerzüge unternehmen, dann, so heißt es, gibt es bald Krieg im Land. Manchmal lüften sie ein wenig den Schleier, der uns Sterblichen das Zukünftige verbirgt und lassen einen Auserwählten einen Blick hineintun. So kam im Jahr 1847, in dem Jahr, in dem auch der dürre Baum auf dem Walser Feld auf einmal wieder zu grünen begann, ein Untersberger Männlein zu einem Bauernknecht, der auf dem Berg arbeitete.

„Komm mit!" forderte es ihn ohne weitere Erklärung auf. Der Knecht fürchtete sich zwar sehr, kam aber dem Befehl unverzüglich nach. Da führte ihn der Zwerg zu einem Felsen vom Unterberg, von dem aus man einen weiten Blick über das Land hatte. Was er dort erblickte, ließ ihn vor Entsetzen erzittern und ihm die Haare sträuben. Jedoch was er gesehen hat, weiß kein Mensch, denn er vertraute sich niemandem an. Von Stund an aber war der sonst fröhliche Mensch still und in sich gekehrt und immer traurig und niedergeschlagen. –

Ähnlich erging es einem Zimmermann aus Hallein, der auf seinem Heimweg in der Nacht, als er um die zwölfte Stunde auf der Niederalmer Brücke den Untersbergern begegnete und hinter ihnen herging. Sie führten ihn in eine Höhle, zeigten ihm dort ein uraltes Buch und behaupteten, dass darin alles aufgeschrieben sei, sowohl die Vergangenheit als auch die Zukunft. Der Zimmermann las daraufhin ein paar Seiten, in denen die Zukunft verzeichnet war. Dort stand, wie er später berichtete, dass ein fürchterlicher Krieg ausbrechen werde, „dass der Bauer vom Acker und die Bäuerin vom Herde weg in das Gefecht rennt. Wer während dieses Krieges auf die Flucht geht, braucht nur einen einzigen Laib Brot mitzunehmen, so schnell ist alles wieder vorbei."

Als er dies gelesen hatte, führte ihn der Zwerg zur Pforte im Berg zurück. Der Zimmermann aber kehrte ganz traurig und nachdenklich nach Hause zurück.

Der Hirte bei Kaiser Karl im Untersberg

Im Untersberg, nicht allzu weit von der Hauptstadt Salzburg entfernt, hält sich Kaiser Karl mit seinen Getreuen, den edlen Rittern und Kriegern, auf sowie einer Schar Zwerge, die die unermesslichen Schätze, die dort lagern, bewacht.

Die Zwerge, die den Menschen gegenüber sehr freundlich gesinnt sind und auch ein gottgefälliges Dasein führen, verlassen von Zeit zu Zeit den Berg, um nach Salzburg zu pilgern, wo sie im Dom ganz für sich einen Gottesdienst feiern.

Kaiser Karl der Große sitzt inmitten eines Prunksaales, dessen Wände nur so blinken und blitzen von Gold und Edelsteinen, an einem Marmortisch, auf dem die goldene Reichskugel mit Kreuz steht. Ihr Herr und Gebieter schlummert vor sich hin; in der einen Hand hält er den Herrscherstab, auf dem Kopf trägt er die Reichskrone. Der Bart ist grau und von beachtlicher Länge; das goldene Bruststück seiner Kleidung ist vollkommen damit bedeckt. Das edle Haupt stützt er mit der anderen Hand ab. Immer wieder ziehen die Zwerge die Zacken goldener Kämme durch den Bart des Kaisers.

Wenn der entrückte Kaiser in gewissen Zeitabständen mit all seinen Getreuen aus dem Zauberschlaf erwacht, dann schickt er einen Pagen hinaus, der aufs Geiereck steigen und ausspähen muss, ob die Raben immer noch den Berg umkreisen. Wenn er dann bei seiner Rückkehr dem Kaiser berichtet, dass die schwarzen Vögel immer noch fliegen, dann entringt sich seiner Brust ein tiefer Seufzer und er fällt mit seinen Getreuen, die mit ihm in den Sälen und Gemächern des hohlen Berges sind, wieder für lange Zeit in tiefen Schlummer.

Schon längere Zeit beobachtete einer dieser Zwerge einen braven, gottesfürchtigen Hirtenbuben. Als dieser wieder einmal im Moos saß und auf seiner Flöte musizierte, lagen seine Geißen still und zufrieden um ihn in der Sonne.

Plötzlich trat das Bergmännchen vor den Knaben und fragte ihn freundlich, ob er den Kaiser im Berg sehen wolle. Der Senn empfand keinerlei Angst, denn er wusste, dass die Untersberger einem

Menschen gegenüber noch nie ungut gewesen waren, und er stimmte freudig zu.

Nach einem Marsch durch äußerst unwegsames Gelände, Gestrüpp, Höhlen und Schluchten wanderten sie abwärts. Als sie vor einem riesigen Eisentor standen, tat sich dieses mit einem Dröhnen und Grollen auf. Nach ein paar Schritten befanden sie sich in einem großen, prächtigen Saal. Geblendet von dem Glänzen und Funkeln, gewahrte der Hirte erst nach einiger Zeit den greisen Kaiser an seinem Marmortisch. Der Zwerg geleitete den Knaben zum Tisch und sagte ehrfürchtig:

„Das ist Kaiser Karl der Große. Seit Jahrhunderten hält er sich in diesem Berg auf und befindet sich in einem tiefen Schlaf. Schau! Sein Bart ist schon zweimal um den Tisch gewachsen. Wenn er den Tisch zum dritten Mal umwunden hat, dann beginnt die Endzeit auf dieser Welt. Wenn die Posaune des Wächters ohrenbetäubend ertönt, dann ist der Zauberschlaf zu Ende, und der Kaiser rüstet sich mit seinen Gefährten zum Kampf. Es wird ein riesiges Heer sein, das in der Welt wieder Ruhe und Ordnung herstellen wird. Wenn es zur Schlacht zwischen den Guten und Bösen kommt, dann erschallt weithin eine Posaune – der Jüngste Tag ist da."

Tief ergriffen sank der Knabe vor dem Kaiser auf die Knie. Da erwachte der Monarch, hob die müden Lider und fragte:

„Sag, fliegen die Raben noch um den Berg?" Als der Hirte dies bejahte, sprach der Kaiser seufzend voller Gram: „Nun muss ich wieder hundert Jahre schlafen."

Und der Zauberschlaf überfiel ihn und seine Getreuen erneut. Der Zwerg verließ mit dem tief beeindruckten Hirten den Berg, führte ihn zu seinen Geißen zurück und verabschiedete sich voller Herzlichkeit. Vorher steckte er dem Bübl noch einige Goldtaler zu. Und hätte der Knabe nicht die blanken Goldtaler in der Hand gehalten, so hätte er vermutlich gedacht, dass alles nur ein Traum war.

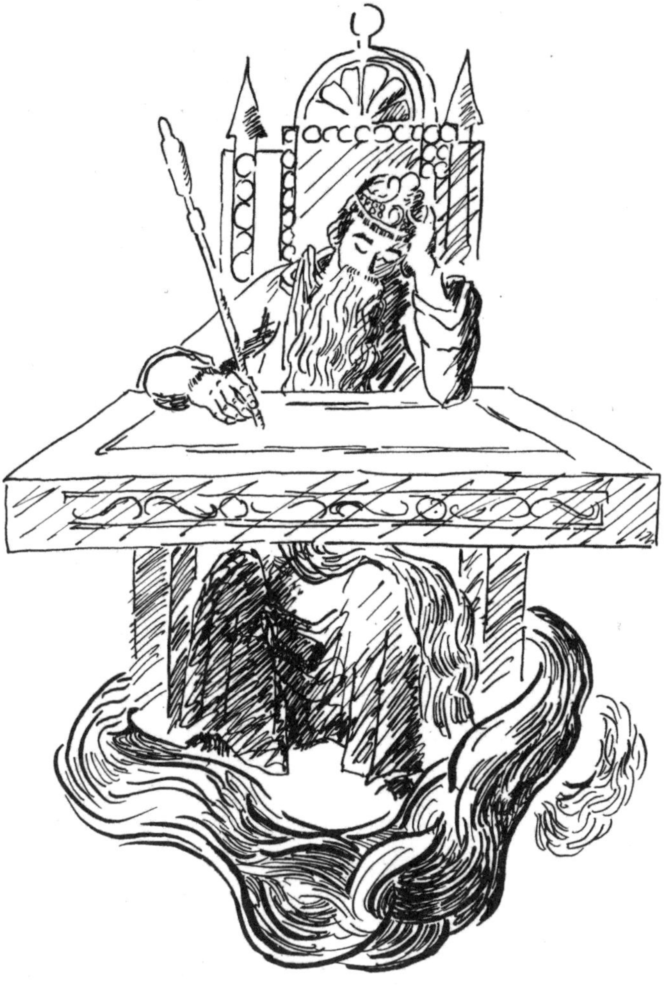

Der Zauberstein

In einem Teil des Untersberges lebt auch ein Zwergenvölkchen, das mit den Zwergen, die bei Kaiser Karl dem Großen ihren Dienst versehen, nichts gemein hat. Auch diese Bergmännchen sind freundliche Gesellen, die den Menschen von Herzen zugetan sind, und mancher Bauer in der Gegend verdankt ihnen seinen Reichtum und Wohlstand.

Als ein armer Bauer sich bei der schweren Waldarbeit abschindete und ein wenig auf einem Baumstumpf verweilte, trat urplötzlich vor ihn ein kleines graues Männchen mit verwildertem Bart, das ein goldenes mit Edelsteinen besetztes Stöckchen, das in der Sonne leuchtete und blitzte, in der Hand hatte. Der Winzling, der dem Bauern die Erschöpfung ansah, fragte ihn nach seinem Namen. Nach dessen Antwort jauchzte der Zwerg, stieß drei grelle Pfiffe aus, und sofort strömten von allen Seiten des Waldes unüberschaubar viele winzige Männlein herbei und umringten den erschrockenen Mann, den ein ungutes Gefühl überkam. Der Anführer bemerkte das Unbehagen, das den Bauern überkommen hatte, und sagte:

„Hab keine Angst. Wir wollen dir nichts Böses. Aber wir haben dich auserwählt, weil du fromm und rechtschaffen bist, um dich zu fragen, ob du uns einen Wunsch erfüllen willst." Freundlich kam die Antwort: „Wenn es mir möglich ist, gerne." Groß war die Freude des Zwerges und er bedeutete dem Mann ihm zu folgen.

Sie stiegen über hingeduckte Krüppelkiefern und ausgewaschenes Gestein immer höher bis zu einer schroffen Felswand, wo ein Weiterkommen nicht mehr möglich war. Da schlug der Winzling mit seinem Stöckchen gegen den Berg und es entstand mit einem gewaltigen Donnerschlag eine Öffnung, durch die sie eintraten.

Sie gelangten schon nach wenigen Schritten in einen prachtvoll ausgestatteten Saal – alles blitzte und funkelte; die Wände bestanden aus Marmor und marmorne Säulen reichten bis zur Decke, die aus purem Gold bestand, dazu blinkten und strahlten überall Edelsteine. Der Bauer riss Mund und Augen auf. Er konnte sich gar nicht satt sehen.

Dann gewahrte er in der Mitte des Gemachs einen güldenen Thron, in den Edelsteine aller Farben eingearbeitet waren. Auf diesem Thron saß ein in Purpur gewandeter Zwerg mit Krone und Zepter. Das graue Männlein nahm den Bauern an der Hand und zog ihn zum König. Er sank auf die Knie und sprach: „Erhabene Majestät! Ich bringe Euch den Menschen, der in der Lage ist, uns den Zwergenstein zu bringen." Freundlich, aber doch zurückhaltend sagte der Herr zum Bauern:

„Überlege gut! Bist du wirklich bereit, dieses gewagte Unternehmen durchzuführen? Es ist sehr gefährlich. Der Stein besitzt nämlich eine Zauberkraft; wenn ihn ein Zwerg berührt, so verwandelt sich dieser in einen normalen Menschen. Jetzt weißt du, warum der Stein für uns so wertvoll ist. Der Stein ist unmittelbar östlich des Ursprungs der silbernen Quelle vergraben und wird von einem Riesen bewacht. Wenn du jetzt gehst und für uns den Stein holen willst, so musst du innerhalb von drei Tagen hierher zurückkehren. Während der ganzen Zeit darfst du kein Wort sprechen! Und noch etwas! Auch für dich besteht ein Risiko! Merke dir, wenn du an dem Wagnis scheiterst, musst du sterben. Wenn du aber alles getreu erfüllst, dann werde ich dich mit unermesslichem Reichtum belohnen."

Der Bauer überlegte kurz, dann willigte er ein, verabschiedete sich, und das eisgraue Männlein ging mit ihm den gleichen Weg zurück, brachte ihn dann zur Quelle und verschwand.

Um keine Zeit zu verlieren, fing der Bauer sofort zum Graben an. Die Arbeit war sehr anstrengend und der Schweiß rann ihm von der Stirne. Das Loch war schon sehr tief, da klang es unter der Schaufel plötzlich merkwürdig hohl. Und ehe er sich's versah, sprangen aus der Grube drei Zwerge, die um ihn herumhüpften und nach seinem Tun fragten; sie ärgerten und foppten ihn. Schon wollte er schimpfen, aber es fiel ihm noch rechtzeitig ein, dass er nicht sprechen durfte.

Aber die drei Kleinen trieben es immer schlimmer, so dass der Bauer sich nicht mehr anders zu helfen wusste, als einen Stock aufzuheben und sie unter Schlägen zu verjagen. Dann grub er in Ruhe weiter, beständig tiefer und durch immer härteres Gestein. Der Aushub neben dem Loch stieg stetig. Endlich drang er zu einem eigenartigen Stein vor, dem Zauberstein, barg ihn und meinte, dass jetzt der Riese kommen müsse, um ihm den Stein streitig zu machen. Aber er kam nicht. Alles blieb ruhig.

Froh und erleichtert hastete er mit seinem Fund zurück und fand auch den Eingang zum Berg noch rechtzeitig ehe die drei Tage um waren. Das Tor öffnete sich, er trat ein und wollte sofort dem König den Stein übergeben. Bevor er das Gemach des Monarchen betreten konnte, fragten ihn die davor stehenden Zwerge neugierig: „Hast du den Stein?" Freudig erwiderte der Bauer „Ja", denn er dachte nicht mehr daran, dass er drei volle Tage, die noch nicht ganz um waren, nicht sprechen durfte. Sogleich entglitt ihm der Stein, fiel zu Boden, versank darin und verschwand ganz tief im Berg. Dort soll er heute noch liegen.

Der Bauer aber fiel tot um. Nach mehreren Tagen fand man seine Leiche in abschüssigem Gelände.

Das Bergmännlein auf der Hochzeit

Einst wurde in dem Ort Glas nahe dem Untersberg ein lustiges Hochzeitsfest gefeiert. Braut und Bräutigam hatten sich in der Kirche schon das Jawort gegeben und nun tanzte die ganze Gesellschaft ausgelassen in einer Wirtschaft bis tief in die Nacht hinein. Plötzlich öffnete sich die Türe und ein kleines graues Männlein trat in den Raum.

„Guten Abend", sagte es höflich, „darf ich auch mittanzen?"

„Freilich", lachte der Bräutigam, „ich bin heute glücklich, andere sollen es auch sein. Iss und trink und tanze, soviel du willst!"

Da verbeugte sich das Männlein artig vor der Braut und forderte sie zum Tanz auf. Lächelnd folgte sie ihm, und die ganze Hochzeitsgesellschaft schaute zu, wie sich das Männlein mit dem schönen Mädchen im Kreise drehte. Anschließend klatschten alle Beifall. Das Männlein fand solchen Gefallen an dem Fest, dass es auch noch mit den drei Brautjungfern tanzte.

„Nun muss ich aber gehen", erklärte des daraufhin, doch sollt ihr ein gutes Andenken an mich haben."

Es zog drei kleine Silbermünzen aus seinem Gewand und schenkte sie der Braut. Desgleichen tat es beim Bräutigam und wünschte dabei: „Ihr sollt in Eintracht und Frieden miteinander leben. Wenn ihr diese Münzen in euren Geldkasten legt, dann wird er niemals leer sein. Doch sollt ihr mit eurem Reichtum nicht hochmütig und hartherzig werden sondern ihn mit denen teilen, die nicht so viel besitzen, wie ihr", setzte es mahnend hinzu.

Dann verabschiedete es sich und bat um einen Begleiter, der es über die Salzach bringen könne. Ein Fährmann, namens Johann Staudl, der auch auf der Hochzeitsfeier war, erklärte sich dazu bereit. Als er das Männlein übergesetzt hatte, gab es ihm drei Pfennige für seine Arbeit. Enttäuscht nahm er den geringen Lohn und sagte ärgerlich:

„Das ist aber wenig für die Mühe, die ich gehabt habe!"

„Nimm es nicht für ungut", beschwichtigte ihn der Kleine. „Lege diese Münzen zu deinem eigenen Geld, dann wird es dir nimmermehr ausgehen."

Danach schenkte es dem Fährmann noch ein unscheinbares weißes Steinchen.

„Das ist ein Zauberstein", erklärte es dem Mann, der das merkwürdige Geschenk unschlüssig zwischen den Fingern drehte und nicht wusste, was er damit machen sollte.

„Hänge ihn dir um den Hals. Er beschützt dich. Solange du ihn trägst, wirst du nie im Wasser den Tod finden."

Nun verabschiedete sich das Männlein, trippelte zielbewusst in Richtung Untersberg und verschwand dort.

Es kam wie es der Zwerg versprochen hatte. Sowohl das beschenkte Brautpaar wie auch der Fährmann hatten ihr Leben lang immer genug Geld im Kasten. Der Fährmann baute sich am Königssee ein schönes Haus. Und auch der andere Spruch des Bergmännleins ging in Erfüllung. Zweimal erlitt der Fährmann Schiffbruch, einmal in der Salzach und einmal am Königssee, doch er kam immer mit dem Leben davon, obwohl er nicht schwimmen konnte.

Die Glocke auf dem Dürrnberg

In jenen Zeiten, als im Berchtesgadener Land noch die alten heidnischen Bräuche im Volk lebendig waren, geschah es oft, dass ein Knappe, der in den Berg einfuhr, das, was er hätte fördern sollen, schon fertig auf den Wagen geladen vorfand. Dann hatten die Gnome sein Tagwerk bereits vollbracht, um ihm zu helfen. Die Gnome waren fleißige kleine Männlein, die im Berg wohnten. Sie waren Freunde der Knappen und unterstützten diese bei ihrer gefährlichen Arbeit. Zum Dank schenkten ihnen die Bergleute Obst, Milch, Brot oder sonstige gute Nahrungsmittel, die nur auf der Erdoberfläche zu haben waren.

Eines Tages errichteten die Knappen auf dem Dürrnberg eine kleine Kirche. Als diese endlich fertig war, läuteten sie voller Stolz zum ersten Mal die Glocke. Sie erschallte mit hellem Klang weithin über das Land und man konnte sie sogar bis tief in den Berg hinein hören. Als die Bergmännlein die ihnen ungewohnten Töne vernahmen, erschraken sie sehr. Ganz verwirrt liefen sie herum, tuschelten und wisperten miteinander und versteckten sich schließlich ängstlich hinter Felsbrocken oder in Höhlen. Verwundert sahen ihnen die Knappen zu, konnten sich das seltsame Verhalten der Zwerge aber nicht erklären.

In der Nacht kam einer der Gnome zu einem alten Steiger, den die kleinen Wichte besonders gern hatten. Er weckte ihn auf, sah ihn mit traurigen Augen an und sagte:

„Wir müssen aus dem Berg fortziehen, denn der Schall eurer Glocke verjagt uns. Wir sind dem Herrn Christus wohlgesinnt, aber wir dürfen ihn nicht so verehren, wie ihr. Lebt wohl, und bittet bei Ihm für uns arme Zwerge."

Nach diesen Worten winkte er dem erschrockenen Mann ein letztes mal zu, sammelte seine kleinen Leute um sich und verschwand mit ihnen. Die hilfsbereiten Zwerge wurden von da an nie mehr im Dürrnberg gesehen. Seit der Zeit aber beten die Knappen bei jeder Bergmesse, zumindest taten sie es früher, für die freundlichen kleinen Gnome, dass auch sie einst selig werden.

Das Birkenzweiglein

Es ist schon sehr lange her, da gingen einige Bauern am Abend nach getaner Arbeit beim Untersberg nach Hause. Auf einmal vernahmen sie am Berghang über sich fröhlichen Lärm. Es klang, als vergnüge sich eine lustige Gesellschaft beim Kegelspiel.

„Da würde ich auch gern mitmachen", meinte einer der Bauern.

„Gehen wir halt hin", schlug ein anderer vor, „die Leute haben sicher nichts dagegen, wenn wir mitspielen."

Die Bauern beeilten sich, zu der Stelle aufzusteigen, von der her der Lärm erscholl. Aber seltsam, als sie dort angekommen waren, war von einer Gesellschaft nichts mehr zu sehen oder zu hören, obwohl noch wenige Augenblicke zuvor lautes Lachen erklungen war. Still und unberührt lag die Natur in der Abenddämmerung.

„Das ist aber merkwürdig", verwunderte sich einer der Bauern und sprach damit aus, was auch seine Begleiter empfanden. „Wir sind doch nicht verrückt! Eben wurde doch hier noch gekegelt!"

„Vielleicht hat uns einer von den Berggeistern genarrt!" meinte ein anderer nachdenklich. „Wir wollen ihn rufen! Sicherlich ist er guter Laune, weil ihm sein Streich gelungen ist, und er schenkt uns etwas."

Er legte seine Hände wie einen Trichter vor den Mund und rief mit lauter Stimme: „He, Bergmännlein, komm heraus und schenke uns etwas!"

Da stand urplötzlich, als wäre es aus dem Boden gewachsen, ein kleines Männlein mit schneeweißen Haaren und schneeweißem Bart vor ihnen. Es war ganz in unscheinbare graue Gewänder gekleidet. In der Hand trug es einige Birkenzweige und reichte jedem der Bauern einen davon. Verblüfft nahmen alle das ungewöhnliche Geschenk entgegen, aber nur einer bedankte sich dafür. Daraufhin verschwand das Männlein wieder, ohne auch nur ein Wort zu sagen.

Jeder der Männer drehte das Zweiglein in seinen Händen und betrachtete es genau von allen Seiten, um etwas Besonderes daran zu entdecken. Aber es war nichts Außergewöhnliches zu bemerken.

„Na so etwas", meinte einer enttäuscht, „einen Zweig wie diesen kann ich mir ja selbst von jeder Birke brechen. Auf so ein Geschenk kann ich verzichten!" Wütend warf er ihn weg. Die anderen folgten seinem Beispiel, und einer erklärte dabei:

„Ich hatte gehofft, er würde mir etwas von seinen Schätzen aus dem Berg schenken. So einen Zweig kann ich nicht brauchen, davon habe ich selber genug."

Nur der Bauer, der sich bedankt hatte, behielt ihn. „Der Zwerg hat es gut gemeint", dachte er, „vielleicht kränkt es ihn, wenn ich sein Geschenk missachte."

Er nahm den Zweig mit nach Hause und legte ihn dort hinter den Ofen zum Verbrennen. Seine Kinder aber holten ihn hervor, brachen sich jedes ein Stückchen davon ab und spielten damit. Als sie genug hatten, ließen sie diese einfach liegen.

Am nächsten Morgen, als der Bauer in der Frühe die Stube betrat, sah er, dass es auf dem Boden glänzte und blinkte. Er bückte sich und entdeckte zu seiner größten Freude, dass die Stücke des Birkenzweiges, den er vom Bergmännlein erhalten hatte, zu reinem Gold geworden waren. Sogleich lief er zu seinen Nachbarn und erzählte ihnen, was geschehen war. Nun freilich bereuten diese, ihr Geschenk als gering geschätzt und weggeworfen zu haben. So schnell sie konnten, rannten sie zu der Stelle am Untersberg zurück, wo sie den Zwerg getroffen hatten, um die Zweige wieder aufzuheben.

Aber so sehr sie auch suchten, buchstäblich jeden Grashalm umdrehten, sie fanden keine Spur mehr davon. Enttäuscht mussten sie wieder abziehen, und einer meinte verdrießlich:

„Das ist mir eine Lehre. Das nächste Mal werde ich klüger sein und das Geschenk annehmen, auch wenn mir das Bergmännlein einen Haufen Steine zum Schleppen gibt!"

Aber es gab kein „nächstes Mal".

König Watzmann und die Erdmännlein

Es ist schon so lange her, dass niemand mehr sagen kann, wann es genau gewesen ist, da herrschte über Bayern und Salzburg ein mächtiger König namens Watzmann. Er häufte in seiner Burg unermesslich reiche Schätze und Kostbarkeiten an und lebte in Saus und Braus. Sein Volk jedoch unterdrückte er unbarmherzig und presste an Steuern und Abgaben alles heraus, was er nur konnte, so dass es in Elend und Armut gestürzt wurde und große Not leiden musste. Aber damit noch nicht genug! Es machte dem harten und grausamen Mann eine geradezu teuflische Freude, die Menschen, die von ihm abhängig waren, zu quälen. Darum befahl er eines Tages, dass sich anstatt der Ochsen seine Bauern selbst vor die Pflüge spannen und die Felder bestellen sollten. Wer sich weigerte, sich derart erniedrigen zu lassen, und gegen ihn aufmuckte, den ließ er von seinen scharfen Bluthunden zerfleischen.

Jeden Morgen, sobald die Bauern an den Pflügen angekettet waren, kam Watzmann mit seiner wilden Hundemeute von der Burg herab, um sich an dem unmenschlichen Schauspiel zu ergötzen. Besonderen Spaß machte es ihm, wenn einer der Bauern – sei es, weil er von Hunger geschwächt war, sei es, weil er an einer Krankheit litt – das schwere Ackergerät nicht schnell genug ziehen konnte.

„Hussa, meine Lieblinge, fasst ihn!"

Mit diesen Worten hetzte er seine Bluthunde auf den Unglücklichen, dass dieser, wenn er auch vor Erschöpfung fast zusammenbrach, in tödlicher Angst vor den Bestien wieder zu laufen begann. Dann schlug sich Watzmann vor Vergnügen auf die Schenkel und rief unter dröhnendem Gelächter:

„Siehst du, elender Faulpelz, du kannst schon, wenn du nur willst!"

So trieb er sein grausames Spiel mit den Bauern. Mühsam unterdrückten die Gepeinigten ihren Hass, denn sie sahen keine Möglichkeit, sich gegen den mächtigen König zu wehren. Eines Tages, als die Bauern bei glühender Hitze wieder ihren Frondienst ableisteten, blieb einer von ihnen, er wurde Hois genannt, völlig erschöpft stehen und stöhnte leise vor sich hin:

„Ich kann nicht mehr, seit Tagen habe ich nichts zu essen gehabt, ich kann und mag einfach nicht mehr!"

Erschrocken blickte ihn sein Leidensgefährte neben ihm an und flüsterte erschrocken:

„Um Gottes Willen Hois, gib nicht auf, ich helfe dir! Geh weiter! Watzmann schaut schon her! Geh, sonst hetzt er seine Meute auf dich!"

Er versuchte, mit einer Hand seinen Pflug und mit der anderen den vom Hois zu ziehen. Da riss sich dieser noch einmal zusammen und schleppte sich mühsam weiter. Er stieß mit seinem Fuß einen Erdklumpen beiseite, um nicht darüber zu stolpern. Im gleichen Augenblick kam darunter ein winziges Männlein hervor – nicht viel größer als ein Daumen – und sprang dem Bauern auf die Hand. Der wollte schon erschrocken aufschreien, aber der kleine Wicht blickte ihn beschwörend an und legte zum Zeichen, dass er still sein sollte, den Finger auf den Mund. Dann hüpfte er in dessen Hosentasche und versteckte sich dort. Der verblüffte Bauer ließ sich nichts anmerken und arbeitete weiter, als wäre nichts geschehen. Als er am Abend nach Hause kam, holte er das seltsame Männlein aus seiner Tasche und stellte es vorsichtig auf den Tisch.

„Wer bist du", fragte er, als er es eingehend betrachtet hatte, „noch nie habe ich einen so kleinen Menschen wie dich gesehen?"

„Ich bin Heinzel, der König der Erdmännlen. Ich bin gekommen, euch Bauern von der Tyrannei des Watzmann zu befreien, denn ich kann euer Elend nicht mehr länger mit ansehen."

„Ach", seufzte Hois, „wie willst du das anfangen? Er ist so mächtig, und du bist so klein!"

„Lass mich nur machen", meinte das Erdmännlein, „rufe alle deine Kameraden zusammen. Dann will ich euch erklären, wie ihr euer Joch abschütteln könnt!"

Es sprach so bestimmt, dass neue Hoffnung im Herzen des Mannes aufbrach. Rasch lief in die einzelnen Hütten und holte die anderen Bauern herbei. Sie versammelten sich alle in der Stube und bestaunten den König der Erdmännlein. Dieser aber fing mit seiner feinen Stimme an zu reden:

„Ich bin gekommen, euch zu helfen. Vertraut mir und befolgt meinen Rat, dann seid ihr bald wieder freie Menschen!"

Die Bauern wussten sich bei diesen Worten kaum zu fassen vor Freude und Hois fragte eifrig: „Was sollen wir tun?"

„Sammelt morgen, bevor ihr mit der Arbeit beginnt, eure Taschen voll mit Kieselsteinen, so viele darin Platz haben. Wenn ihr angeschirrt seid und Watzmann seine Hunde auf euch hetzen will, so fürchtet euch nicht, sondern werft die Steine auf euren Peiniger!"

„Die Kiesel werden ihn nicht davon abhalten, uns zu quälen", meinte einer der Bauern und lachte bitter. „Wenn wir tun, was du uns vorschlägst, so reizen wir Watzmann nur und er lässt uns mit noch größerem Grimm verfolgen!"

„Ihr müsst mir glauben und tun, was ich euch sage", beschwor Heinzel die Leute. „Habt keine Angst, ich werde euch mit meinem ganzen Volk zu Hilfe eilen!"

„Gut denn", versprach Hois, „wir wollen deinen Rat befolgen!"

„Ja", stimmte ein anderer zu, denn wenn er nichts nützt, so schlägt uns Watzmann in seiner Wut tot, und unser Elend hat ein Ende. Lieber will ich sterben, als noch länger unter der Herrschaft dieses Tyrannen leben!"

„Es ist zu eurem Nutzen, wenn ihr meine Worte befolgt, denkt daran, was auch immer geschieht!" mahnte der König der Erdmännlein die Bauern nochmals eindringlich. Dann wurde er vor ihren Augen plötzlich immer kleiner und kleiner, bis er ganz verschwunden war.

Die Männer gingen auseinander. Mutlosigkeit, Zweifel und aufkeimende Hoffnung fochten in ihren Herzen einen Kampf mit ungewissem Ausgang. Aber am nächsten Morgen sammelten sich alle die Taschen voller Kiesel, wie es ihnen der Zwerg geboten hatte. Wie üblich wurden sie auch an diesem Tag an ihre Pflüge gekettet, wobei den Schergen des Königs die ausgebeulten Hosentaschen der Bauern nicht auffielen. Nicht lange danach erschien Watzmann mit seinen Bluthunden. Doch gerade, als er die wilde Meute auf die Bauern hetzen wollte, die allesamt die Arbeit verweigerten, wandten sich diese um und schleuderten mit aller Kraft ihre Kieselsteine auf ihn. Da lachte der König nur höhnisch, aber das Lachen verging ihm schnell, als er zu seinem Entsetzen bemerkte, dass die kleinen Steinchen während des Fluges immer größer und größer wurden. Tausende von ständig wachsenden Felsbrocken sausten auf ihn zu. Auf jedem einzelnen saß ein Erdmännlein und lenkte ihn geradewegs auf den Bösewicht und seine jaulende Meute zu. Auch die Steine am Boden schienen plötzlich lebendig zu werden. Alle waren sie von Zwergen bevölkert und rollten und sprangen auf ihn zu. König Watzmann wurde schreckensbleich und wandte sich schreiend zur Flucht. Aber es war zu spät! Gleich riesigen Hagelkörnern prasselten von allen Seiten Felsbrocken auf ihn und seine Hunde nieder, schmetterten alle zur Erde und überdeckten sie. Immer höher türmte sich das steinerne Grab über dem grausamen Herrscher, seiner Meute und schließlich auch über seiner Burg mit jedem und allem darin, bis es endlich als gewaltiger Berg mit vielen Gipfeln in den Himmel ragte.

Stumm vor Entsetzen hatten die Bauern das schreckliche Strafgericht verfolgt, das ihren Peiniger und seine Helfershelfer vernichtet hatte. Als alles vorüber war, befreiten sie sich gegenseitig von ihren Ketten und gingen schweigend nach Hause. Später zogen sie mit ihren Familien aus der Gegend, in der sie so viel gelitten hatten, fort und siedelten sich in Tirol an. Die Erdmännlein sind seit jenem furchtbaren Geschehen verschwunden, niemand hat jemals mehr eines von ihnen gesehen.

Der mächtige Berg aber, der sich über dem König, seiner Familie, seinem Gefolge, seinen Hunden und seinen unermesslichen Schätzen (Anmerkung 13) erhebt, wird bis auf den heutigen Tag „Watzmann" genannt und steht gleich einem riesigen Mahnmal weithin sichtbar im Berchtesgadener Land. Der mächtigste Gipfel des Massivs soll an Watzmann selbst, der zweitgrößte an seine Frau und die übrigen sieben an seine Kinder erinnern.

Unter dem schroffen, kahlen Gipfel des „Großer Hundstod" (Anmerkung 14) daneben liegt die wilde Hundemeute begraben. Manchmal pfeift der Sturmwind schaurig durch seine Felsspalten.

Dann ist dieses Gebiet besonders unheimlich und gefährlich. Wie es heißt, heulen und jaulen die verzauberten Hunde so grauenvoll, dass jedem, der sie hört, vor Entsetzen das Blut in den Adern gefriert, und er so schnell wie möglich das Weite sucht. Viele sind, so wird erzählt, auf ihrer kopflosen Flucht vor diesen Gespensterhunden in die Tiefe gestürzt und zu Tode gekommen.

„Die Hunde von König Watzmann heulen und jaulen wieder", sagen dann die Leute im Tal voller Angst und wagen sich nicht aus ihren Häusern. (Anmerkung 15)

Das Weidwiesenweiblein bei Reichenhall

Gegen Ende des 18. Jahrhunderts – so um 1782 oder 1783 – trieb das Weidwiesenweiblein (Anmerkung 16) sein Unwesen, wie es heißt, ganz besonders schlimm um das Jahr 1831. Damals befand sich ein Fuhrmann auf dem Weg nach Reichenhall in Bayern am Fuße des Hohenstaufen. Die Dunkelheit war schon hereingebrochen, und er war sehr müde. Er trieb seine Pferde an, denn er wollte endlich in die Stadt zu seinem Nachtquartier kommen. Gerade als er am Kalkofen bei den Waldwiesen angelangt war, brach ihm ein Rad seines Fuhrwerkes.

„Das hat mir gerade noch gefehlt", schimpfte er, stieg vom Kutschbock herab und besah sich, soweit das in der Finsternis möglich war, den Schaden.

„Jetzt bräuchte ich das Weidwiesenweiblein, dass es mir leuchtet!" wünschte er. „Wie soll ich sonst das Rad richten. Womöglich muss ich hier übernachten."

Er hatte diese Worte kaum gesprochen, da stand so plötzlich, als hätte es die Dunkelheit ausgespien, ein seltsames Wesen neben ihm. Es sah aus wie ein ganz kleines Weiblein, war von Kopf bis Fuß in schwarze Kleider gehüllt und trug einen riesigen, breitrandigen Hut, der Gesicht und Hals fast völlig verdeckte. Dadurch entstand der merkwürdige Eindruck, als hätte es gar keinen Kopf, sondern als säße der Hut alleine auf den Schultern. Das Weiblein trug eine kleines Gefäß in den Händen, in dem ein Licht brannte. Ohne ein Wort zu sprechen stellte es sich neben den Fuhrmann und leuchtete ihm.

Der war gar nicht erschrocken über das plötzliche Auftauchen des seltsamen Wesens, denn er wusste, dass es das Weidwiesenweiblein war, das er herbeigewünscht hatte. Das tat keinem Menschen etwas zuleide. Es erschien oft und begleitete nächtliche Wanderer, die über die Weidwiesen gingen, und leuchtete ihnen mit seinem Lämpchen, dass sie den Weg besser fanden. Die Leute waren das so gewöhnt, dass sie diesen Dienst als völlig selbstverständlich ansahen und sich niemals dafür bedankten. Das Weiblein aber begleitete die Wanderer, ob es ihnen gefiel oder nicht. Es ließ sich auch durch nichts verscheuchen, weder durch wilde Gesten noch durch Schimpfworte. Niemals sprach es ein Wort, und wenn es seinen Dienst getan hatte, verschwand es spurlos in der Dunkelheit.

Nur manchmal trieb es Schabernack mit den Leuten und führte sie an Orte, an die diese gar nicht gewollt hatten, ließ sie dort stehen und war dann plötzlich weg, wie vom Erdboden verschluckt, so dass die Genarrten schimpfend ihren Weg selbst suchen mussten.

Der Fuhrmann war über die Hilfe, die ihm das Weiblein mit seinem Licht gewährte, sehr froh. Als er das Rad notdürftig gerichtet hatte und glaubte, damit bis Reichenhall fahren zu können, wandte er sich der Zwergin zu und sagte:

„Hab' tausend Dank für deine Hilfe!"

Da wirbelte das Weiblein voller Freude wie ein Kreisel herum, tat zum ersten Mal, seit es sein Unwesen auf den Weidwiesen trieb, seinen Mund auf und sagte:

„Ein einziger Dank hätte schon genügt, um mich zu erlösen. Nun muss ich nicht mehr umgehen!"

Bei diesen Worten nickte es dem Fuhrmann freundlich zu und war im nächsten Augenblick verschwunden. Seither ist es niemals mehr einem Menschen begegnet, und die Wanderer, die des Nachts über die Weidwiesen gehen, müssen ihren Weg selbst suchen.

Die Bergmännlein im Kienberg

In uralten Zeiten hausten im Kienberg bei Ruhpolding Bergmännlein. Damals gab es einmal einen ganz besonders strengen Winter. Deshalb holten einige Bauern aus der Umgebung Holz vom Kienberg, um die zur Neige gegangenen Vorräte wieder aufzufüllen. Plötzlich bemerkte einer von ihnen neben einem Baumstamm ein kleines Männlein. Es war nicht einmal so groß wie ein vierjähriges Kind, hatte aber einen schlohweißen Bart, wirres, schlohweißes Haar und ein greisenhaftes Gesicht voller Runzeln, als hätte es schon Hunderte von Lebensjahren auf dem Buckel. Es zitterte vor

Kälte und klapperte laut mit den Zähnen, denn es trug nur ein dünnes Gewand.

„Ein Zwerg, wahrhaftig, ich habe einen Zwerg gefunden!" rief der Bauer erstaunt, und sogleich kamen die anderen Männer herbei.

„Der arme Wicht friert sich ja zu Tode", meinte einer von ihnen mitleidig, als er das schlotternde Männlein erblickte. Er nickte ihm freundlich zu und holte aus seinem Rucksack ein Stück alten Loden hervor, das er immer als Unterlage zum Sitzen benutzte.

Er schnitt mit dem Messer in der Mitte ein Loch hinein, groß genug, dass der Kleine seinen Kopf durchstecken konnte, und hängte es ihm als Mantel um. Das Bergmännlein freute sich ganz außerordentlich über das unerwartete Geschenk und sagte zu dem Bauern:

„Ihr seid gut zu mir gewesen, darum will ich euch auch helfen. Kommt mir mit!" Es führte die erstaunten Männer zu einer Stelle im Gebirge, wo sich ergiebige Bleiadern im Gestein befanden. „Wenn ihr das Metall fleißig abbaut, werdet ihr bald reich sein!" erklärte es ihnen und fuhr fort: „Bitte schenkt auch den anderen Leuten meines Volkes so warme Umhänge, dass sie nicht mehr frieren müssen. Dann zeigen wir euch noch mehr von den Schätzen in den Bergen."

Die hocherfreuten Bauern versprachen, ihm diesen Wunsch zu erfüllen und am nächsten Tag zur gleichen Stunde die Kleider zu bringen. Sie liefen nach Hause und erzählten ihren Frauen, was sich zugetragen hatte. Die Bäuerinnen ließen sich nicht lange bitten, setzten sich in einer gemütlichen Stube zusammen und fertigten eine große Anzahl von warmen Lodenkotzen für die Zwerge an. Am nächsten Tag trugen die Bauern die Kleidungsstücke zu den Bergmännlein, die ihnen dafür an verschiedenen Stellen im Gebirge reiche Bleivorkommen zeigten. Sie machten miteinander ab, dass sie es in Zukunft jedes Jahr so halten wollten.

Nun hatte die Not der armen Bauern ein Ende. Jedes Jahr im Winter brachten sie von da an den Zwergen warme Kleidung, und diese führten sie aus Dankbarkeit zu immer neuen Bleilagern. Mit der Zeit wurden die Bauern sehr reich und konnten sich alles leisten, was sie nur haben wollten. Aber, wie so oft, kamen mit dem Reichtum auch Hartherzigkeit und Geiz.

„Was brauchen die Bergmännlein jedes Jahr neue Wintermäntel," murrte eines Tages eine der Bäuerinnen, „sie könnten gut noch die Sachen vom vorigen Jahr auch in diesem Winter tragen. Sie sind ja aus gutem haltbarem Loden!"

„Genau", gab ihr der reichste Bauer recht, „wir können uns die Ausgaben für den Stoff sparen und ihr Frauen braucht euch bei der Näherei solch kleiner Sachen nicht mehr die Finger zu zerstechen."

„Die Bleigruben finden wir auch alleine, wir haben jetzt genug Erfahrung", erklärte ein anderer Bauer großspurig, als jemand den Einwand machte, die Zwerge würden ihnen dann keine Stellen mehr zeigen, wo Blei zu holen sei.

Man kam überein, sich Arbeit und Material für die Mäntelchen künftig zu sparen. So geschah es, dass die Bergmännlein im folgenden Winter umsonst auf die Bauern warteten. Enttäuscht zogen sie sich in den Berg zurück und wurden von Stund an nie mehr gesehen. Anfangs kümmerte das die Bauern nicht, denn noch war genug Metall in den ihnen bekannten Gruben zu finden. Bald aber versiegten diese Quellen ihres Reichtums, und entgegen ihren Erwartungen waren sie nicht in der Lage, selbst neue Bleilager zu entdecken. Es dauerte nicht lange, da waren die Bauern wieder so arm wie ehedem. Nun bereuten sie zwar ihren Geiz, aber die Reue kam zu spät.

Das Grubenmännlein bei Kitzbühel

Vor langer Zeit einmal hatten gutmütige Bergmännlein drei armen Bauern aus der Umgebung des Röhrerbühels bei Kitzbühel verraten, wo es dort in den Höhlen Silber gab, weil sie Mitleid mit ihnen hatten. Bald schon mussten sie das bereuen, denn die Gier der Menschen kannte keine Grenzen. Die schlugen tiefe Stollen weit ins Innere des Berges und beuteten die Silberminen ohne Rücksicht auf das Zwergenvölkchen, das dort seine Heimat hatte, aus.

Voller Zorn verließen die Bergmännlein daraufhin den Röhrerbühel und zogen woanders hin. Nur ein einziges blieb zurück und wollte sich nicht vertreiben lassen. Grimmig hauste es in der Tiefe, polterte und wütete dort herum, dass die Knappen, die in die Grube hinunterfahren mussten, bald große Angst bekamen, weil es immer wieder Gänge zum Einsturz brachte, gefährliche Wassereinbrüche verursachte oder andere Katastrophen auslöste, die vielen das Leben kostete. Da hielten die Leute den Erzabbau dort für zu gefährlich und stellten die Förderung ein. Langsam verfiel das Bergwerk und das grimmige Bergmännlein hatte es nun ganz für sich.

Das war ihm aber auch wieder nicht recht, denn nun fühlte es sich einsam, weil ja sein ganzes Volk woanders hingezogen war. So sah man es denn in hellen Vollmondnächten oft traurig am Eingang des Stollens sitzen oder durch die Dörfer der Umgebung wandern und sehnsüchtig bei den Fenstern hineinlugen, wo die Menschen bei warmem Kerzenlicht beieinander saßen. Aber es blieb immer alleine, denn die Menschen mieden das alte Bergwerk, weil es ihnen unheimlich war, und nie lud es jemand in sein Haus ein.

An einem warmen Sommerabend kam eine junge Bauerntochter, die sich in der Nähe mit ihrem Bräutigam getroffen hatte und nun auf dem Heimweg war, an dem Stollen vorbei, dessen Türe weit offen stand. Von drinnen hörte sie rhythmisches Hämmern und bemerkte einen schwachen Lichtschein. Da konnte sie ihre Neugier nicht bezähmen und wollte sehen, was dort los war.

Sie trat in das alte Bergwerk ein, folgte dem Lichtschein durch die Gänge und kam bald zu einer Stelle, wo sich eine Höhle befand, in der das Bergmännlein saß und arbeitete. Es war steinalt, hatte tausend Falten im Gesicht, und einen wirren grauen Bart, so lang, dass es mit den Füßen hätte darauf steigen können. Auf der Brust des Zwerges, der eine graue Hose und ein gleichfarbenes Wams anhatte, blinkte und blitzte ein großer Karfunkelstein im Licht einer kleinen Lampe und ließ die Wände ringsum in zauberhaftem bunten Licht erstrahlen.

Die Bauerntochter wollte sich gerade zurückziehen, als das Männlein aufschaute und sie bemerkte. Freudig sprang es auf, lief auf sie zu und bat sie zu bleiben.

„Es ist schön, wenn einmal jemand zu mir zu Besuch kommt", erklärte es und hielt das Mädchen am Kleid fest. „Bitte leiste mir doch ein wenig Gesellschaft. Es soll dich nicht gereuen!"

Die Bauerntochter, die erst kürzlich zur Waise geworden und sehr arm war, ließ sich erweichen, setzte sich zu dem Männlein und erzählte ihm, was ihr zugestoßen war. Mitleidig hörte der Kleine zu, rief dann „wart' ein wenig, ich bin gleich zurück!" und verschwand in den Tiefen des Stollens. Kurz darauf kam er mit Händen voller Silberbrocken zurück, warf sie ihr lachend in die Schürze und sagte: „Nimm das Silber, dann hat deine Armut ein Ende. Ich werde dich zur reichsten Frau im weiten Umkreis machen, wenn du mich jeden Sonnabend zur gleichen Zeit besuchst und mir ein wenig Gesellschaft leistest! Dann kannst du deinen Bräutigam heiraten, weil du nicht mehr arm bist!"

Freudig willigte das Mädchen in den Handel ein, trug das Silber nach Hause und kam von da an jeden Samstag nach dem Stelldichein mit ihrem Bräutigam zum Stollen. Der Zwerg wartete schon immer ganz aufgeregt und schenkte ihr jedes Mal Silber, edle Steine oder andere wertvolle Dinge.

Die Leute wunderten sich zwar, woher die arme Bauerntochter plötzlich so viel Geld hatte, sich den Hof ihrer Eltern zu erhalten und ihn sogar zu vergrößern, sich Pferd und Kutsche zu leisten und schöne Kleider und Schmuck zu tragen, sie jedoch erklärte den Grund ihres plötzlichen Reichtums nie.

Aber sie veränderte in dieser Zeit nicht nur ihre äußeren Lebensumstände sondern auch ihr Wesen, und das nicht zu ihrem Vorteil: Aus der einst fröhlichen und liebenswerten jungen Frau wurde eine angeberische, nie zufriedene, hochmütige Person, mit der es ihr Bräutigam schwer hatte. Auch mit dem Bergmännlein brachte sie nur mehr wenig Geduld auf. Es wurde ihr zu mühsam, jeden Samstag zu dem Stollen zu gehen und mit ihm zu sprechen. Sie meinte, nun genug Geld und das nicht mehr nötig zu haben. Als daher im Herbst das Wetter schlechter wurde, stellte sie ihre Besuche dort ganz ein, obwohl der Zwerg jedes Mal am Abend des verabredeten Tages sehnsüchtig auf sie wartete.

Eine Nacht aber veränderte alles: Kurz vor Weihnachten brach auf ihrem Hof plötzlich, niemand konnte sagen warum, Feuer aus, griff auf alle Gebäude über und legte sie binnen kurzer Zeit in Schutt und Asche. Jede Hilfe kam zu spät. Die junge Frau konnte mit knapper Not ihr Leben retten, hatte aber all ihr Hab und Gut verloren und stand vor dem Nichts. Im Feuerschein meinte sie, schemenhaft das kleine graue Männlein aus dem Stollen herumtanzen zu sehen, das immer wieder boshaft rief:

„Wie gewonnen, so zerronnen!"

Da erinnerte sie sich an ihr gebrochenes Versprechen und bereute, den Zwerg nicht mehr besucht zu haben, aber nur deshalb, weil sie alles, was er ihr geschenkt hatte, nun verloren hatte. Obwohl sie nun wieder arm war wie zuvor, verließ sie ihr Bräutigam, der sie sehr liebte, nicht. Die beiden jungen Leute beschlossen, möglichst bald, schon im nächsten Frühjahr, zu heiraten. Wie früher trafen sie sich zu Beginn dieser schönsten Jahreszeit am Tag vor ihrer Hochzeit noch einmal an dem geheimen Ort ihrer früheren Stelldicheins nahe dem alten Bergwerk am Röhrerbühel. Lange saß das Liebespaar beisammen, dann trennten sie sich ein letztes Mal vor dem morgigen großen Festtag.

Als die junge Frau am alten Bergwerk vorbeikam, war – wie früher – die Türe offen; sie hörte das rhythmische Hämmern und sah das geheimnisvolle bunte Licht des Karfunkelsteins. Da ging sie, wie von einer unwiderstehlichen Macht angezogen hinein, durch die dunklen Stollen bis in die Höhle, wo der Zwerg saß. Als er sie sah, sprang er auf und rief:

„Kommst du mich endlich einmal wieder besuchen? Brauchst du wieder neue Schätze?"

Sie erschrak, denn das Bergmännlein hatte sich sehr verändert. Es schien ihr, als sei es noch älter geworden – wenn das möglich gewesen wäre, so uralt wie es eh schon war – und es war auch keineswegs mehr freundlich zu ihr.

Plötzlich erfüllte sie tiefe Angst, sie bereute hereingekommen zu sein und wollte rasch umkehren. Der Zwerg aber packte sie mit eisernem Griff an der Hand und zog sie tiefer in den Berg hinein, immer tiefer, bis sie zu einem Abgrund kamen, wo sich das Licht des Karfunkelsteins weit unten in schwarzem Wasser spiegelte.

„Erlösche auf ewig, leuchtender Stein!" rief er, riss das Kleinod von seiner Brust und warf es in die Tiefe. „Verschlinge auf immer dies treulose Menschenkind und den alten Gnom, der so töricht war, ihm zu verfallen!"

Bei diesen Worten zog er sie mit Kräften, die dem Kleinen niemand zugetraut hätte und gegen die sie sich nicht wehren konnte, mit sich über die Kante des Abgrunds in das tiefe schwarze Wasser hinab.

Am nächsten Morgen warteten der Bräutigam und die Hochzeitsgesellschaft vor der Kirche im Dorf lange Stunden vergeblich auf die junge Braut. Sie war und blieb verschwunden und man hörte nie mehr etwas von ihr. Aber auch das Grubenmännlein wurde von dem Tag an nie wieder gesehen.

Der gebannte Rüepplerner Kobold

Ein Bauer in Mayerhofen im Zillertal in Tirol wurde von einem schlimmen Kobold tyrannisiert. Als es gar nicht mehr umging, meinte der Bauer, ein Umzug würde helfen, weil er glaubte, dass der Kobold „zum Haus gehöre" und deshalb zurückbleiben würde.

Es wurde nach Rüepplern in die Gegend von Scheffau am Wilden Kaiser umgezogen. Aber – oh Schreck – als der Bauer dort ankam, war der Kobold, der auch als „Geist" bezeichnet wurde, schon da.

Je nachdem wie es ihm in den Sinn kam, war er halbwegs erträglich, aber mehr noch bösartig. Er quälte auch die Tiere im Stall; er kettete Kühe zusammen, pferchte mehrere Pferde in einen Stand, so dass sie sich aufbäumten und es zu erheblichen Verletzungen kam. Wenn abends die Frauen Wolle spannen und ihre Arbeit nicht zu der Zeit beendeten, die sich der Kobold gerade vorstellte, riss er ihnen das Spinnmaterial herunter und verschmierte alles mit Butter. Trafen sich mal abends die Nachbarn nach der harten Arbeit des Tages zum gemütlichen Beisammensein mit Musik, so versetzte er dem letzten, der das Haus verließ, einen gewaltigen Tritt, so dass dieser zur Türe hinausflog und sich beim Hinfallen meist verletzte. Nicht mal vor kleinen Kindern machte er Halt!

Einmal schubste er die Wiege so stark, dass das Kind herausfiel. Auch auf der Tenne trieb er sein Unwesen beim Einfahren des Heus und Getreides sowie beim Dreschen.

Wenn der „Geist" völlig unerträglich wurde, nahm der Bauer den geweihten Palmbuschen, den der Zwerg fürchtete. Damit jagte ihn der Bauer aus dem Haus, aber sofort setzte der Ungut nebenan die Windmühle in Bewegung, was weiteren Ärger verursachte.

Auch war es ihm möglich, in verschiedenen Gestalten zu erscheinen. Meist erschien er als kleines Männlein mit kurzen Kniehosen. Besonders gut gefiel ihm das Auftreten mit einem Bocks- oder Schweinskopf; er konnte auch die Figur verändern, groß oder klein, Mensch oder Tier.

Alle Versuche, den wüsten Kobold loszuwerden, scheiterten. In seiner Hilflosigkeit und Verzweiflung wandte sich der Bauer an den Klerus.

Endlich gelang es zwei Kapuzinerpatres mit Beschwörungsformeln und Riten dem Geist beizukommen. Und dabei erfuhren sie auch etwas über seine Herkunft. Er berichtete, dass er aus Prien am Chiemsee gekommen sei. Von seiner Priener Zeit und der davor erfuhr man nichts, nur dass es ihm erlaubt war – warum auch immer – so weit von zu Hause wegzuziehen, bis er an ein Haus komme, aus dem gerade ein Verstorbener getragen wird und die traditionellen drei Kreuzzeichen auf der Türschwelle nicht gemacht werden. So kam er nach Mayerhofen.

Nach anstrengender Arbeit gelang es den Patres den Kobold in die Höhen des Wilden Kaisers zu bannen. Um dem elenden Zwerg den Verbannungsort zu zeigen, musste der Bauer vor ihm hergehen – er durfte sich nicht umblicken, egal war hinter ihm geschah – dann kam der wüste Beschimpfungen ausstoßende, tobende Kobold, zuletzt einer der beiden Geistlichen.

Als der Bannort in Sicht war, durfte der Vorausgehende endlich stehen bleiben, und der Kobold musste allein dem Ziel zugehen. Er sah ein, dass er sich seinem Schicksal zu fügen hatte. Aber zum Abschied sagte er noch – zum Schrecken aller – in geradezu tröstendem Tonfall, dass er nach dem dritten Hausbesitzer wieder komme, sofern er bis dahin nicht erlöst sei.

Die Berghöhle bei Mühlau

Zwei Wildschützen, die in Innsbruck eine schwere Haftstrafe verbüßten, versprach man Begnadigung, wenn sie die unerforschte und der Bevölkerung nicht geheure Berghöhle zwischen Innsbruck und Mühlau erkunden würden. Sie waren mit dem Vorschlag einverstanden, versahen sich mit Fackeln und Proviant, und stiegen in die Höhle ein. Der Eingang wurde von Polizisten streng bewacht. Nach zwölf Tagen gelangten sie wieder ans Licht, allerdings an einer ganz anderen Stelle als sie eingestiegen waren, und zwar in Kitzbühel. Sie kehrten nach Innsbruck zurück und berichteten wie es ihnen ergangen war.

Nach ihrem Einstieg in die Höhle verlöschten bald ihre Fackeln aufgrund der zugig-feuchten Luft und sie tasteten sich bei Dunkelheit weiter. Irgendwann, sie meinten nach zwei Tagen, erreichten sie ein riesiges Areal. Sie sahen in der Ferne Dörfer. Durch diese Landschaft zog sich eine schnurgerade Straße und auf dieser marschierten sie dahin. Hier brauchten sie ihre Windfackeln nicht. An einer rauschenden Quelle setzten sie sich nieder. Nachdem es dunkel geworden war, zündeten sie die Fackeln wieder an und setzten den Weg fort; neue Klippen und Abgründe mussten bewältigt werden.

Irgendwann kamen sie zu einem Haus, aus dem lautes Jammern und Weinen erscholl. Neugierig näherten sie sich einem Fenster, spähten hinein und sahen auf einer Bahre die Leiche eines kleinen Männchens liegen, um die Weiber von gleich kleiner Statur wuselten. Bebend vor Angst entfernten sie sich und bald darauf trafen sie auf einen buckligen Zwerg mit langem, grauem Bart, ausgerüstet mit Wanderstab und Laterne, der sie freundlich begrüßte und sagte:

„Ich warne euch! Ihr seid in großer Gefahr! Nehmt euch in Acht. Es wird ein großes Gedränge aufkommen, und wenn ihr da hinein geratet, dann bekommt euch dies ganz schlecht. Es ist für's ganze Land ein Trauertag angeordnet, weil unser Herr gestorben ist. Ich habe noch etwas Zeit, deshalb will ich euch ein Stück eures Wegs begleiten, damit ihr nicht in Gefahr kommt."

Dann ging er vor ihnen her, und sie bemerkten, dass er aufgrund seiner kurzen, krummen Beinchen und nach innen gebogenen Füßchen nur mühsam gehen konnte. Als sie schon längere Zeit schweigsam unterwegs waren, nahm einer der beiden Männer doch seinen ganzen Mut zusammen und fragte den Wicht, wo sie sich befänden; er antwortete:

„Wir leben unter der Erde, gehen aber manchmal des Nachts auf die Erde. Gerne helfen wir den Menschen, aber nur denen, die wohlwollend uns gegenüber sind, widrigenfalls plagen wir das Vieh, wenn wir unseren Unwillen diese Menschen selbst nicht spüren lassen können. Nun muss ich euch leider verlassen und eilen, um meine Aufgaben zu bewältigen. Haltet euch immer nach links, geht nie nach rechts! So findet ihr den Weg zurück zur Oberwelt."

Daraufhin entfernte sich der Zwerg in einen Gang hinein, der nach rechts wegführte. Die beiden gingen weiter, wie er ihnen geraten hatte, und trafen bald auf viele kleine Leute, die alle eine Laterne bei sich hatten. Und wieder kamen sie in unwegsames Gelände, wo sie wildzerklüftete Felsen hinauf- und herabklettern mussten. Sie hatten in der Dunkelheit kein Zeitgefühl mehr, hielten sich aber genau an die Angaben des Zwerges. Endlich erspähten sie durch eine Spalte im Fels Helligkeit. Sie zwängten sich mühsam durch diesen Felskamin ans Tageslicht und erblickten tief unten im Tal einen Ort.

Es war Kitzbühel, weit entfernt von ihrem Einstieg in die Höhle.

Die übermütigen Senner am Glungezer

Südöstlich von Innsbruck, in den Tuxer Alpen liegt eine schöne Alm am Glungezer. Drei Burschen aus dem Dorf im Tal waren während des Sommers als Senner dort. Sie hießen Kaspar, Melchior und Balthasar und wurden daher von den Leuten spaßeshalber „die heiligen drei Könige" genannt. Sie – das heißt, zwei von ihnen – waren aber alles andere als heilig. Sie waren wilde Burschen, die vor nichts Achtung hatten. In den Wildsee dort, der von den Leuten

Schwarzbrunnen genannt wurde, schleuderten sie große Felsbrocken, um die Fische und andere Wasserbewohner zu erschrecken, sie rissen ohne Not Äste von den Bäumen oder rupften aus reinem Mutwillen Blumen und Kräuter aus der Erde, dass sie verdorren mussten. Auch mit den Tieren gingen sie nicht gut um, ärgerten und schlugen sie und hatten Freude daran, wenn ein Lebewesen leiden musste. Nur der jüngste Bursche, Balthasar, war anders. Er hatte ein mitleidiges Herz und versuchte oft, wieder gutzumachen, was die anderen angerichtet hatten.

Eines Abends, es war ein drückend schwüler Tag gewesen, der die Arbeit sehr erschwert hatte, weil Mensch und Vieh gereizt waren und die Mücken bösartiger als sonst zugestochen hatten, saßen die drei vor ihrer Hütte, um sich ein wenig auszuruhen. Vom Lawis her zogen schwere Gewitterwolken auf und kündigten ein schlimmes Unwetter an. Da kam jemand den steilen Berg zur Hütte herauf, keuchend vor Anstrengung. Es war ein kleines, steinaltes Männlein mit langem schneeweißen Bart. Seine Augen hatten ein eigenartiges Grünblau, so wie gefrorenes Wasser.

„Bitte lasst mich heute Nacht in eurer Hütte bleiben", bat es verzweifelt, „ich weiß sonst nicht, wo ich hin soll, bei dem Unwetter!"

„Was kraxelt so ein alter Depp, wie du, auch um die Zeit in den Bergen herum", höhnte Kaspar. „Es geschieht dir ganz recht, wenn du jetzt keine Unterkunft hast!"

Melchior fügte hartherzig hinzu: „Schau, dass du weiterkommst! Wir wollen dich hier nicht haben!"

Balthasar aber hatte Mitleid mit dem Kleinen. Er nahm ihn bei der Hand, führte ihn in die Stube, gab ihm zu essen und zu trinken und richtete ihm auf der Ofenbank ein Bett für die Nacht. Gleich darauf kamen die anderen Senner herein, denn nun brach das Unwetter mit ungewohnter Heftigkeit los. Fast niemand machte in dieser Nacht ein Auge zu, so tobten die Naturgewalten vor der schützenden Hütte. Sturm, Hagel, Blitz, Donner und sintflutartiger Regen wechselten sich ab, bis sie sich endlich, gegen Morgen, wieder über das Gebirge verzogen hatten.

Als sich das kleine Männlein in der Früh wieder auf den Weg machte, verabschiedete es sich dankbar und freundlich von Balthasar, die beiden anderen Sennen jedoch bedachte es mit einem so drohenden Blick aus seinen seltsam unergründlichen grünen Augen, dass jedem von ihnen unwillkürlich ein kalter Schauer über den Rücken lief, so, „als sei jemand über ihr Grab gegangen", wie dieses Gefühl manchmal beschrieben wird. Dann stieg der ungebetene Gast höher hinauf in die Berge, wo er bald nicht mehr zu sehen war.

Nicht lange aber hielt das ungute Gefühl bei Kaspar und Melchior an, sie benahmen sich bald genauso roh und wild wie immer. Nach ein paar Wochen zog der Herbst ins Land und es war Zeit, die Herde wieder ins Tal zu treiben. Wie es üblich war, wollten die Senner ihre Tiere schmücken, weil sie keines während des Sommers verloren hatten.

Dazu stiegen sie in die Felsregion auf, um dafür Tannengrün, Latschenzweige, Rauten und blühende Pflanzen von dort zu holen. Auch für ihre Mädchen, die im Tal wohnten, wollten sie Blumen pflücken, wie Edelweiß, Almrausch oder Raute. Die aber waren nur auf sehr ausgesetzten, oft unbezwingbaren Felsspitzen zu finden. Ein ganz besonders schöner Rautenstrauch, sehr dicht und über und über mit Blüten bedeckt, wuchs an einer schroff abfallenden Felswand. Alle drei Burschen hatten sich insgeheim vorgenommen, genau diese Raute ihrer Liebsten nach Hause zu bringen. So machten sich alle drei am Abend, als ihr Tageswerk vollbracht war, und der Mond groß und leuchtend hinter den Bergen aufgegangen war, auf den Weg.

Als erster versuchte Kaspar sein Glück. Er hatte den Rautenstock schon fast erreicht und wollte gerade danach greifen, da erscholl plötzlich eine laute Stimme, die vielfach in den Felsen widerhallte, mit einem drohenden Ruf. Vor Schreck zuckte der Bursche zusammen und trat zurück. Dabei fiel er laut schreiend in den gähnenden Abgrund hinunter, wo er unten zerschmettert liegen blieb. Erschrocken starrten die beiden anderen hinunter, konnten ihm aber nicht mehr helfen.

Trotz dieses Unglückes ließ sich Melchior nicht abhalten, nun seinerseits zu versuchen, den Rautenstock zu holen. Aber wie bei Kaspar vor ihm, ertönte auch jetzt wieder die furchterregende Stimme ungemein laut und durchdringend. Obwohl er darauf gefasst sein hätte müssen, verlor auch Melchior den Halt und stürzte in die Tiefe, gefolgt von einer Lawine aus Steinen und Geröll, von der er und Kaspar völlig bedeckt wurden.

Balthasar war zutiefst erschrocken und wollte gerade umkehren, als er im hellen Licht des Vollmondes plötzlich aus den Felsen eine Gestalt hervortreten sah. Es war der Zwerg, dem er in der Gewitternacht geholfen hatte. Aber nun war nichts Ängstliches oder Hilfsbedürftiges mehr an ihm. Majestätisch schritt er auf den Burschen zu und wurde dabei immer größer und ehrfurchtgebietender. Auf seinem silberweißen Haar schimmerte eine Krone.

„Du hast nichts zu befürchten!" beruhigte er Balthasar, der sich zitternd an den Felsen gedrückt hatte. „Du hast ein gutes Herz und hast mir geholfen. Darum will ich dich belohnen. Die beiden anderen habe ich bestraft für ihre Bosheit und das viele Unrecht, das sie angerichtet haben! Sie haben es nicht anders verdient, denn sie waren unbarmherzig und böse."

Bei diesen Worten übergab er Balthasar den prächtigen Rautenstock, den alle drei hatten holen wollen und für den zwei mit dem Leben hatten zahlen müssen. Dabei sprach er:

„Ich bin der Rautenkönig! Du warst gut zu mir, als ich in Gestalt eines armen Zwerges zu euch kam. Dies ist meine Belohnung für dich! Pflanze diesen Stock auf dein Haus und er wird dir immer Glück bringen, denn dann werde ich über dich wachen."

Daraufhin zerfloss der Rautenkönig im Mondlicht und im Felsen, bis er völlig verschwunden war.

Balthasar kehrte am nächsten Morgen alleine mit dem Vieh ins Tal zurück und brachte den Leuten im Dorf die Botschaft vom Tod der zwei Sennen. Dann pflanzte er den Rautenstock auf das Dach seines Hauses, wie es der Rautenkönig verlangt hatte. Von Stund an aber war dem jungen Mann das Glück hold. Seine Liebste erhörte ihn, bald wurden beide Mann und Frau, bekamen Kinder, hatten ein gutes Auskommen und lebten in Zufriedenheit. Es war, als wache der Rautenstock, der mit jedem Jahr schöner wurde, gleich einem Schutzgeist über ihn und seine Familie. Von den beiden anderen Sennen aber hat nie mehr jemand etwas gehört, auch ihre sterblichen Überreste gab der Berg nie mehr frei.

Die Zollburg Lueg am Brenner – von Friedrich Hirsch um 1805

Die Gründung von Sterzing

Ein Zwerg, der den Namen Sterzling hatte, ging von zu Hause weg und schlug in einer unbewohnten Gegend, im südlichen Wipptal in Südtirol, sein Quartier auf.

Immer mehr Leute gingen auf Wanderschaft, um eine neue Heimat zu suchen. Aber, weil der Zwerg auf ihrer Durchreise so freundlich mit ihnen war, zogen sie gar nicht mehr weiter, um sich an anderer Stelle niederzulassen, sondern machten sich gleich hier bei ihm im Wipptal sesshaft. Bald schon war die Einöde zu einem großen Ort, ja zur Stadt geworden – Sterzing. Sogar im Stadtwappen ist ein kleines, buckliges Männlein abgebildet; es soll ewig an den Gründer der Stadt, den liebenswerten Sterzling, erinnern.

Heute noch ist das von ihm erbaute Häuschen am untersten Ende der Stadt Sterzing zu sehen und hat im Volksmund den Namen „Fischerhäuschen".

Die Herkunft der Nörggelen

In Südtirol gibt es unzählige Sagen von Begegnungen mit Zwergen. Hier werden sie – je nach Gegend – Norgg, Nörggele, Örggele Salvang oder Bergmandl genannt. Oft wird von ihnen auch in Verbindung mit Saligen – edlen, feenartigen Jungfrauen, die wie die Zwerge aus einer Zwischenwelt zwischen Geistern und Menschen stammen – berichtet, die oft von den boshaften Nörggelen geärgert werden oder die wieder gut machen wollen, was ein Norgg angestellt oder einem Menschen angetan hat. Über die Herkunft dieser Kobolde erzählten die Leute früher:
Als der oberste Lichtengel sich gegen Gott auflehnte, hatte er viele Anhänger. Nachdem diese Engel sich Gott gegenüber nicht einsichtig zeigten und untragbar geworden waren, wurden sie aus dem Himmel gejagt und in die Hölle gestürzt.

Aber nicht alle Engel, die Luzifer anhingen, waren im Grunde ihres Herzens üble Wesen; es waren auch die sogenannten „Mitläufer" dabei. Und deshalb kamen auch nicht alle in der Hölle an. Diese blieben in Schluchten oder Bäumen hängen, verhedderten sich in Gestrüpp und Wurzelwerk, verkrochen sich dann in Höhlen, Erdlöchern, überhaupt an Stellen, wo sie meinten nicht gestört zu werden.

Aber gelegentlich wagten sie sich doch in die Nähe von Siedlungen und erforschten die Menschen, ihre Umgebung, ihre Gewohnheiten und überhaupt den Ablauf des Menschenlebens. Und sie sahen, dass die Menschen, im Gegensatz zu ihnen, den Tod kannten. Denn durch ihren Ungehorsam Gott gegenüber sind die Zwerge dazu verdammt, bis zum Jüngsten Tag auf Erden bleiben auf ihre Erlösung warten zu müssen.

Es gibt Nörggelen, die den Menschen gegenüber freundlich und dienstwillig sind, aber auch solche, die sich hinterhältig und abscheulich gebärden. Besonders in Völlan bei Lana hat man die Vorstellung, dass Zwerge, die Menschen hassen und quälen, diesen die Sterblichkeit nicht gönnen (Anmerkung 18).

Die Salvangs im Gadertal

In den Ladiner Bergen, in den Wäldern des Gader Tals, hausten früher kleine Männchen, hier Salvangs genannt. Die meisten waren den Menschen gegenüber gutmütig. In dieser Gegend betrieben die Bauern in erster Linie Schafzucht, und die Waldmännchen waren diesen Tieren sehr zugetan, sie fühlten sich als ihre Beschützer.

In Abtei waren die Schafe einem Salvang ganz besonders ans Herz gewachsen. Er hielt sich immer bei der Herde auf, führte sie dorthin wo das saftigste Gras zu finden war, streichelte und herzte sie, legte sein Köpfchen an ihr Köpfchen und sprach ruhig auf sie ein; in schönen Mondnächten mussten die Tiere nicht im Stall bleiben, sondern durften sich im Freien aufhalten.

Der Zwerg war liebevoll zu den gutmütigen Schafen, er behandelte sie wie kleine Kinder – er hegte und pflegte sie. Und sie entwickelten sich zu den prächtigsten Tieren im ganzen Umkreis. Die Bauern brauchten keinen Viehhüter mehr auf die Weide zu entsenden. Da fragten die Leute ihn: „Was willst du für deinen Hütedienst?"

Aber das Waldmännlein wollte für seine aufopfernde Arbeit nichts. Die Bauern in Abtei strengten sich in ihren Überlegungen sehr an, womit sie dem Zwerg eine Freude bereiten könnten. Irgendwann bemerkten sie, dass seine Kleidung ganz abgeschabt und teilweise ausgefranst war. Deshalb beschlossen sie, ihm ein neues Röcklein nähen zu lassen, weil sie Angst hatten, dass der Salvang im Winter frieren müsse. Sie ließen ein rotes, warmes Röcklein nähen, hängten es an die Tür eines Schafstalles, versteckten sich aber und lauerten, weil sie wissen wollten, wie das Männlein reagiert, wenn es das neue Röckchen vorfindet.

Am Abend kam der Zwerg zu diesem Stall, sah das Röckchen, freute sich riesig und probierte es gleich an. Aber auf einmal schien alle Freude von ihm gewichen zu sein; er streifte das Röcklein ab und fing an zu schluchzen und unter Tränen presste er hervor: „Nie und nimmer kann ich ein rotes Röckchen tragen. Wäre das Kleidchen weiß oder schwarz, so wie meine lieben Schäflein, dann hätte ich mich gefreut."

Todunglücklich und bitterlich weinend stapfte der Salvang in den dunklen Wald und nimmer ließ er sich blicken.

Auch die Bauern waren traurig: Zum einen hatten sie ja nur dem Zwerg eine Freude machen und ihm ihre Dankbarkeit zeigen wollen. zum anderen mussten sie sich ab sofort wieder selbst um ihre Tiere kümmern. –

Der Plaieswald liegt auf dem Weg von Abtei nach St. Vigil in Enneberg, in den Ladiner Bergen. Diesen Wald, der als nicht geheuer galt, musste einst ein Landrichter, weil er sich verspätet hatte, noch in der Nacht durchqueren. Er schritt tüchtig aus, um das unheimliche Gehölz schnell hinter sich zu haben. Plötzlich hörte er liebliche Melodien und all seine Bangnis war verschwunden. Er folgte dem Klang der Musik und sah mitten im Forst einen Prunkbau. Zunächst vorsichtig trat er näher und blickte durch die hell erleuchteten Fenster. Rasch erkannte er, dass die Waldmännchen eine Hochzeit feiern. Ein Orchester – es waren schwarze Katzen – sorgte für die teils liebliche, teils schmissige Musik, zu der sich ausgelassen und fröhlich viele Zwergenpaare im Tanz drehten. Andere Wichtel waren zuständig für das Auftragen der Speisen und Getränke. Es herrschte ein emsiges Gewurl und Gewusel.

In seiner Neugierde ließ der Wanderer schon bald alle Überlegtheit außer Acht, und es konnte gar nicht ausbleiben, er wurde von den kleinen Leuten bemerkt. Ehe er überhaupt reagieren konnte, wurde er von einer ganzen Horde Zwerge angegriffen. Auch die Katzen eilten noch zu Hilfe, und er wurde übelst zugerichtet. Plötzlich hatte der Spuk ein Ende, und es war vollkommen ruhig um ihn. Als er wieder einigermaßen zu sich kam, stellte er erschreckt fest, dass er sich auf der Spitze des Paitlerkofels befand – dorthin war er nämlich von dem Zwergenvölkchen entrückt worden – und nicht mehr im Plaieswald.

Erst in der Morgendämmerung wagte er unter argen Schmerzen und aus vielen Wunden blutend – eine andere Möglichkeit hatte er nicht – den pfadlosen und gefährlichen Abstieg durch steiles, ausgewaschenes Felsengelände.

Der Richter selbst ging nachts nie mehr durch den verrufenen Plaieswald und er warnte auch seine Freunde eindringlich davor.

Der Venediger und der Bauer von Ras

Zum Raser Bergbauern bei Enneberg, in den Ladiner Bergen, kam jedes Jahr im Sommer an Sommersonnenwende ein kleines gebücktes Männlein, das man wegen seiner ärmlichen Kleidung für ein Bettelmännchen hielt, und bat um ein Nachtlager, was auch gerne gewährt wurde.

An diesem Tag war es in jener Gegend üblich „Schuxen" zu backen, das ist ein in Schmalz ausgebackener Hefeteig. Das Gebäck ist oval, innen hohl und sehr resch. Dieses setzte man dem Männchen als Abendmahlzeit vor, und es durfte sich auch immer so viel es wollte als Reiseproviant mitnehmen. Am nächsten Tag befüllte der Zwerg ein Säckchen am Hofbrunnen mit abgelagertem Sand, bedankte sich bei den Leuten und zog über die Sennesalm weiter in Richtung Heimat. Das ging viele Jahre so fort. Auf einmal aber blieb das Männchen aus. Alle waren traurig, denn die Bauersleute hatten es lieb gewonnen.

Aufgrund von Geschäften musste der Bauer manches Mal über Land gehen. Und so traf es sich, dass er einmal in Venedig zu tun hatte. Als er dort ankam, sah er sich in der Stadt um, bewunderte die Auslagen der Goldschmiede und dachte, dass er gerne seiner Frau etwas von dem herrlichen Schmuck mit nach Hause brächte. Aber traurig musste er feststellen, dass selbst für ihn, einen Großbauern, die Schmuckstücke unerschwinglich waren.

Er kam zu einem Laden, der auf noch mehr Reichtum seines Besitzers vermuten ließ. Wie der Bauer so im träumenden Betrachten der Geschmeide und Kostbarkeiten versunken war, wurde im Oberstock ein Fenster geöffnet und jemand rief seinen Namen. Erstaunt blickte er nach oben, und der Rufer bedeutete ihm das Haus zu betreten. Als er den Palast betrat, eilten sofort zwei Bedienstete, deren Kleider mit Silberfäden durchwirkt waren, herbei, behandelten ihn voll Ehrfurcht und brachten ihn in die oberen Gemächer, die mit Gold, Silber und Edelsteinen ausgestattet waren. Dann schritt der Hausherr, der aufrecht ging und kostbarst gekleidet war, hocherfreut auf den Gast zu und gab sich als das Männchen, das immer am Tag der Sommersonnenwende nach Ras gekommen war, zu erkennen.

Der Bauer kam aus dem Staunen nicht mehr heraus und glaubte zu träumen; es dauerte noch einige Zeit, bis er begriff. Der noble Herr sagte: „All den Reichtum verdanke ich deinem Hofbrunnen und der Sennesalm. Der Sand, den ich aus deinem Brunnen mitgenommen habe, war Goldsand. Und auf der Sennesalm hab ich eine Goldader gefunden. Jetzt ist mein Vermögen so angewachsen, dass ich die mühsame Wanderung nach Ras nicht mehr nötig habe. Aber du und das ganze Dorf, ihr könnt zu großem Reichtum und Ansehen kommen, wenn ihr die Schätze abbaut und verkauft."

Der Bauer wurde zu einem Festmahl eingeladen. Anschließend wurde er verabschiedet, aber zuvor durfte er noch aus dem wertvollen Schmuck für seine Frau besonders erlesene Stücke aussuchen; sogar das goldene Besteck, mit dem er gegessen hatte, schenkte ihm der Gastgeber.

Nachdem der Bauer seine Geschäfte, deretwegen er nach Venedig gereist war, erfolgreich zu Ende gebracht hatte, kehrte er glücklich nach Hause zurück.

Der betrügerische Wirt

Der Kuntersberg erhebt sich an einer wildromantischen Schlucht im mittleren Eisacktal im Südtirol. Dort ist eine Wirtschaft angesiedelt. Und obwohl der Wirt als Weinpanscher bekannt war und die Beschwerden darüber immer mehr wurden, kehrten doch viele Leute bei ihm ein.

Eines Tages kam als Gast ein Nörggele, das wie ein einfacher Bauernknecht gekleidet war. Da dem Norgg die Weinpanscherei bekannt war, bestellte er Wein, machte aber den Zusatz „vom Guten".

Irgendwie hatte der Wirt ein ungutes Gefühl; „vom Guten" bestellten Herren und Hofbauern, aber nicht einfaches Gesinde. Als ihn der Wirt genau beäugte, wiederholte das Männchen „vom Gu-

ten". Um die Stimmung des Gastes zu heben, mischte er Schnaps in den Weinkrug. Aber der Zwerg merkte dies, stand auf, schaute den Wirt durchdringend mit funkelnden Augen an und rief:
„Feuer und Wasser machen nicht Wein.
Schenk doch den echten Leitacher ein!"
Ehe das Nörggele das Gasthaus verließ, zeigte es von der Tür aus noch auf die Weinberge und sagte:
„Auf deinem Weingut – nächstes Jahr –
wächst nur mehr trübe wassrige War'!"
Im nächsten Jahr, und auch in den darauffolgenden, wuchsen an den Hängen immer prächtige Trauben, die zu Wein verarbeitet wurden. Allerdings, wenn der Wirt einem Gast von diesem Wein vorsetzte, verwandelte er sich sofort in Wasser; Wein, den er kostenlos kredenzte, blieb auch köstlicher Wein. Dass dies für den Geschäftsmann nicht gut ausgehen konnte, war klar. Der Fluch des Zwerges trieb den betrügerischen Wirt in den Ruin.

Die Trostburg im Eissacktal
Zeichnung von Johanna von Isser-Großrubatscher um 1825

Die Salige bei Andrian

Die freundlichen Saligen, schöne, feenhafte Jungfrauen, wohnten einst im Höllental bei Andrian in Südtirol nahe Bozen. Eine von ihnen nahm bei einem Bauern ihren Dienst auf. Sie hatte sich nicht als Salige zu erkennen gegeben und bat ihre Arbeitgeber, sie nie nach ihrem Namen zu fragen oder irgendwelche Nachforschungen anzustellen. Fleißig tat sie ihren Dienst und der Bauer war glücklich solch eine umsichtige Magd zu beschäftigen.

In diesem Tal hausten auch Nörggelen. Sie lebten meist in Unfrieden mit den Saligen und versuchten ihnen das Leben schwer zu machen. Ein besonders boshaftes Nörggele wollte jene Magd ärgern und quälen. Als der Bauer eines Tages müde aus seinem Wald, in dem er ein paar Bäume gefällt hatte, nach Hause ging, stellte sich ihm der Zwerg in den Weg und sagte: „Waldmann, Waldmann, sag deiner Giraginggele, s'Hörele sei g'storbe!"

Daraufhin überbrachte der Bauer die Botschaft und sagte so ganz nebenher zu seiner Magd: „Jetzt wissen wir endlich wie du heißt – Giraginggele!"

Die Salige weinte bitterlich, lief zur Tür hinaus und wurde nie mehr gesehen.

Das Nörggele im Siebeneicher Wald

Nahe der Ortschaft Siebeneich im Bozener Umland liegt der Siebeneicher Wald. Durch ihn schlängelt sich der Margarethenbach. Die Ruine des Margarethenkirchleins ist heute noch zu sehen. Der Wald gilt als nicht geheuer, und die Leute munkelten gar viel von grausamen Geschehen an Fuhrleuten und Wanderern; sie sprachen von kopflosen Gestalten, von aus den Schluchten Steine schmetternden Riesen, von auf den Wegen liegenden gigantischen kugelartigen Wesen, von bösartigen aber auch freundlichen vorbeihuschenden kleinen Wesen, von weinenden und wehklagenden Stimmen.

Auf seinem Weg von Bozen nach Meran musste ein Fuhrmann den Siebeneicher Wald passieren. Es war Nacht – ein Donnerstag. Als er den Pferden eine kurze Pause gönnte, sah er im Wald ein Feuer, in dessen Nähe sich viele kleine Männlein und Weiblein aufhielten. Direkt am Feuer saßen zwei besonders kleine Wesen, die Büschelchen in der Hand hatten und damit in der Glut herumrührten. Der Fuhrmann näherte sich den Zwergen und fragte, ob er sich zu ihnen ans Feuer setzen dürfe. Diese gewährten ihm die Bitte, und er fühlte sich so wohl in der Gesellschaft dieser kleinen Wesen, dass er um ein Zweiglein bat. Ein winziges Männlein schenkte ihm eines und sagte:

„Wenn es dir nur nicht zu schwer wird!" Dankend befestigte der Fuhrmann das Sträußchen an seinem Hut und setzte den Weg fort.

Je weiter er sich entfernte, umso schwerer wurde der Hut. Am Morgen erreichte er Bozen. Er steuerte sofort den Gasthof an, in dem er immer Einkehr hielt. Nachdem er sich bemerkbar gemacht hatte, kam sogleich der Hausknecht angelaufen; er starrte den Fuhrmann an und sagte: „Tonl, heut hast du einen sakrischen Buschen auf dei'm Hut!"

Tonl nahm den Hut ab und staunte. Der Buschen war pures Gold! In gemütlicher Runde spendierte der Fuhrmann in seiner Freude manches Krügl Wein und berichtete den wissbegierigen Leuten was sich im Siebeneicher Wald zugetragen hatte. Immer wieder zog es den Fuhrmann fortan in den Siebeneicher Wald; aber es war ihm nicht beschieden nochmals den Zwergen zu begegnen.

Das fleißige Nörggele

Nördlich von Bozen, in Afing, lebte einmal bei einem Bauern ein freundliches Nörggele. Es war nicht nur fleißig, es stand auch dem Hausherrn mit seinem Rat zur Seite. Besonders nachts arbeitete das Männlein und hielt das Werkzeug instand; alle landwirtschaftlichen

Geräte polierte es auf Hochglanz und standen parat wenn sie gebraucht wurden. Weithin hörte man es die Hackmesser, Beile und Äxte schleifen, es besserte die Wege aus und hielt sie frei von wuchernden Sträuchern und Ästen, die Fuhrwerke waren immer fahrbereit.

Das Männlein allein arbeitete mehr als viele Knechte zusammen. Die Bauersleute wollten dem guten Hausgeist eine Freude machen. Und als wieder einmal der Schneider auf die Stör kam, ließen sie dem Zwerg ein warmes Gewand aus Loden fertigen, denn der Winter stand vor der Tür und das alte Kleidungsstück war schon arg abgetragen.

Am Abend ging der Bauer in den Stadel, wo das Nörggele einem Rechen gerade fehlende Zähne einsetzte, und brachte ihm das warme Winterkleidchen. Traurig blickte das Männlein den Bauern an, nahm das neue Gewand an sich, verließ den Stadel, drehte sich aber noch einmal um, betrachtete das Gehöft, in dem es so glücklich gewesen war, und rief betrübt:

„Jetzt muss ich fort
von diesem Ort.
Lebt wohl für immer!
Ich komme nimmer."

Und es ward nie mehr gesehen in der Gegend.

Die vergraulte Willeweis im Eggental

Wenn morgens die Bäuerin vom Geigerhof auf Kar im Eggental bei Bozen, einer Einöde nahe Welschnhofen, in die Küche kam, um ihr Tagwerk zu beginnen, saß beim Herd bewegungslos und stumm ein kleines graues Weiblein. Obwohl diese Zwergin, in dem Gebiet Willeweis genannt, niemandem etwas zuleide tat, hatten die Hofbewohner doch eine gewisse Angst vor ihr. Man wollte sie unbedingt los werden und die Bauersleute hatten schon einiges versucht – aber vergeblich.

Als wieder einmal ein Kapuzinerpater, der um Gaben für den Orden und die Armen bat, auf den Hof kam, ersuchte man ihn um Hilfe. Aus seiner Erfahrung heraus meinte er, man solle nachts Eier aufschlagen und die Schalen auf dem nicht befeuerten Herd mit der Öffnung nach oben aufstellen.

Die Bäuerin fand nach langer Überlegung, dass dies schon einen Versuch wert sei.

Als die Zwergin am frühen Morgen in die Küche kam und die große Zahl an aufgestellten Eierschalen sah, murmelte sie urplötzlich:

„Ich bin ein alter Narr
und gedenk' in Kar
neunmal Wies und neunmal Wald,
das Reiterjoch ein' Goldwurzel,
die Geplengger Lammer ein Messerkling',
die Rotwand ein' Kinderhand,
den Schlern als ein' Nusskern –
aber so viele Hafelen auf ein' Herd
hab ich meiner Lebtag noch nicht gesehn!"

Daraufhin verließ sie kopfschüttelnd das Haus und kehrte auch nie mehr zurück.

Die Kastelruther Nörggelen

Man erzählt, dass die Nörggelen vom Schlern vom Bergwerk in Kastelruth bis Fleims einen unterirdischen Gang gegraben haben. Die Eingangsöffnung soll noch erhalten sein. Früher sahen die Leute die Nörggelen durch dieses Loch hinein- und hinauswitschen.

Man hatte sich schon an sie gewöhnt. Sie taten niemandem etwas zuleide und führten ihr eigenes Leben. Aber plötzlich waren sie verschwunden, niemand weiß, warum.

Bozen mit Schlern – Zeichnung u. Litho von A. Podesta um 1836

König Laurin

König Laurin herrschte in Südtirol über ein Zwergenvolk im Rosengartenmassiv und residierte im Innern des Berges in einem unterirdischen Palast aus Bergkristall, der mit Gold, Silber und Edelsteinen ausgeschmückt war. Vor dem Eingang zu diesen Gemächern befand sich ein Garten mit den edelsten Rosen. Um diesen Garten spannte sich ein goldener Seidenfaden. Wäre es jemandem in den Sinn gekommen, eine der wohlriechenden Rosen zu pflücken oder den Faden zu zerstören, so wäre ihm dies sehr schlecht bekommen. Jeder wusste, dass König Laurin den Übeltäter mit dem Abhacken der linken Hand und des rechten Fußes bestraft. Die Kraft von zwölf Männern gab ihm ein Zaubergürtel, und das Überstülpen einer Tarnkappe machte ihn und sein Ross sowie alles was er in Händen hielt, unsichtbar; sein Panzer war mit Drachenblut gehärtet, was ihm zusätzliche Kräfte verlieh. Trotz Reichtum, Macht und Stärke vermisste er eine Gemahlin.

Der König an der Etsch fand es an der Zeit, seine schöne Tochter Similde standesgemäß zu verheiraten. Er kündigte eine Maifahrt an und unter den Freiern wollte er einen Gemahl für seine Tochter auswählen. Im ganzen Land waren zahlreiche Boten des Königs unterwegs, um die Einladungen den infrage kommenden Adligen zu überbringen.

Auch König Laurin wollte um Similde werben; aber er wartete vergeblich – er erhielt keine Einladung. Darüber war der Zwergenkönig sehr verärgert und er beschloss unbemerkt an dem Fest teilzunehmen, was für ihn nicht schwierig war, da er eine Tarnkappe besaß.

Vor dem Schloss des Königs an der Etsch befand sich ein Turnierplatz. Dort fanden die Wettkämpfe der adligen Freier statt. Jener, der als Endsieger aus den Kampfspielen hervorgeht, sollte Similde zur Frau bekommen.

Eine ganze Woche schon dauerten die Kämpfe bis sich nur noch zwei Ritter im Kampf messen mussten: Es waren Hartwig, dessen Schild eine Lilie zierte, und Wittich, der eine Schlange im Wappen hatte. Von morgens bis abends dauerte der Wettstreit. Aufmerksam verfolgte auch Similde die Kämpfe.

Während des gesamten Turniers hatte Laurin das junge Mädchen beobachtet und er fand an der anmutigen Königstochter so großen Gefallen, dass er sie unbedingt zur Ehefrau wollte und beschloss, sie zu rauben.

Plötzlich ein gellender Schrei, den nur Similde ausgestoßen haben konnte! Sie war nicht mehr auf ihrem Platz. Das Turnier wurde unterbrochen. Sofort suchte man nach ihr, aber sie war unauffindbar. Man beratschlagte und sehr bald war man sich einig, dass das Mädchen entführt worden sein musste, und der Verdacht für diese schändliche Tat fiel auf Laurin. Durch die vergebliche Suche war viel kostbare Zeit vergangen.

Hartwig und Wittich beschlossen die Königstochter zurückzuholen. Ihnen war bewusst, dass dies sehr schwierig war, weil Laurin im Besitz des Zaubergürtels und der Tarnkappe war; auch stand ihm eine ganze Armee von Zwergen zur Verfügung.

Den beiden Recken schlossen sich Dietrich von Bern (Anmerkung 19) mit seinem getreuen Waffenmeister Hildebrand, dessen

Neffe Wolfhart, der Däne Dietleib und noch andere edle Kämpfer an. Der besonnene Hildebrand warnte Dietrich inständig vor den Gefahren, in die sie sich begäben. Aber Dietrich war ein Abenteurer und ließ sich nicht abhalten.

Sie ritten zur Felsenburg Laurins. Bei ihrer Ankunft waren sie überwältigt von dem auf dem Anger angelegten Rosengarten. Eine solche Üppigkeit von Rosen und diesen betörenden Duft dazu, so etwas hatten sie noch nie erlebt! Geschützt war der Garten von dem goldenen Seidenfaden. Obwohl die Recken vereinbart hatten, den Faden nicht zu zerstören und mit König Laurin zunächst friedlich zu verhandeln wegen der Herausgabe von Similde, war Wittich plötzlich von einer Ruhelosigkeit erfasst, dass er wie von Sinnen vorstürmte, den feinen Seidenfaden zerstörte und eine Vielzahl herrlicher Rosen zertrampelte.

Es dauerte nicht lange, da sahen die Helden auf einem kleinen Schimmel – nicht größer als eine Geiß – einen bärtigen Zwerg heranpreschen; sein goldener Panzer und sein kurzes Schwert waren mit Edelsteinen besetzt und über dem Helm trug er eine funkelnde Krone.

Voller Wut brüllte Laurin den Rittern entgegen, ob sie nicht wüssten, dass sein Rosengarten nicht betreten werden dürfte und zugleich forderte er die linke Hand und den rechten Fuß des Übeltäters. Während Wittich den Zwerg noch verspottete, hatte dieser ihn auch schon durch die Kraft seines Zaubergürtels überwältigt und wollte ihm die Glieder zur Sühne abschlagen. Dietrich griff sofort ein, und es entspann sich ein erbitterter Zweikampf zwischen den Königen Dietrich und Laurin, und es zeichnete sich immer mehr ab, dass der Zwergenkönig den Sieg davontragen würde.

Als Dietrich vom Schwert des Zwerges so schwer am Kopf getroffen wurde, dass er zu Boden sank, sich aber wieder hochrappeln konnte, schrie Hildebrand: „Pack ihn am Gürtel und zerreiß diesen!"

Aber blitzschnell hatte sich Laurin seine Tarnkappe übergestülpt und war somit unsichtbar; deshalb traf Dietrich jeder Hieb Laurins. Und wieder hatte Hildebrand eine rettende Idee! Er rief: „Dietrich von Bern! Achte auf die Bewegungen der Grashalme. Nur so kannst du sehen, wo Laurin sich gerade aufhält!"

Dietrich schenkte seine Aufmerksamkeit dem Gras. Dadurch gelang es ihm tatsächlich den Zwerg um die Taille zu packen und ihm den Gürtel zu zerbrechen, dessen Teile Hildebrand an sich nahm. Jetzt war es nicht mehr schwer, Laurin die Tarnkappe herunterzureißen. Nachdem der Zwergenkönig nicht mehr über magische Kräfte verfügte, war er schnell bezwungen. Dietrich brüllte: „Elender Zwerg! Jetzt sollst du büßen! Ich schlage dir Hand und Fuß ab."

Laurin heulte und winselte, die ganze Zwergenschar wimmerte und jammerte. Dietrich holte zum Schlag aus, aber ehe er sein Vorhaben in die Tat umsetzen konnte, öffnete sich ein bislang unsichtbares Tor im Felsen, und Similde trat mit einer großen Anzahl von Dienerinnen heraus. Sie bat um Gnade für den Zwergenkönig, weil er ihr nichts zuleide getan hatte und es ihr an nichts mangelte. Daraufhin schonte Dietrich den Zwerg; allerdings musste dieser schwören, künftig niemals mehr die Waffen gegen den Berner zu erheben. Sie besiegelten die Versöhnung mit Handschlag und Laurin lud alle zu einem Gastmahl in sein unterirdisches Schloss im Felsen.

Die Ritter beratschlagten, ob sie die Einladung annehmen sollten; Wittich hatte große Bedenken und meinte: „Der Zwerg ist hinterlistig und trickreich! Sicher lockt er uns in eine Falle!"

Der Waffenmeister aber vertrat die Ansicht, dass es nicht rühmlich wäre die Einladung abzulehnen. Der Berner sagte: „Wir wollen auf Gott vertrauen und Laurin in den Berg folgen. Außerdem möchte ich die legendären Schätze sehen, die im Fels gehortet sind."

Hildebrand wandte sich nochmals an den Zwerg und forderte ihn auf, Treue zu geloben, kündigte ihm aber zugleich an, dass es ihm bei einem Treuebruch elend ergehen werde; Laurin beteuerte, dass sie ihm trauen dürften. Dann betraten sie den Berg und hinter ihnen schloss sich das Tor. Sie kamen zu einer großen Halle; an deren Wänden standen goldene Bänke und alles war mit Karfunkelsteinen hell erleuchtet. Auf Marmortischen waren köstliche Speisen angerichtet; die Zwerge wuselten hin und her, um die Gäste zu bewirten und erfreuten sie mit Tänzen und Singspielen. Es war ein fröhliches, ausgelassenes Gelage. Immer wieder ließ Laurin die Kannen mit Wein füllen, aber zuletzt setzte er dem Wein einen Schlaftrunk bei. Es kam wie von Laurin beabsichtigt: Die Gäste schliefen ein.

Eine ganze Armee von Zwergen überfiel die edlen Ritter, beraubte sie ihrer Waffen, legte sie in Ketten und brachte sie in ein Verlies. Als die Helden wieder zu sich kamen, waren sie entsetzt und fassungslos über den Verrat! Der Berner kam derart in Wut, dass er übermenschliche Kräfte entwickelte, die Ketten sprengte und seine Begleiter aus ihrer misslichen Lage befreite. Dann warfen sie sich gegen die schwere verschlossene Tür, überwältigten die heraneilenden Zwerge und stürmten Laurins Gemach.

Währenddessen eilte Hartwig zu Similde und brachte sie zu seinen Gefährten. Der Berner wollte eben Laurin töten, aber das Mädchen rief: „Halt ein! Wenn du ihn tötest, sind wir im Berg gefangen. Nur er ist in der Lage das Tor mit einem Zauberspruch zu öffnen!"

Unter dem Druck von Folterdrohungen öffnete er das Tor und winselte um sein Leben. Und tatsächlich kamen die Recken überein den erbärmlichen Wicht nicht zu töten. Der Berner und seine tapferen Gefährten fesselten Laurin und sie beschlossen, dass er nach Bern (Verona) gebracht werden sollte, um dort bis zum Ende seines Lebens für den schändlichen Verrat zu büßen. Als Laurin bewusst wurde, dass er sich in sein Schicksal fügen musste und es keinen Ausweg mehr gab, verwünschte er in abgrundtiefem Hassgefühl seinen Rosengarten. Niemand sollte seine Rosen mehr sehen – weder bei Tag noch bei Nacht! Und wo einst die herrlichen, betörend duftenden Rosen wuchsen, befinden sich jetzt blanke Felsen.

In seinem ganzen Kummer und Unglück, das er selbst verschuldet hatte, dachte er bei seinem Fluch nur an hellen Tag und schwarze Nacht. Aber es gibt noch Zeiten dazwischen, die der Dämmerung, die hatte er vergessen. Wenn da die Sonnenstrahlen auf jene verwunschenen Felsen fallen, so leuchten diese auf, so, dass man meinen möchte, es handle sich um blühende Rosen. So lebt die Erinnerung an den Zwergenkönig Laurin fort.

Währenddessen ritt Hartwig mit Similde zum Schloss ihres Vaters. Der König an der Etsch war überglücklich, dass er seine Tochter wohlbehalten in die Arme schließen konnte. Er bemerkte auch sofort, dass Hartwig und Similde großen Gefallen aneinander hatten, und er fand, dass Hartwig der richtige Schwiegersohn ist. Alle waren froh und zufrieden, und es wurde eine große, standesgemäße Hochzeit gefeiert.

Das Reiterjoch und die Venediger

In einem aufgelassenen Bergwerk im Schlerngebiet, am Reiterjoch bei Obereggen, lebten Venediger mit ihren Schätzen – Gold und Edelsteinen. Nur in der Johannisnacht erstrahlte, für alle Menschen sichtbar, der Eingang zum geheimnisvollen Berg. Viele wollten die Schätze sehen oder auch etwas davon haben, aber es gelang niemandem bis zum Einlass vorzudringen.
Zwei besonders mutige Bauern aus Welschnhofen erstiegen den Berg, gewahrten den Eingang und betraten die Höhle. Nach wenigen Metern fanden sie mitten auf dem Weg einen Totenkopf. Aus einer Laune heraus setzte ihm einer der Männer seinen Hut auf. Und er hatte gut getan! Denn die Bewohner des Berges hielten den Totenkopf mit Hut für einen Eindringling und beschossen ihn. Irgendwann hatten die Venediger genug von der Ballerei und die beiden Freunde verließen ihr Versteck und drangen weiter in die Höhle vor. Sie kamen zu einem großen Saal, der nur so von Gold und Silber erstrahlte. Auf einer Seite sahen sie ein goldenes Kegelspiel. Gerne hätten sie eine der Kugeln zur Erinnerung mitgenommen, was aber unmöglich war, weil zwei riesige, schwarze Hunde, die sie mit blutrünstigen Augen anstarrten, die Kegelstatt bewachten. Zugleich entlud sich ein gewaltiges Gewitter, der Berg erbebte, und die beiden Welschnhofener stürmten, voller Furcht und Grauen und nach Luft ringend zum Ausgang.

Nach dem Verlassen der Höhle befanden sie sich in ruhiger sternklarer Nacht. Schaudernd gingen sie zurück zu ihren Höfen.

Der Bucklige und die Zwerge

In einem abgelegenen Gebirgsdorf im Trentino, wo genau, das weiß heute niemand mehr, lebte einst ein Bauer, der nur einen kleinen Hof auf ein wenig kargem, steinigem Boden sein eigen nennen konnte. Obwohl er morgens immer schon vor Anbruch des Tages auf den Beinen war und bis tief in die Nacht hinein fleißig werkte, kam er doch auf keinen grünen Zeig und blieb ein armer Schlucker.

Das hätte ihn nicht weiter bekümmert, denn er scheute die Arbeit nicht und war ein genügsamer Mensch, der keine Ansprüche stellte. Was ihm aber das Leben so verbitterte, dass er manchmal meinte, es nicht länger ertragen zu können, war sein Buckel. Dieser unförmige Höcker auf seinem Rücken, der ihm angeboren war, verunstaltete ihn dermaßen, dass überall, wo er sich blicken ließ, die Leute mit Fingern auf ihn zeigten und ungezogene Kinder hinter ihm her rannten und Spottverse sangen. Bald ging er kaum noch aus und mied die Menschen, obwohl er sich sehr einsam fühlte und eigentlich gerne Gesellschaft gehabt hätte.

Seinem Nachbarn aber, dessen Besitz unmittelbar neben dem seinen lag, konnte er nicht ausweichen und musste sich oft dessen Spott gefallen lassen. Dieser vermögende Bauer, dem weitum das ganze Land gehörte, war wie viele, die mit irdischen Gütern ohnehin schon überreich bedacht sind, hinter dem Geld her wie der Teufel hinter der armen Seele. Er hatte keinerlei Mitgefühl für andere, denen es nicht so gut ging wie ihm. So verlachte und verhöhnte er denn auch den Buckligen wann immer er ihn traf und tat ihm damit viel Leid an. Es kam so weit, dass der arme Bauer nur noch bei Dunkelheit ausging, damit ihn nur ja keiner sehen und verspotten konnte.

An einem schönen Vollmondabend – von der Dorfkirche her klang gerade das Gebetläuten herüber – schlich der Bucklige scheu über sein steiniges Feld zum Waldrand hinüber, um dort im Schutz der Dunkelheit ein wenig Erholung nach den Mühen des Tages zu finden. Da vernahm er plötzlich lustiges Stimmengewirr und feinen Gesang, die mitten aus dem Wald zu kommen schienen.

„Was ist denn da los?" dachte er verwundert. „Feiern etwa die jungen Leute vom Dorf hier oben ein Fest? Das will ich doch sehen!"

Vorsichtig, um nur ja nicht entdeckt zu werden, näherte er sich der Stelle, von welcher der fröhliche Lärm zu ihm drang. Er gelangte zu einer Lichtung im Wald, die vom Mondlicht hell erleuchtet war. Dort tanzte vergnügt eine Menge Zwerge herum. Wie kleine Kinder hielten sie sich an den Händen gefasst und sangen dabei unentwegt die gleichen Worte:

"Montag, Dienstag, Mittwoch,
Montag, Dienstag, Mittwoch!"

Das sah so lustig aus, und die kleinen Wichte waren so fröhlich, dass der Bucklige unbedingt mitmachen wollte und seine sonstige Scheu verlor. Er kam aus dem Gebüsch hervor, hinter dem er sich verborgen gehalten hatte. Als die Zwerge bei seinem Anblick überrascht im Tanzen und Singen innehielten, fragte er freundlich:

Aus Sagen von Ludwig Bechstein: S. 334 – v. A. Ehrhardt

"Warum singt ihr denn immer nur ‚Montag, Dienstag, Mittwoch' und fangt dann wieder von vorne an? Viel schöner ist es doch, wenn ihr singt:

‚Montag, Dienstag, Mittwoch,
Donnerstag und Freitag noch!'
Das ist ein schöner Reim!"

"Hurra", jubelten da die Zwerge und warfen vergnügt ihre Zipfelmützen in die Höhe, "du hast recht, das ist viel schöner!"

Sogleich zogen sie ihn in ihren Kreis, tanzten weiter und sangen nun voller Begeisterung dazu:

"Montag, Dienstag, Mittwoch,
Donnerstag und Freitag noch!"

Und es machte allen, vor allem aber dem Buckligen, der sonst nie mit anderen tanzen durfte, großen Spaß. Als der Mond schon hoch am Himmel stand, verschnauften sich die Zwerge ein wenig. Der größte der Zwerge aber, der ihr Anführer und König war, trat zu dem Bauern und sagte:

„Mit dem Reim, den du uns gelehrt hast, hast du uns viel Freude gemacht. Darum wollen wir dir auch eine Freude machen. Wir wissen, wie sehr ihr Menschen irdische Besitztümer schätzt. Wir wollen dir deshalb zeigen, wo in den Bergen Gold und Silber versteckt sind. Das kannst du dir dann holen und wirst reicher sein, wie alle anderen."

„Ich habe genug zum Leben", antwortete der Bauer bescheiden, „ich brauche Gold und Silber nicht. Ihr habt mich schon dadurch glücklich gemacht, dass ihr mich mit euch habt tanzen lassen. Und", fügte er traurig hinzu, „meinen größten Wunsch könnt ihr mir ja doch nicht erfüllen. Aber habt Dank für euern guten Willen!"

„Was ist denn dein größter Wunsch?" fragten da die Zwerge.

„Ach, wenn ich doch nur meinen Buckel los wäre!" seufzte der Bauer, und beim Gedanken an seine Verunstaltung fiel alle Freude von ihm ab. Doch kaum hatte er das gesagt, da packten ihn die Zwerge mit starken Händen und mit Kräften, die er nie in ihnen vermutet hätte. Wie einen Kartoffelsack warf ihn ein Zwerg dem anderen zu, der ihn jeweils lachend auffing und zum nächsten weiterwarf. So ging das eine Weile, bis der Bauer ganz schwindlig war, reihum.

„So, jetzt ist es genug", rief plötzlich der Zwergenkönig und half dem verdutzten Bauern beim Aufstehen. „Nun schau dich an!" befahl er schmunzelnd und führte ihn zu einem kleinen Tümpel, dessen glatte Oberfläche im Mondlicht wie ein Spiegel wirkte. Da bemerkte der Bauer, als er darin sein Bild betrachtete, dass der lästige Höcker auf seinem Rücken verschwunden war. Ungläubig staunend tastete er seine Glieder ab, aber sie waren so kerzengerade, wie es die Wasseroberfläche gezeigt hatte, es war kein Trugbild gewesen. Erst konnte er sein Glück kaum fassen, dann sprang er jubelnd in die Höhe, schlug Purzelbäume und freute sich so unbändig, dass die Zwerge davon angesteckt wurden und ebenso übermütig wie er über die Wiese purzelten. Als alle genug davon hatten, dankte der

Bauer seinen Wohltätern überschwänglich und eilte dann, immer wieder laut aufjauchzend, in großen Sprüngen nach Hause.

Am nächsten Tag ging er stolz ins Dorf hinunter. Alle, die ihn sahen, verwunderten sich über seine gerade Gestalt und wollten wissen, wie er dazu gekommen war. Er aber erzählte nichts. Nur der reiche Nachbar, der ihn stets am meisten wegen seines Buckels gehänselt hatte, ließ ihm keine Ruhe und fragte immer und immer wieder, wie das denn zugegangen wäre, dass er den Höcker losgeworden, bis er es ihm endlich sagte.

„Das hast du gut gemacht", erklärte der Reiche scheinheilig, als er die ganze Geschichte gehört hatte. In Wirklichkeit aber dachte er:

„Das ist doch ein rechter Tölpel, so viel Gold und Silber einfach abzulehnen, nur um den Buckel loszuwerden! Wäre er reich gewesen, hätte ihn niemand mehr damit ausgelacht, und er hätte sich ein leichtes Leben ohne Arbeit machen können! Ich will auch mein Glück bei den Zwergen versuchen, aber ich werde nicht so dumm sein!"

Er wartete voller Ungeduld, bis es wieder Vollmond war und die Zeit des Gebetläutens am Abend. Dann begab er sich zu der Stelle im Wald, die ihm der Arme bezeichnet hatte. Und siehe da, schon von weitem vernahm er den fröhlichen Gesang der Zwerge:

„Montag, Dienstag, Mittwoch,
Donnerstag und Freitag noch!"

„Etwas Blöderes habe ich wahrhaftig lange nicht gehört", murrte er missvergnügt und schüttelte den Kopf, „und für so einen dummen Spruch wollten die Zwerge eine derart reiche Belohnung geben! Die haben die Weisheit auch nicht mit Löffeln gefressen!"

Er trat aus dem Gebüsch heraus und rief laut und gebieterisch, wie er es gewohnt war:

„Hört mal her, Zwerge!"

Verdutzt hielten die Wichte in ihrem fröhlichen Tun inne und schauten den Bauern an.

„Der Reim da, den ihr immer singt, der ist noch nicht fertig. Ich weiß einen schönen Schluss!" erklärte er.

„Dann sag' ihn uns", baten die Zwerge.

„Nur, wenn ich dafür eine Belohnung bekomme!" erwiderte der Bauer fordernd. Und als die Zwerge dies versprochen hatten, teilte er ihnen den Spruch, den er sich schon zu Hause ausgedacht hatte, mit:
>„Montag, Dienstag, Mittwoch,
>Donnerstag und Freitag noch,
>nehmt den Samstag auch dazu,
>am Sonntag geht die Welt zur Ruh!"

„Ja, das gefällt uns sehr", bestätigten die Zwerge, klatschten vergnügt in die Hände und tanzten dann gleich weiter, wobei sie den neuen Reim dazu sangen.

„Halt, so haben wir nicht gewettet!" schrie da der Bauer erbost, der geglaubt hatte, sie würden ihn sofort zu den Gold- und Silbervorkommen im Berg führen. Er hatte eigens dafür schon einen großen Sack mitgebracht. „Hört auf mit dem albernen Herumgehüpfe! Ich will meine Belohnung! Sofort! Schließlich habe ich euch einen besonders schönen Reim gemacht!"

„Nur Geduld", beruhigte ihn der Zwergenkönig, „du sollst deine Belohnung schon bekommen! Was willst du denn haben?"

Nun schämte sich der Reiche doch ein wenig, dass er so grob gewesen war. „Wenn ich bescheiden tue, dann geben sie mir vielleicht mehr", überlegte er listig und sagte daher, seiner Stimme mühsam einen freundlichen Klang gebend:

„Ach, ich will nur das, was mein Nachbar nicht haben wollte!" Denn der hatte Gold und Silber ja abgelehnt.

Da sahen sich die Zwerge an, packten den Bauern und warfen ihn ebenso wie vorher den Armen wie einen Kartoffelsack von einem zum anderen, bis er ganz schwindlig war. Dann ließen sie ihn zu Boden plumpsen und verschwanden. Der Bauer rappelte sich mühsam auf und blickte sogleich zu seinem Sack, um zu sehen, ob er voll Gold und Silber sei. Doch der war so leer und schlaff wie zuvor. Da entdeckte der Reiche zu seinem Schrecken, dass er auf dem Rücken einen großen Buckel hatte, denn er konnte sich nicht ganz aufrichten. Nun kam ihm erst richtig zum Bewusstsein, was geschehen war.

„Halt", schrie er mit überschnappender Stimme entsetzt auf, „das habe ich nicht gemeint, als ich sagte, ich wolle das, was mein Nachbar nicht gewollt habe! Ich meinte doch Gold und Silber!"

Laut aufschluchzend lief er durch den Wald und suchte die Zwerge, dass sie das Ganze rückgängig machen sollten. Aber so laut er auch schrie, so verzweifelt er auch suchte, er konnte sie nicht finden. Und sie ließen sich auch nie mehr in dieser Gegend blicken, auch nicht bei Vollmond und Gebetläuten. So musste der Reiche den Buckel seiner Lebtag lang behalten. (Anmerkung 28)

Das unheimliche Sperkmandl

Das Valle dei Möcheni im Trentino wird von den Einheimischen deutsch „Fersental" genannt, weil es sich hier um eine deutsche Sprachinsel handelt, in der bis auf den heutigen Tag ein bajuwarischer Dialekt gesprochen wird, den die Leute, die sich im Mittelalter hier angesiedelt hatten, mitgebracht hatten. In der dortigen Aobis-Grube graben die Menschen schon seit Jahrhunderten nach kostbaren Erzen. Es ist eine harte Arbeit, bei der niemand ein unnötiges Wort verschwendet, weil sie so anstrengend ist.

Eines Tages klopften die Bergleute wie immer unermüdlich mit ihren Hämmern die Stollenwände ab, um die wertvollen Metalle am Klang zu erkennen und so zu finden. Plötzlich erklang ein helles: „Glück auf!"

Erstaunt blickten die Männer auf und sahen im Schein ihrer Lampen einen Zwerg aus den Tiefen des Berges näherkommen. Seine Augen funkelten wie glühende Kohlen. Er war ganz in Rot gekleidet, sowohl Schuhe, Strumpfhose und Wams wie auch sein Hut hatten diese Farbe. Das Bemerkenswerteste an ihm aber war sein schlohweißer Bart, der so lang war, dass er ihn dreimal um den Körper gewickelt trug, damit er ihn nicht am Boden hinter sich herschleifen musste.

Die Bergleute wussten wohl, wen sie da vor sich hatten. Es war das unheimliche „Sperkmandl", der Herr des Berges, der ihnen

Glück oder Unglück bringen konnte, wie es ihm gerade gefiel. Er wusste um alle Schätze im Berg und hütete sie eifersüchtig. Es war sehr gefährlich, ihm zu begegnen. Die Bergleute mussten sein Verhalten genau beobachten und jederzeit zur Flucht bereit sein, sonst konnte es ihnen das Leben kosten. Wenn der Zwerg, so hatten es die Alten überliefert, sich freundlich verhielt, dann hatten sie nichts zu befürchten, im Gegenteil, es konnte geschehen, dass er ihnen eine neue Erzader oder sogar Schätze im Berg zeigte. Wenn er aber zornig mit seinem Hammer an die Holzbalken der Stollen schlug, dann war höchste Gefahr im Verzug, denn dann würden diese kurze Zeit später zusammenbrechen und alle, die sich darin befanden, unter sich begraben.

Zögernd, weil sie nicht wussten, was geschehen würde, ob er zornig war, weil sie in sein Reich eingedrungen waren, oder ob er ihnen gut gesinnt war, antworteten sie erst nach einer Weile mit dem alten Bergmannsgruss: „Glück auf!"

Der Zwerg trat noch näher und hielt ihnen seine Lampe entgegen, in der kein Öl mehr war. Da gab jeder der Bergleute – einer nach dem anderen, bis auf den letzten Mann – ein wenig von seinem eigenen Öl ab, so viel, dass er selbst noch genug übrig hatte, um aus der Dunkelheit wieder ans Tageslicht zurückzufinden. Als die Lampe des Zwerges ganz gefüllt war und wieder hell aufleuchtete, nickte dieser dankend mit dem Kopf und entfernte sich wieder hinunter in die Tiefen des Berges, aus denen er gekommen war.

Wie versteinert standen die Arbeiter da und wagten nicht sich zu bewegen. Alle hielten den Atem an und versuchten keinerlei Geräusch von sich zu geben, um nur ja nicht das gefürchtete Klopfen zu überhören, das sie zu schleunigster Flucht veranlassen würde. Lange schon waren die Schritte des Zwerges verklungen und noch immer wagten sie nicht sich zu bewegen, bis endlich der Vorarbeiter meinte:

„Ich glaube für diesmal ist die Gefahr vorüber, wir haben Glück gehabt, und der Zwerg zürnt uns nicht. Lasst und weitermachen."

Da atmeten alle erleichtert auf, weil sie dem Tod entronnen waren, und setzten ihre schwere Arbeit fort.

Der boshafte Zwerg in Pens im Sarntal

Lang ist es her, da wohnten Örggelen – so werden die Zwerge dort genannt – in Pens im Sarntal in Südtirol. Es gibt noch alte Leute dort, die sich an sie erinnern.

Eines dieser Örggelen machte sich beim Heiß im Hause sesshaft. Aber leider war es ein besonders boshaftes Örggele, und die Leute hatten sehr unter ihm zu leiden. Man wusste, dass es im Keller schlief, hörte es auf der Stiege gehen, aber es hielt sich immer so verborgen, dass es niemand zu Gesicht bekam.

Wenn die Hausbewohner bereits schliefen, schlich es sich in die Schlafkammern und schlug ihnen gegen die Beine oder zwickte sie. Die Leute erschraken heftig und dann schimpften sie. Aber genau das war es, woran das Örggele seine Freude hatte; es lachte dann so schrill, dass es den Leuten durch Mark und Bein ging. Ansonsten gab es keinen Laut von sich – es war kirchenstill. Alle Versuche, den Quälgeist zu vertreiben, schlugen fehl.

Zu jenen Zeiten war es noch üblich, dass sogenannte „Fechtpatres", das sind Bettelmönche verschiedener Orden, in regelmäßigen Zeitabständen – meist zweimal im Jahr – über Land von Haus zu Haus gingen, um Geld zu erbitten.

Beim Heiß war der Pater immer zum Mittagstisch eingeladen. Die Hofleute klagten dem Geistlichen ihr Leid und fragten ihn, ob er ihnen in ihrer Not helfen könne. Daraufhin gab er ihnen einen geweihten Gegenstand, den sie weisungsgemäß auf die Treppe legten. Als der Zwerg die Stiege hinaufstapfte, tat es plötzlich ein polternd krachendes Geräusch; dann war Totenstille. Ab diesem Zeitpunkt hatten die Leute beim Heiß ihre Ruhe.

Als der Pater auf seiner Tour wieder beim Heiß Station machte, wurde er freudig empfangen und man zeigte sich ihm gegenüber sehr dankbar und spendierfreudig.

Der Goldschatz in den Safnerwänden

Unweit seines Hofes hütete der Sefnerbauer aus dem Sarntal seine zwei Kühe. Er war arm aber rechtschaffen. Voll Sorge dachte er an seine Familie, an die Frau und seine zehn Kinder, die kaum satt zu kriegen waren. In seiner Bedrängnis sagte er so vor sich hin: „Wenn ich nur einmal einen Goldklumpen finden tät, dann hätt' die Not ein Ende."

Da hörte er hinter sich eine Stimme. Erschreckt drehte er sich um und vor ihm stand ein kleines Männchen, ein Nörggele. Es sagte, dass dies gar nicht schwer wäre und meinte:

„Gold finden kannst Du! Und zwar in einer großen Menge. Seit Urzeiten lagert in den Safnerwänden dieses edle Metall. Alles ist dein Eigen; aber zuvor musst du eine Aufgabe erfüllen. Es ist nicht ganz leicht, und du brauchst Mut! Höre! Komm bei Dunkelheit hier zu diesem Ort.

Wenn vom Kirchturm in Wangen die Uhr die Mitternacht verkündet, schneide aus dieser Haselnussstaude einen kräftigen Stecken heraus. Dann geh' diesen Pfad den Berg hinauf bis du eine Öffnung findest. Betrete furchtlos diese Höhle und entfache ein kleines Feuerchen. Von diesem werden Schlangen angelockt. Jede musst du mit dem Haselstock erschlagen. Wenn die weiße Schlange kommt, und das ist die böseste von allen – sie wird versuchen dich zischend und fauchend anzuspringen – weißt du, dass keine mehr nach ihr auftaucht.

Es muss dir unbedingt gelingen sie zu töten! Dann tut sich der Fels auf, und du hast Zutritt zur Schatzkammer. Alles gehört Dir! Mit diesem Lohn will ich dir meine Dankbarkeit erweisen, denn du hast mich dann erlöst."

Gewissenhaft befolgte der Bauer die Anweisungen. Eine Schlange nach der anderen erschlug er mit seinem Haselstock, der aber dabei immer kürzer wurde. Als jäh die große weiße Schlange fauchend auf ihn zufegte, bekam er solche Angst, weil er meinte, er könnte mit dem Reststückchen Stock die Bestie nicht bezwingen; er lief so schnell er konnte davon.

Er hörte nur noch hinter sich eine weinende Stimme: „Oh weh! Oh weh! Alles umsonst, alles umsonst! Jetzt muss ich wieder 100 Jahre warten auf meine Erlösung." Zugleich fiel die Höhle mit der Schatzkammer in sich zusammen.

Burg Zenoberg - Zeichnung v. J. von Isser-Großrubatscher, 1818

Zwergensagen aus Meran und Umgebung

In Gratsch, oberhalb Meran, wohnte ein Zwergenvolk. Gegenüber auf Schloss Tirol hausten gottlose Riesen, die den Wichteln das Leben schwer machten. Es geht die Mär, dass diese Zwerge die als ältest bekannte Kirche in der dortigen Gegend, St. Peter, erbaut haben. Das kleine Volk baute emsig an dem Kirchlein, aber immer wenn der Dachstuhl am nächsten Tag aufzurichten war, zerstörten die Riesen den Bau. Die Zwerge waren darüber sehr traurig und sie wussten sich keinen Rat mehr. Und nach langer sorgenvoller Zeit hatten sie eine Idee, die sie in die Tat umsetzten.

Als es wieder einmal so weit war, dass der Dachstuhl am nächsten Tag aufgesetzt werden sollte, machten sie nicht Feierabend sondern werkelten die ganze Nacht hindurch. Und siehe da – am Morgen war das Kirchlein fertig!

Als die Riesen – wie üblich – johlend ihre großen Steine hinüberwerfen wollten, um den Rohbau zu vernichten, bemerkten sie, dass der Dachstuhl bereits auf der Kirche war. Jetzt besaßen sie keine Macht mehr über das Gotteshaus, denn dem fertigen Kirchlein konnten sie nichts mehr anhaben. Das Zwergenvolk fühlte sich glückselig, dass es endlich seine eigene Kirche hatte. –

In einer anderen Geschichte geht es um einen bösen Zwerg:

Der Koflerbauer auf dem Marlinger Berg in der Meraner Gegend hatte eine fleißige, brave Dienstmagd, auf die es ein besonders heimtückischer Zwerg abgesehen hatte. Er quälte sie, indem er auf sie einschlug oder so an ihren Zöpfen zog, dass sie meinte, er reiße sie ihr schier vom Kopf. Aber alle Versuche, das Nörggele loszuwerden, schlugen fehl. Nach drei Jahren Dienst beim Kofler war für sie das Leben dort unerträglich geworden. Es kam ihr ein Gedanke! Sie glaubte, dass das Nörggele an den Hof gebunden sei und von dort nicht weg könnte. Deshalb sagte sie dem Bauern ihren Dienst auf und verdingte sich woanders, jenseits des Tales. Als der bösartige Zwerg dessen gewahr wurde, sang er:

„I geh mit mein' Hüder und Gezüder mit dir übers Tal hinüber!"

Und tatsächlich, er verließ mit ihr den Hof. Obwohl dem Kofler die unglückliche Magd leid tat, so war er doch froh darüber den Kobold los zu sein. Wer kann ihm dies verdenken? –

Auf ihren Wanderungen auf die Mut, nördlich von Meran, trafen die Leute früher oftmals auf ein altes Männlein, dessen Haare und Kleider von eisgrauer Farbe waren. Es war stets freundlich und tat niemandem etwas zuleide und wurde nur „Mutspitznörggele" genannt. Bei klarem Wetter bestieg es häufig den Berg, und wenn es sich auf dessen Gipfel befand, dann jauchzte es und sang mit rauer Kehle:

„Ich bin so grau, ich bin so alt
und denk die Mut
dreimal als Wies', dreimal als Wald!"

Schon seit längerer Zeit ist der Zwerg aber nicht mehr gesehen worden. –

Auf einer Bergweide in der Meraner Gegend hütete ein Hirte seine Tiere. Plötzlich hörte er ein Wehklagen. Sofort erkannte er, dass sich jemand in Not befand und er ging in die Richtung, aus der das Wimmern kam. Zwischen Felsen eingeklemmt sah er ein Nörggele, das sich offensichtlich nicht selbst aus seiner argen Lage befreien konnte. So sehr der Hirte sich auch abmühte, den Zwerg zu bergen, es gelang ihm nicht. Da er ein gutes Herz hatte, stellte er dem kleinen Wesen ein Töpfchen mit frisch gemolkener Milch hin, damit es nicht Hunger leide.

Nachdem der Hirte weg war, kroch das Nörggele aus der Felsspalte, denn er hatte sich absichtlich in die vermeintlich ausweglose Lage gebracht; es wollte nämlich prüfen, ob von den Menschen Hilfe zu erwarten wäre, wenn es wirklich einmal in Not käme.

Am nächsten Tag ging der Hirte zu der Felsstelle, um dem armen Wicht wieder Milch zu geben, und um erneut zu versuchen, ihn zu befreien. Wie staunte der Bursche, als er das Nörggele nicht mehr vorfand; aber das Milchschüsselchen war gefüllt mit Silbergeld. Der Hirte freute sich sehr darüber. Aber dann erwachte in ihm die Gier!

Am nächsten Tag ging der Hirte mit seinem Schüsselchen, gefüllt mit Milch, wieder zur Felsspalte und stellte es ab. Er erwartete, dass der Zwerg dankbar für die Milch wäre, und er dafür erneut mit Silbergeld entlohnt würde. Voller Freude ging er am nächsten Tag zum Schüsselchen – aber es war gefüllt mit Blut.

Der Zwerg zeigte sich nicht mehr.

Das listige und das traurige Nörggele

Vernuer liegt nördlich von Meran. Dort war die Stuberbäuerin zu Hause, die als geizig und schofel verschrien war. Die Dienstboten mussten hart arbeiten, aber an gutem, nahrhaftem Essen mangelte es ihnen. Eines Tages mussten die Knechte und Mägde wieder einmal Mist aufs Feld tragen und ihn dort verteilen. Als Brotzeit sollten sie eine sauer gewordene Milch erhalten.

Ein braves Nörggele, das Quartier auf dem Stuberhof bezogen hatte und den Menschen gut gesinnt war, hatte solches Mitleid mit dem rechtschaffenen Gesinde, dass es ein „Geißgagele" (harter Ziegenkot) an einem Faden befestigte und in jenen Baum hängte, unter dem die Leute ihre wohlverdiente Jause hielten, deren Zeitdauer eh sehr kurz bemessen war.

Wie erwartet, setzte sich das Gesinde unter diesen Baum um die Schüssel, in der die verdorbene Milch war. Nun zog das Männchen unbemerkt an dem Faden und das „Geißgagele" fiel in die Schüssel. Jetzt war die saure Milch auch noch verschmutzt, sodass sie total ungenießbar war.

Selbst die hartherzige Bäuerin sah ein, dass die Dienstboten etwas zu essen brauchten; so musste sie zähneknirschend eine andere Milch bringen, und zwar eine gute, frische, wohlschmeckende, da eine minderwertige nicht mehr vorhanden war.

Noch lange Zeit brauchte die Bäuerin, bis sie in ihrem Geiz den Verlust der Milch verkraftete. –

Der Teisn, Bauer auf einem Einödhof im Ultental, südlich von Meran, ehelichte eine hübsch anzuschauende Zwergin, obwohl sie ihm sagte, dass er nie nach ihrem Namen fragen dürfe. Die Eheleute lebten mit ihren Kindern viele Jahre glücklich und zufrieden, und das hätte auch immer so sein können, wäre nicht...

Wie die namenlose Zwergin wieder einmal Unkraut in ihrem Hausgärtchen zupfte, kam eine andere vorbei und sagte lautstark: „Oh mei Traudl, dir fressen die Würmer dein Kraut!"

Das hörte zufällig der Ehemann und kurze Zeit später sprach er seine Frau mit „Traudl" an. Darauf fing die Zwergin an zu weinen, denn jetzt musste sie die Familie verlassen. Schluchzend ging sie zur Tür hinaus.

Es wurde berichtet, dass sie manchmal nachts ins Haus schlich und nach ihren Kindern schaute.

Blick ins Etschtal nach Süden – Zeichnung v. A. Podesta um 1840

Die Nörggelen im Passeier Tal

Ein braves, den Menschen wohlgesonnenes Nörggele hauste in der Mühle zu Saltnus im Passeier Tal, das zwischen Meran und Timmelsjoch liegt. Dort mahlte es über Nacht das Korn, das die Bauern tagsüber angeliefert hatten, zu feinstem Mehl. Auch andere in solch einem Haus anfallende Arbeiten verrichtete es. Wenn es einmal keine Arbeit hatte, so erheiterte es die Knechte und Mägde. Der fleißige und gutmütige Zwerg war bei allen beliebt.

Da das Zwerglein für seine Arbeit nichts annehmen wollte, überlegte der Bauer, wie er ihm eine Freude machen könnte. Nachdem die Kleidung des Kleinen schon mehr als abgetragen war, beschloss er, ihm ein neues Röcklein nähen zu lassen. Das hübsche Gewand legte er in der Mühle auf einen Kornsack. Als das Nörggele das neue Kleidchen sah, freute es sich keineswegs! Nein, es lamentierte und weinte herzzerreißend und sagte dabei: „Jetzt muss i mit mein Gehüder und Gezüder lei ins Ötztal hinüber."

Es ließ alles liegen und stehen und verließ noch in der gleichen Nacht den Ort, an dem es sich so wohlgefühlt hatte. –

Ein arg böses Nörggele wohnte beim zauberischen, tosenden See auf Askeles im Passeier Tal. Mit Hilfe dieses Sees konnte das Wetter beeinflusst werden; wurde ein schwarzer Stein hineingeworfen, gab es Regen, ein weißer Stein erzeugte Hagel.

Als eines Abends eine Sennerin das Vieh vom See zur Hütte hinauftreiben wollte, stand urplötzlich das Nörggele vor ihr, fiel sie an und wollte sie erdrücken. In ihrer Not rief sie um Hilfe. Das hörte der Senner einer nahegelegenen Alm, der rasch zur Stelle war. Der Norgg sah sofort, dass der Senner ihm kräftemäßig überlegen war. Deshalb ließ er sogleich das Mädchen los und sprang in den See.

Alle Versuche, das gefährliche Wesen loszuwerden, schlugen fehl; es wurde noch bösartiger. Die Leute beratschlagten und kamen letztendlich doch zu einem Schluss; sie gingen zum See und riefen: „Nörggele! Hör uns an! Was können wir dir anbieten, dass du uns endlich in Ruhe lässt?" Nach kurzer Zeit, die den Wartenden fast wie eine halbe Ewigkeit schien, forderte der Zwerg: „Bringt mir einen schwarzen Stier, der sieben Jahre lang gemästet wurde!"

Die Dorfbewohner taten in ihrer Not wie ihnen befohlen, brachten den Stier nach Askeles hinauf und hatten ab diesem Zeitpunkt ihren Frieden. Weder das Nörggele noch der Stier wurden jemals wieder gesehen. –

Ein Zwerg, mit in den Hosentaschen vergrabenen Händchen, kam oft zu den Sennern auf der Innerstalm im Passeier Tal und schaute ihnen bei der Arbeit zu. Nie sprach er ein Wort, und die Leute hatten sich an das stille Wesen gewöhnt und ließen es gewähren. Da sie selbst untereinander sehr wortkarg waren, redeten sie nie mit ihm.

Als der Bergsommer zu Ende war, und die Almer im Herbst, ehe der erste Schneefall zu erwarten war, zu Tal zogen, schaute sie das kleine Männlein sehr betrübt an und sagte mit weinerlicher Stimme:

„Hattet ös mi öppes g'fragt,
hatt i enk öppes g'sagt.
I hatt mehr Schmolz aus'm Kaaswasser g'macht
als ös aus'm Rahm aussergebracht."

(Hättet ihr mich etwas gefragt,
hätt' ich euch etwas gesagt.
Ich hätte mehr Butter aus der Molke gemacht
als ihr aus dem Rahm herausgebracht hättet.)

Als die Leute im nächsten und auch in den darauffolgenden Jahren auf die Alm zogen, war das Nörggele nicht mehr da. –

Am Schneeberg bei St. Martin im Passeier Tal wurden schon Anfang des 15. Jahrhunderts ergiebige Erzgruben eröffnet. Dort war eine Alm, die von einer Magd bewirtschaftet wurde. Hier lebte auch ein Nörggele, das der Sennerin sehr freundlich gesinnt war. Es half ihr bei allen anfallenden Arbeiten und dafür erhielt der Zwerg täglich ein Schälchen von der köstlichen, frisch gemolkenen, nahrhaften Almmilch.

Warum es dazu kam, weiß man nicht: Jedenfalls stellte die Dirn eine mit Wasser versetzte Milch dem Nörggele auf die Schwelle. Dieses war ob einer solchen Undankbarkeit, ja Boshaftigkeit, dermaßen erzürnt, dass es mit der minderwertigen Milch in die Kammer der Magd eilte und sie damit überschüttete. Da entstanden auf ihrer Haut überall große schwarze Tupfen, die sich nicht mehr entfernen ließen. Die Haut war so gefleckt, dass sie an die Fellzeichnung eines Leoparden erinnerte. Deshalb wurde sie fortan als „Norggenpardel" bezeichnet. Sie blieb ihr Lebtag einschichtig, denn sie war so unansehnlich, dass sie keiner zur Frau wollte. Das ganze Leben haderte sie mit ihrem Schicksal und war todunglücklich. –

Den Menschen nicht besonders freundlich gesinnte Nörggelen trieben ihr Unwesen auf einer landschaftlich besonders schön gelegenen Alm bei Pens im Passeiertal, am Jochübergang. Wild lärmend stiegen sie nachts in die Häuser ein, warfen alles durcheinander und brachten die Bewohner, die tagsüber hart gearbeitet hatten, um ihren wohlverdienten Schlaf. Man bemühte sich, diese üblen Zwerge – in dieser Gegend Harmelen genannt – loszuwerden, aber vergebens.

Als sie wieder einmal ganz arg ihren Unfug trieben, gelang es einem Senner sie zu verscheuchen. War hier eine Beschwörungsformel im Spiel, die ihnen einen weiteren Verbleib verleidete? Man hat es nie erfahren. Jedenfalls formierten sich ganz plötzlich die zahlreichen Zwerge paarweise zu einem Treck; zurückkehrten sie nimmer.

Allerdings wurde kurz darauf das schöne Almgelände zu einer Steinwüste. Es geht die Mär, dass die Harmelen aus Rache die Bergweide verflucht haben.

Zwergensagen aus dem Vintschgau

Oft stand auf der Latscher Brücke im Vintschgau in Südtirol zwischen Naturns und Schlanders eine kleine, dickbäuchige Gestalt. Wegen des feuerroten Leibchens war das Nörggele weithin zu sehen. Es war stets freundlich zu den Leuten wenn sie über die Brücke gingen, sagte aber immer nur „husch, husch, husch".

Gerne hätten die Leute das putzige Zwerglein auf den Arm genommen; wenn sie sich bückten, um den Wicht aufzuheben, meinten sie zuerst etwas Weiches zu berühren, aber ihre Hände blieben leer, und das Nörggele war verschwunden. –

Einem Bauern auf dem Sonnenberg bei Schlanders war ein Nörggele ganz besonders gut gesinnt. Jedes Jahr im Herbst – mal früher, mal später – kam es, ging in den Geräteschuppen, holte die Egge hervor und unter Aufwendung all seiner Kräfte brachte es diese aufs Feld. Jedes Jahr eggte und säte der Bauer nur dann, wenn das Nörggele ihm bedeutete, dass es die richtige Zeit dafür ist. Der Bauer hatte immer reiche Ernten.

In einem Jahr ließ der Norgg auf sich warten. Der Bauer wurde schon ganz ungeduldig. Die Nachbarn hatten längst ihre Felder bestellt, ja das Saatgut keimte bereits. Da meinte der Sonnenberger, dass in diesem Jahr der Zwerg nicht käme und dachte traurig, dass ihm ein Unglück zugestoßen sei. Er beschloss zu handeln. Er ging mit der Egge aufs Feld und pflanzte an.

Kurze Zeit danach kam das Nörggele und erkannte sogleich, dass das Feld schon bewirtschaftet war. Darüber war es sehr ungehalten und machte dem Bauern bittere Vorwürfe, weil er nicht gewartet hatte. Der Sonnenberger versuchte dem Zwerg den Grund für sein

Handeln zu erklären. Aber der wurde nur noch ärgerlicher. Dann sagte er noch, dass im nächsten Jahr seine Ernte gering ausfallen werde, die Nachbarn aber einen totalen Ernteausfall hätten. Und so geschah es auch.

Das Nörggele kehrte nie mehr beim Sonnenberger ein. –

Eine ähnliche Sage wie vom Eggental bei Bozen (vgl. S. 144) wird auch im Vintschgau erzählt:

Nahe Laas im Vintschgau liegt das Dorf Tarnell. Ein Männlein mit struppigem Bart kam immer wieder auf einen der dortigen Höfe, stapfte in die Küche, hielt seine klammen Händchen über die heiße Herdplatte und sprach dabei: „Husch, husch, kalt, kalt." Diese Worte sagte es immer wieder, sonst nichts.

Die Bauersleute hatten nichts gegen diesen merkwürdigen Gast, sie vergönnten ihm von Herzen den warmen Platz am Ofen; aber der Wicht hatte eine solch üble Ausdünstung und hinterließ einen so bestialischen Gestank, dass sie seine Anwesenheit nicht mehr ertragen konnten. Sie sannen darauf, das kleine Männchen zu vertreiben, aber wie, das war die Frage.

Viele Ratschläge erhielt die Bäuerin, die aber zu nichts führten; endlich war ein brauchbarer darunter!

Die Bäuerin schürte nicht ein, bestreute die Herdplatte dick mit Asche und stellte darin eine Unmenge nach oben offene Eierschalen auf. Als das Männchen wieder kam, schaute es erstaunt und ungläubig auf die vielen Eierschalen, rieb sich aber trotzdem seine Händchen über dem kalten Ofen und sprach leise dazu:

> „Husch, husch, kalt, kalt!
> I denk jetz an den Tarneller Wald.
> Neunmal jung und neunmal alt.
> Obr dös han i nou nia 'it g'heart:
> Sou viele Hafelen af uen Herd!"
> (Aber das habe ich noch nie gehört:
> So viele Töpfchen auf einem Herd!)

Daraufhin entfernte sich in gebückter Haltung, traurig, immer wieder sein Köpfchen schüttelnd, der Zwerg und ward nicht mehr gesehen.

Schlanders im Vintschgau – Zeichnung von A. Podesta um 1840

Das überlistete Nörggele

In Planeil im Vintschgau lebte eine rechtschaffene Familie auf ihrem kleinen Bauernhof. Ein besonders heimtückisches Nörggele hatte es darauf abgesehen, diese fleißige Familie fortwährend zu foppen und zu drangsalieren. Es war mit seinen dreißig Zentimetern Körpergröße eher klein, aber sehr dickleibig. Ein grünes Jäckchen und eine ebenso grüne Hose spannten um seinen Wanst.

Wann immer der Kobold Lust hatte, schlich er unbemerkt in die Küche, sprang auf die Fensterbank und stieß einen markdurchdringenden, gellenden Juchzer aus. Die Bäuerin – obwohl sie es über die Zeit hätte gewohnt sein können – schreckte jedes Mal dermaßen zusammen, dass sie das, was sie in der Hand hielt, fallen ließ. Wenn sie am Herd arbeitete, stieß sie vor Schreck die Töpfe mit den Speisen um und deren Inhalt ergoss sich zischend und dampfend über Herdplatte und Boden. Dann war die Freude des Wichts riesengroß, er lachte klirrend, und noch ehe die Bäuerin sich von ihrem Schrecken erholen konnte, hopste der Kobold in affenartiger Behändigkeit vom Fenstersims und verließ eiligst das Haus. Bei der geplagten Familie gab es dann – wie so oft – ein karges Mahl, da das ausgegossene Essen fehlte.

Alle Versuche, den bösartigen Zwerg loszuwerden, schlugen fehl. Die Hausfrau war am Ende ihrer Nervenkraft. Nach vielem Umhören und Ausprobieren von guten Ratschlägen, die aber alle nichts brachten, stieß man auf eine in einem anderen Tal wohnende, weise Frau. Da sie schon für viele schlimme Probleme eine Lösung hatte und den Leuten aus Notlagen half, wurde sie aufgesucht und um Hilfe gebeten.

Sie riet der verzweifelten Familie eine kräftige Mausefalle, wie man sie für größere Mausarten verwendet, mit einem schönen geräucherten Speck zu bestücken und auf das Fensterbrett zu legen. Sie meinte nämlich, der feiste Zwerg könne dem wohlriechenden Fleischstück nicht widerstehen und dann schnappe die Falle zu. Allerdings dürfte im Herd kein Feuer brennen und im Haus müsste es kirchenstill sein – und so geschah es auch.

Der boshafte Zwerg erschien, machte sich – wie erwartet – gierig über den Speck her und schwups schlug die Falle zu! Er schrie und in seiner grenzenlosen Wut stieß er arge Beschimpfungen aus. Die Bauersleute eilten herbei. Der Schlagbügel der Falle hatte den Wicht so eingeklemmt, dass er bereits nach kurzer Zeit unter Luftmangel litt. Als ihm die Luft zum Atmen immer knapper wurde und alles Zerren und Reißen nichts half, erkannte er schließlich, dass er hilflos war und sich nicht selbst befreien konnte. Daraufhin verlegte er sich aufs Schluchzen und Betteln, man möge ihn doch aus seiner Notlage befreien.

Aber die Hofleute erinnerten sich nur allzu gut an die vorangegangenen Qualen sowie alles was damit verbunden war und hatten keinerlei Mitleid mit ihm. Sie schüchterten ihn zusätzlich ein und kündigten an, einen extra schweren Stein auf ihn zu legen, um ihn noch mehr einzuquetschen und obendrein mit glühenden Zangen zu martern, wenn er nicht gelobe für immer aus diesem Gehöft zu verschwinden.

Zwischenzeitlich wurde der Herd angeschürt und schön sichtbar eine Zange daneben gelegt. Nachdem seine Atemnot immer mehr zunahm und die Aussicht auf zusätzliche Marter ihn erschauern ließ, versprach er dann doch, nach Luft japsend und zugleich zähneknirschend, was von ihm gefordert wurde. Nachdem er mehrmals sein Versprechen wiederholen musste, befreite ihn der Bauer aus der Falle, und das Nörggele schlich erschöpft und gebeugt mit schleppenden Schritten aus der Küche und vom Gehöft. Obwohl er so jämmerlich aussah, war es offensichtlich, dass er innerlich vor Wut bebte.

Er kehrte nie mehr zurück. Ob er an anderer Stelle sein Unwesen trieb, oder ein für alle Mal genug hatte, darüber ist nichts bekannt.

Der niederträchtige Grünstrümpfler

Der Grünstrümpfler, ein besonders niederträchtiges Nörggele, in dieser Gegend auch als Lorgg bezeichnet, war in der Umgebung von Graun und Haid – in der Nähe des Reschen im Vintschgau – zu Hause. Zu seinem Namen kam er, weil er immer grüne Strümpfe trug. Er verbreitete Furcht und Schrecken, und die Leute hatten große Angst vor ihm.

Seine Untaten waren weithin bekannt, und es kam immer wieder zu unliebsamen Begegnungen mit ihm: Wanderern sprang er auf den Rücken und entwickelte dabei ein solch extremes Gewicht, dass der ein oder andere zusammenbrach und sogar starb oder siech wurde. Er hechtete auf bergan fahrende Fuhrwerke, so dass es den Tieren schier unmöglich wurde weiterzukommen. Wenn er besonders übel gelaunt war, dann belegte er die armen Kreaturen mit einem Fluch und berührte sie; sofort wurden sie krank. Ob sie nach einiger Zeit wieder gesundeten, eingingen, oder ob man sie töten musste, um sie von ihrem Leiden zu erlösen, ist nicht bekannt. Sogar vor Kindern machte er nicht Halt!

Auf dem Mattleserkopf lebte ein Hirte, der die Geißen weidete. Gelegentlich spielte er auf seinem Alphorn. Wenn dann der Zwerg diese Töne hörte, fing er an zu beben und konnte während dieser Zeit keine schändlichen Taten ausüben. Aber der Hirte konnte immer nur kurze Zeit seinem Musizieren nachgehen. Warum der Viehhirte die Fähigkeit hatte, den elenden Kobold– wenn auch nur für die kurze Zeit während des Spiels – zu bannen, wusste niemand.

Die Zwerge am Knappaloch im Vintschgau

Nahe Taufers im Vintschgau wird im Volksmund ein kleiner bewaldeter Landstrich am Berg als „Knappaloch" bezeichnet. Vermutlich war hier einmal ein Bergwerk, das wegen Unrentabilität aufgelöst worden war.

Von der anstrengenden Holzarbeit ermattet, setzte sich ein Bauer ins Gras, um eine kurze Pause einzulegen. Dann wollte er wieder seiner schweren Arbeit nachgehen. Er dachte an seine Familie und da ganz besonders an seine Kinderschar, die er satt kriegen musste. Während der arme Bauer so seinen trüben Gedanken nachhing, stand plötzlich eine wunderschöne Frau vor ihm und sagte: „Ich kenne deinen Kummer. In der Umgebung gibt es einen Schatz. Zu diesem Gold und Silber weise ich dir den Weg und all deine Sorgen haben ein Ende; denn der Reichtum gehört dir! Vorher aber musst du eine Aufgabe erfüllen. Du musst dich eine halbe Stunde lang mucksmäuschenstill verhalten, darfst nicht reden und dich nicht von der Stelle bewegen. Dann komme ich wieder zu dir."

Der Bauer meinte, dass dies ganz einfach sei und er die Forderungen leicht erfüllen könne.

Als er schon einige Zeit stumm und bewegungslos dasaß, gewahrte er einen Zug von schwarz gekleideten kleinen Männlein; jeder dieser Zwerge schob einen Karren vor sich her. Sie hielten genau auf den Platz zu, auf dem der Bauer rastete. Nachdem er ein hilfsbereiter Mensch war, wollte er den Wichteln nicht im Weg sein, stand auf, ging zur Seite und sagte: „So jetzt fahrt wegen meiner!"

An das Versprechen, das er der Frau gegeben hatte, und an den damit verbundenen Reichtum dachte er nicht. Im selben Moment war von den kleinen Männlein nichts mehr zu sehen, und der Bauer blieb arm wie zuvor.

Die Eismandln am Niederjochferner

Auf dem Niederjochferner zwischen Nord- und Südtirol stand lange Zeit hindurch ein verwittertes Holzmarterl, auf dem ein Hirte, der in Bergnot geraten war, den Eismandln, die dort oben hausen sollen, für ihre Hilfe dankte. Von Vent im Ötztal aus war er einmal auf dem Weg hinüber ins Schnalstal oben auf der Passhöhe in einen besonders heftigen Schneesturm geraten. Es war ganz plötzlich eiskalt geworden, der Mann hatte wegen des Schneetreibens kaum die Hand vor den Augen sehen können, kam vom Weg ab und verirrte sich in dem steilen Gelände. Verzweifelt versuchte er, zurückzufinden. Aber es gelang ihm nicht. Er wurde immer müder und matter.

Obwohl er wusste, wie gefährlich das war, suchte er trotzdem in einer Felsnische Schutz und setzte sich dort auf einen Stein, um ein wenig zu rasten. Es kam, wie es kommen musste, die Augen fielen ihm zu und er schlief ein.

Er wäre unweigerlich erfroren, wenn ihn nicht ein paar Eismandl, die auf den umliegenden Felsspitzen hockten und sich am Schneetreiben freuten, gesehen hätten. Die kannten den Hirten als einen braven, fleißigen Mann. Darum wollten sie ihm helfen. Rasch sprangen sie von ihren Felsspitzen, liefen zu dem Hirten, zogen ihn aus dem Schnee, der ihm schon bis zu den Hüften ging, und schüttelten ihn so lange, bis er wieder aus seinem todbringenden Schlaf erwachte. Dann schleppten sie ihn aus der eisigen Höhe hinunter auf den Pfad zurück, zu einer Stelle, wo es nicht mehr weit ins Schnalstal war. Trotz seines geschwächten Zustandes konnte der Hirte die Eismandln später gut beschreiben:

Der Ötztaler Gletscher – Aquarell von Jakob Gauermann um 1819

Sie waren von zwergenhafter Gestalt, trugen über ihren schneeweißen Haaren spitz zulaufende Hüte mit verbeulten Krempen, die ihr Gesicht fast verbargen, und hatten lange schneeweiße Bärte, die bis zu den Füßen hinunterhingen. Ihre Augen von blaugrüner Farbe erinnerten an Eis, wie es aus der Tiefe von Gletscherspalten herausschimmert.

Der Gerettete lief, auf wundersame Weise zu neuen Kräften gekommen, in das nächste Dorf und erzählte dort den Leuten, was ihm zugestoßen war und wer ihm geholfen hatte. Aus Dankbarkeit errichtete er später an der Stelle am Niederjochferner, an der er fast erfroren wäre, das hölzerne Marterl, das jeden, der dort vorüberkam, an die gute Tat der Eismandln erinnern sollte. –

Aber es gibt auch andere Geschichten über die Eismandl, deren Weisungen niemand in den Wind schlagen soll.

Vor langer Zeit wanderten einige Bewohner des Schnalstales in Südtirol über das Niederjoch ins hintere Ötztal nach Nordtirol aus, weil es dort sehr große Waldbestände und fette Wiesen für ihre

Herden gab. Sie siedelten sich dort an, hielten aber noch immer die Verbindung zu ihren Verwandten im Schnalstal. So wanderten einmal die einen über das Niederjoch ins Ötztal, dann wieder die anderen von dort nach Südtirol.

Auf dem schönen Rofenhof in Vent im Ötztal starb einst dem Bauern mitten in der größten Arbeit während der Heuernte, eine Magd. Weil er im Dorf Vent niemand fand, der für sie einspringen konnte, schickte er seinen ältesten Sohn ins Schnalstal, um eine neue Magd anzuwerben. Er mahnte ihn, so schnell wie möglich zurückzukommen.

So machte sich der Bursche am nächsten Morgen schon ganz früh bei herrlichstem Sonnenschein auf den Weg über das Niederjoch, um das Schnalstal noch am gleichen Abend zu erreichen. Als er ganz oben war, schlug plötzlich das Wetter um und ein fürchterliches Unwetter ging nieder, wie es seit Menschengedenken keines mehr gegeben hatte. Pausenlos zischten grelle Blitze herab, gefolgt von ohrenbetäubenden Donnerschlägen. Als es dann auch noch eiskalt wurde und der Regen sintflutartig niederprasselte, drückte sich der junge Rofer in eine Felsnische und beschloss wieder umzukehren. Da stand auf einmal ein seltsames Männlein vor ihm, nicht größer als ein kleines Kind, aber uralt und mit einem so langen weißen Bart, dass er bis auf den Boden reichte.

„Das kann nur ein Eismandl sein!" dachte der Bursche, der schon viel von den kleinen Berggeistern gehört hatte.

Der Kleine blickte ihn durchdringend an und sagte dann:

„Hab' keine Angst, deinen Weg fortzusetzen. Es wird dir nichts geschehen. Wenn du immer treu und ehrlich bleibst, wird es dir gut gehen. Wenn du aber ein gegebenes Wort einmal brichst, werde ich es erfahren und meine Strafe wird furchtbar sein!"

Nachdem es so gesprochen hatte, war das Eismandl ebenso plötzlich wieder verschwunden, wie es gekommen war. Inzwischen hatte sich auch das Unwetter verzogen und der junge Mann konnte weitergehen.

Im Schnalstal wandte er sich an einen Freund seines Vaters, der dort geblieben war. Der nahm in freundlich in sein kleines Haus – er war nur ein armer Häusler, kein reicher Bauer – auf. Der Bursche brachte seine Bitte um Hilfe bei der Heuernte vor, und sein Gastgeber gab ihm seine älteste Tochter als neue Magd für den Rofenhof mit. Die jungen Leute machten sich gleich am nächsten Tag auf den Rückweg, denn sie wurden in Vent ja dringend gebraucht. Die beiden gefielen sich gegenseitig gut und verstanden sich auf der langen Heimwanderung immer besser. Schließlich gelobten sie sich, für immer beieinander zu bleiben. Hoch oben am Berg, dort, wo er dem Eismandl begegnet war, versprach der Sohn des reichen Roferbauern dem armen Häuslermädchen, es zu heiraten und immer zu lieben. Glücklich kehrten beide dann ins Ötztal zurück.

Die neue Magd arbeitete fleißig und treu und war bei allen sehr beliebt, auch beim alten Roferbauern. Der aber kam nicht mehr dazu, seinem Sohn zu sagen, wie froh er mit der Tochter seines Freundes als Schwiegertochter wäre, denn er starb eines Tages ganz plötzlich und völlig unvermutet.

Nun musste sich der junge Roferbauer wieder auf den Weg ins Schnalstal machen, um alle Verwandten und Freunde seines Vaters zu verständigen und zur Beerdigung einzuladen. Da traf er auch die schöne Tochter eines reichen Bauern, der entfernt mit ihm verwandt war. Diese gefiel ihm so gut – natürlich auch ihre ansehnliche Mitgift – dass er vergaß, was er der armen Magd versprochen hatte, und ihr einen Heiratsantrag machte. Gerne stimmte der Bauer zu und bald machte sich der Bursche auf den Rückweg zur Beerdigung.

Inzwischen hatte seine erste Braut voll banger Ahnungen sehnsüchtig auf seine Rückkehr gewartet. Als er so lange nicht kam, bat sie die Bäuerin um ein paar Tage Urlaub, um einmal ihren alten Vater besuchen zu können. Die Bäuerin gab der Bitte des fleißigen Mädchens nach, obwohl sie sich wunderte, dass dieses noch vor der Beerdigung heim wollte. Die Magd packte das Nötigste und machte sich sogleich auf den Weg, denn sie hatte Angst, dass ihrem Bräutigam etwas zugestoßen sein könnte, und wollte ihn suchen und ihm zu Hilfe eilen. Als sie gerade oben auf der Passhöhe angelangt war, begegnete ihr das junge Paar, das verliebt miteinander schäkerte.

Zutiefst erschrocken trat sie auf die beiden zu und erinnerte den jungen Bauern an sein Eheversprechen und wie glücklich sie doch beide gewesen seien. Der aber lachte nur spöttisch und sagte:

„Hast du im Ernst geglaubt, dass ich eine arme Magd, wie dich, heiraten würde? Du bist ja dümmer als dumm!"

Auch seine neue Braut verhöhnte das verlassene Mädchen. Kaum aber hatte er diese herzlosen Worte gesprochen, da tat es einen fürchterlichen Donnerschlag, der Berg schien in seinen Grundfesten zu erzittern. Eisige Kälte brach auf einmal herein und vor den drei erschrockenen Menschen tat sich plötzlich eine riesige Gletscherspalte auf, die den Jungbauern und seine neue Braut in die Tiefe stürzen ließ. Entsetzt zurückspringend konnte sich die Magd gerade noch retten. So also hatte das Eismandl das gebrochene Versprechen des jungen Bauern bestraft.

Die Magd aber kehrte, als sie einsehen musste, dass niemand den beiden in der Tiefe verschwundenen Menschen mehr helfen konnte, völlig verstört ins Tal zu ihrem Vater zurück. Aber auch sie konnte das Geschehene und den Verlust ihres Liebsten nicht überwinden. Das einst so fröhliche Mädchen war fortan immer traurig. Bald wurde es krank und überlebte den nächsten Winter nicht mehr.

Der Hüterbub und der Zwerg

Auf Gebirgssteigen am Achsel bei Hötting in Tirol wurde öfter ein Männlein mit schneeweißem, langem Bart gesehen. Schon bald redete man vom Höttinger Bergmandl. Dieser gute Berggeist war allen Menschen freundlich gesinnt, insbesondere den Buben gegenüber.

Ein armer Bauer in Hötting, der nur eine einzige Kuh besaß, schickte sein Kind mit dieser auf die Viehweide zum Achselkopf. Das störrische Tier hörte wieder einmal nicht auf die Anweisungen des Knaben. Der Bub hob einen Stein auf und warf ihn verärgert nach der Kuh. Der Bodenaufschlag des Steins hörte sich merkwürdig an. Urplötzlich stand der Zwerg vor dem Kind und sagte:

„Halt Bua! (Halt Bub)

Da Stoa guit mehr als d'Kuah!" (Der Stein gilt mehr als die Kuh)

Der Bub fragte: „Zwöng' wos denn?" (Weswegen?)

Darauf das Männlein: „Knappentod und Güldenfluß,
               Achselkopf und Güldenfuß."

Das Männlein forderte den Knaben auf, den Stein, den er nach der Kuh geworfen hatte, mit nach Hause zu nehmen. Daheim entpuppte sich der Brocken als reines Gold, und die armen Leute hatten für immer keine Not mehr. Der Vers des Männchens besagte, dass sich in einem Schacht des Berges verschüttete Knappen befänden und der Berg noch große Goldvorkommen in sich berge.

Die gebannten Räuber bei Wangen

Jedes Jahr in der Christnacht drangen Räuber in einen Bauernhof bei Wangen in Tirol ein. Sie hielten ein wildes Gelage und nahmen mit, so viel sie tragen konnten. Die Bauersleute hatten große Angst vor den wilden Gesellen und unternahmen deshalb nichts, um dem Treiben ein Ende zu machen. Sie versteckten immer einiges an Wertgegenständen ehe sie mit den Familienangehörigen und dem ganzen Gesinde zur Christmette gingen.

An einem Heiligen Abend, als die Hofleute wieder dabei waren einiges zu verstecken, betrat ein uraltes Venedigermandl das Haus. Es war ganz weiß, es haftete überall an ihm Schnee, auch konnte es sich vor Müdigkeit kaum noch auf seinen Beinchen halten. Nach einem freundlichen Gruß sagte es, dass es bei dem argen Schneefall seinen Weg nicht mehr fortsetzen kann und bat um ein Nachtlager; auch bemerkte es so ganz nebenbei, dass es nicht zum Schaden der Hofleute wäre. Der Bauer erklärte dem Zwerg:

„Jede Christnacht werde ich von Räubern heimgesucht. Deshalb verstecke ich Dinge, die meiner Familie lieb und teuer sind. Glaub mir, heute am Heiligen Abend fällt es mir besonders schwer, dir deine Bitte um Obdach abschlagen zu müssen. Es ist zu gefährlich im Haus zu bleiben, da die wilden Kerle übelst ihr Unwesen treiben. Ich habe Angst, dass sie jemandem, der anwesend ist, arges Weh zufügen. Aber ich mache dir einen Vorschlag. Komm mit uns nach Wangen zur Mette und wir kehren zum Gehöft zurück, wenn die Banditen es verlassen haben."

Der Zwerg entgegnete, dass er sich nicht fürchte. Schließlich gab der Bauer nach und stellte nur noch fest, dass er ihn vor dem Gesindel gewarnt habe. Nachdem alle das Haus verlassen hatten, versperrte das Mandl die Haustür, legte sich auf die warme Ofenbank und schlief sofort ein. Als um Mitternacht die Kirchenglocken zur Mette läuteten, brach vor der Tür ein Gerumpel und Schreien los. Das waren die gefürchteten Räuber! Weil die Haustür wider Erwarten versperrt war, schlugen sie rasend vor Wut dagegen, schimpften und fluchten.

Der Zwerg schrak auf, hüpfte von der Ofenbank, zündete eine Kerze an, entriegelte die Tür und wich zurück. Die heruntergekommenen, gottlosen Burschen schwangen ihre Messer und Knüppel und stürzten herein. Das Männchen starrte sie an, hob drohend den Zeigefinger, sagte aber nichts und bewegte sich nicht.

Auf einmal schien alle Wildheit aus den Kerlen gewichen zu sein; mit aufgerissenen und erschreckten Augen, einem ungläubigen und dümmlichen Gesichtsausdruck standen sie bebend vor dem Männlein. Ohne dass es irgend eines Wortes bedurft hätte, folgten sie mit schlotternden Knien dem Zwerg in die Stube. Dort mussten sie sich in einer Reihe aufstellen, dann sprach das Mandl leise einen Bannspruch und sogleich waren sie steif und sahen aus wie aus Stein gemeißelt. Nicht mal die Augenlider konnten sie bewegen. Nachdem offensichtlich war, dass von diesen Kerlen keine Gefahr mehr ausgehen konnte, legte sich das Männchen wieder auf die warme Ofenbank und schlummerte tief und fest weiter, so als ob nichts geschehen wäre.

Als die Hofleute sich sicher wähnten – sie hatten ja langjährige Erfahrung –, dass die Räuber abgezogen waren, kehrten sie voller Besorgnis zu ihrem Hof zurück. Sie nahmen an, dass das wehrlose, arme Mandl getötet worden war. Mit einem mulmigen Gefühl und einer Angst im Nacken betraten sie vorsichtig das Haus und schlichen in die Stube – und da sahen sie die Räuber stehen! Sogleich stieß die Bäuerin einen markdurchdringenden Schrei aus. Davon erwachte der Zwerg und beruhigte sofort die erschrockenen Leute.

Jetzt erst bemerkten sie, dass die Unholde sich nicht bewegen konnten. Das Mandl sagte ganz heiter:

„Es liegt an euch Bauer, was ihr mit dem üblen Volk macht. Ihr könnt sie dem Gericht übergeben oder laufen lassen. Wenn ich euch aber einen guten Rat geben darf, dann entlasst sie in die Freiheit, denn die kommen niemals wieder. Wenn sie aber so dumm sind und nochmals kommen, dann ergeht es ihnen so wie heute, nur mit dem Unterschied, dass ihr gleich den Strick für sie besorgen könnt."

Der Bauer war mit diesem Rat einverstanden. Daraufhin murmelte der Zwerg einige Zauberworte, die den Bann auflösten. Die verschreckten und eingeschüchterten Banditen mussten noch schwören, dass sie nie mehr in diese Gegend kommen. Dann rannten sie so schnell, dass sie fast über ihre eigenen Beine stolperten, zur Tür hinaus und davon. Gesehen hat sie keiner mehr.

Am Morgen des Christtages war der Zwerg nicht mehr da, was den Bauersleuten sehr leid tat. Er kam auch niemals wieder.

Stuben am Arlberg – Aquarell von Franz Karl Zoller um 1801

Der gutherzige Hirte und das Venedigermännchen

Jahr für Jahr hütete ein armer Hirte auf einer Alm im Verwaller Tal in Tirol die ihm anvertrauten Kühe. In diesen heißen Sommern stillte er seinen Durst an der nahegelegenen Quelle. Als er wieder einmal dort verweilte, setzte er sich ins weiche Gras und verzehrte einen Teil seines Mittagessens. Es kam ein Männlein in zerrissenem Gewand des Wegs und grüßte freundlich. Der Senner hatte Mitleid mit dem Bettelmännchen und bot ihm von seinen Butterbroten an. Dankbar aß das kleine Wesen. Dann labte es sich an der Quelle, nahm ein Töpfchen voll Sand vom Grund der Quelle und schüttete diesen auf ein Stückchen Stoff. Das Männchen tat in keiner Weise geheimnisvoll; es zeigte dem Hirten den Inhalt des Tuches, und es war echter Goldsand. Der Zwerg wusste den guten Charakter des Burschen zu schätzen und sagte zu ihm: „Du hast dein Mahl mit mir geteilt, ohne dass ich dich darum gebeten hatte. Hab Dank dafür! Aber auch ich will dir etwas geben. Stell das Töpfchen unter dieses Wasser, und wenn es gefüllt ist, dann bring mir den Inhalt nach Venedig und ich werde dich gut bezahlen dafür."

Mit einem Gruß entfernte er sich. Der Hirte tat wie ihm befohlen. Immer wieder schaute er nach; aber erst als die Kühe längst ins Tal gebracht worden waren, hatte sich das Töpfchen gefüllt. Sogleich machte er sich auf nach Venedig.

Dort war er überwältigt von der prunkvollen Stadt. Suchend ging er durch die Straßen. In einem pompösen Haus schaute ein Herr aus dem Fenster, der sofort bemerkte, dass der Bursche fremd in der Stadt war und nach etwas Ausschau hielt. Deshalb rief er: „Junger Mann kann ich dir helfen? Willst du etwas verkaufen?" Die Antwort: „Ja, Goldstaub!" Daraufhin bat der Herr den Hirten einzutreten. Er bot dem Senn eine hohe Summe für den Goldstaub, forderte ihn aber auf, in der Stadt noch andere Händler aufzusuchen. Wenn einer von ihnen ihm mehr böte, dann solle er diesem den Goldstaub überlassen. Der Hirte tat wie ihm geheißen. Aber jeder Geschäftsmann bot ihm um etwa ein Fünftel weniger als der Palastherr. Deshalb ging er zu diesem zurück. Er erhielt die zuvor gebotene Summe. Der vornehme alte Herr fragte den Hirten, ob er ihn nicht erkenne; der verneinte. Dann gab er sich zu erkennen; er war nämlich das vermeintliche Bettelmännchen, mit dem der Hirte im vorangegangenen Sommer sein Brot geteilt hatte.

Sofort nach Rückkehr wollte der Hirte das Töpfchen wieder unter die Quelle stellen – aber der Born war unauffindbar.

Die armen Kinder und der Almputz

Auf der Almbrückler Alm bei Hötting im Alpachtal in Tirol lebte ein steinaltes, graues Bergmännlein, das stets freundlich zu den Menschen war. Begegnete man ihm auch freundlich, dann freute es sich. Aber es gab auch Leute, die es verspotteten und meinten ihm Streiche spielen zu können. Dann wurde es zornig, und diese Leute taten gut daran sofort das Weite zu suchen. Wie das Männlein hieß, wusste keiner und so wurde es als „Almputz" bezeichnet.

Eine arme Witwe aus Hötting schickte einmal ihre beiden Kinder in den Bergwald, um herumliegendes, dürres Holz zu sammeln. Immer höher stiegen die Geschwister. Sie hatten so viel Holz beisammen wie sie tragen konnten, bündelten es und machten sich auf den Heimweg. Es war zwar schon Herbst, aber niemand hatte damit gerechnet, dass ein urplötzlicher Temperatursturz auftreten könnte. Und dies geschah! Ein eisiger Schneesturm fegte durch den Wald, und die Kinder konnten in dem Schneegestöber den Nachhauseweg nicht mehr finden. Sie verirrten sich, gelangten aber auf wundersame Weise auf die Almbrückler Alm.

In der Hütte wollten sie Unterschlupf suchen und sich beim Nachlassen des Unwetters wieder auf den Heimweg machen. Sie kämpften sich mühsam zur Hütte durch, gingen wankend durch die unverschlossene Tür und waren erschrocken und erstaunt zugleich, als sie darin ein uraltes, graues Männlein sahen. Es trat den Kindern freundlich entgegen, lud sie ein, sich hinzusetzen und am warmen Herdfeuer aufzuwärmen.

Langsam verloren sie ihre Furcht, die sie beschlichen hatte, und erzählten was ihnen widerfahren war. Sie schilderten ihr Zuhause, berichteten vom frühen Tod des Vaters, der beim Baumfällen im Wald verunglückt war, und von dem ärmlichen, aber harmonischen Leben, das sie mit der Mutter führten. Der Zwerg sagte: „Bei dem Wetter könnt ihr heute nicht mehr mit eurem Holzbündel heimkehren. Ihr müsst hier die Nacht verbringen."

Er kochte ihnen noch ein köstliches Rahmmus, das sie mit einem großen Stück Schwarzbrot aßen. Satt, dankbar, glücklich, zufrieden und schläfrig legten sie sich auf das Lager, das ihnen bereitet worden war. Sofort fielen ihnen die Augen zu. Herrlich ausgeschlafen erwachten sie; die Sonne schien durchs Fenster. Sie rieben sich die Äuglein, und das Männlein rief munter:

„Kommt zum Frühstück an den Tisch!"

Freudig stürmten die Kinder drauf los, denn sie hatten einen Bärenhunger! Nachdem sie sich satt gegessen hatten – es gab wieder das leckere Rahmmus und eine Scheibe Schwarzbrot dazu – sagte der Zwerg, dass jetzt Zeit zum Nachhausegehen sei. Er schenkte ihnen noch einen Laib Brot. Beide nahmen ihr Bündel Holz, und das Männlein begleitete sie bis zu einer Stelle des Weges, von der aus sie den Heimweg kannten. Sie verabschiedeten sich herzlich voneinander und die Kinder sagten noch „Vergelt's Gott für das, was du für uns getan hast".

Mit der Zeit kam es den Kindern merkwürdig vor, dass nirgendwo Schnee lag. Als sie endlich zu Hause waren und die Stube betraten, erschraken sie heftig, weil ihre Mutter so verändert aussah. Sie war bleich im Gesicht, die Haare sahen grau aus und sie war sehr abgemagert. Auch die verhärmte Frau zuckte beim Anblick der Kinder zusammen, denn sie konnte es nicht fassen, dass diese gesund und munter vor ihr standen.

Nun erst erfuhren sie, dass jetzt schon wieder Frühling war und man sie nach dem furchtbaren Schneesturm für tot gehalten hatte. In diesem Moment erfassten die Geschwister, dass sie den ganzen Winter über, wohlbewacht von dem gütigen Zwerg, geschlafen hatten. Die Mutter war überglücklich, dass sie ihre Kinder wieder hatte, und auch die Nachbarn freuten sich über diese göttliche Fügung.

Die dankbare Freude bei Mutter und Kindern steigerte sich noch, als sie bemerkten, dass der Brotlaib, den das Männlein den Kindern geschenkt hatte, nicht kleiner wurde, egal wie viel man davon abschnitt. Aber eines Tages rief das Mädchen aus: „Wird denn der Brotlaib nie weniger?" Von diesem Zeitpunkt an schrumpfte der Laib wie jeder andere auch.

Die Blaue Wand und die Goldhöhle

Ein armer Bergbauer, der seinen Hof nahe beim Höseljoch am Weg zwischen Alpach und Thierbach in den Tiroler Bergen hatte und dort mit seiner Familie, einer einzigen Kuh und ein paar Geißen sein karges Leben fristete, musste jeden Sommer seine älteste Tochter, die aber noch ein Kind war, als Hirtin in den Dienst der Bauern schicken, dass sie mit deren Kleinvieh auf die Sommerweiden zog und es dort hütete. Das machte dem Mädchen aber Freude, denn es war gerne in der freien Natur, viel lieber, als in der Stube, wo sie nur der Mutter im Haushalt hätte helfen müssen. Fröhlich zog sie daher in jedem Frühjahr mit ihrer Herde auf die Alm.

Einmal ließ sie ihre Tiere unter einer steilen Felswand von bläulich grauer Farbe weiden und sang gerade fröhlich vor sich hin, als sie plötzlich in dem Felsen ein hohes Tor erblickte, das weit offen stand. Sie hatte schon öfter ihre Tiere hierher getrieben, aber noch nie dieses Tor gesehen.

„Was ist denn das?" fragte sie völlig verwundert und trat ängstlich und vorsichtig ein wenig näher. Da sah sie im Tor ein uraltes graues Männlein mit einem so langen grauen Bart, dass es darauf treten hätte können, sitzen. In der Höhle dahinter funkelte und glänzte es, denn die Wände waren völlig mit Gold überzogen, goldene Zapfen hingen von der Decke, die im Sonnenlicht blinkten, am Boden lagen goldene Brocken, kurzum, die ganze Höhle schien nur aus Gold zu bestehen. Wie verzaubert bestaunte das Mädchen diese Pracht. Da stand der graue Zwerg auf, winkte dem Kind zu und lud es freundlich ein: „Komm doch zu mir in den Berg, ich werde dir alle Schätze zeigen. Traue dich nur!"

Da aber machte das Kind schleunigst kehrt und lief, so schnell es konnte, nach Hause und erzählte, was ihm zugestoßen war. Der Vater erinnerte sich, dass er vor vielen Jahren in seiner Kindheit, als auch er das Vieh hatte hüten müssen, an eben dieser Blauen Wand, von der seine Tochter berichtete, einmal eine goldene Blume gesehen hatte, die so groß wie sein Hut gewesen war. Auch er hatte sich nicht getraut, sie gleich mitzunehmen. Am Abend aber, als er wieder zu der Stelle gekommen war und sie hatte holen wollen, war sie verschwunden gewesen.

„Vielleicht haben wir diesmal Glück!" rief er daher und lief mit seiner Tochter so schnell es ging zur Blauen Wand. Aber die Felswand wuchs schroff und abweisend wie immer aus dem Boden, kein offenes Tor und auch kein Bergmännlein war mehr zu finden. Obwohl das Mädchen künftig noch oft seine Tiere dort weiden ließ und immer hoffte, es wiederzusehen, es war vergebens. Aber, wer weiß, vielleicht war es richtig und gut gewesen, dass es dem Zwerg nicht in den Berg gefolgt war. Vielleicht wäre es nie mehr herausgekommen, dann hätte ihm das ganze Gold auch nichts genützt. –

In Hochried, nahe der Blauen Wand wurde auch einmal ein armer Holzknecht von einem Zwerg angesprochen, das ihn aufforderte, mitzukommen. Weil ihm bei seiner schweren Arbeit eine kurze Pause ganz recht kam und er sich auch nicht vor dem kleinen Männlein fürchtete, ging er mit. Dieses führte ihn zu einer Öffnung in der Blauen Wand, die der Knecht noch nie gesehen hatte, obwohl er sich oft hier oben aufhielt. Neugierig folgte er dem Kleinen ins Innere und gelangte in einen Raum, der vor Gold, Silber und Edelstein nur so glänzte.

„Das alles soll dir gehören, wenn du..." erklärte der Zwerg mit einer weitausholenden Geste. Da fiel dem Holzknecht plötzlich ein, wie gefährlich es war, Zwergen in einen Berg zu folgen, was immer sie einem auch versprachen. Viele waren von so einem Gang nie wieder oder erst nach hundert Jahren zurückgekehrt. In seiner furchtbaren Angst, nicht mehr aus den Tiefen herauszukommen, rannte er so schnell er konnte zum Ausgang zurück und lief mit klopfendem Herzen und jagendem Pulsschlag ins Tal zurück. Was der Zwerg von ihm als Gegenleistung für die Schätze verlangt hatte, weiß niemand. Seither hat aber auch nie mehr jemand den Zwerg an der Blauen Wand gesehen.

Schloss Starkenberg und sein Wichtelmännchen

Zu Schloss Starkenberg bei Imst in Tirol gehörte ein stattlicher Bauernhof, den einst ein Pächter mit dem Namen Dasl bewirtschaftete. Der „Gschlossdasl" wie ihn die Leute nannten, hatte Frau und Kinder und war ein fleißiger, freundlicher Mann. Eines Tages waren alle Erwachsenen bei der Arbeit, die größeren Kinder spielten im Haus miteinander, und so kam es, dass das Jüngste ganz allein in seiner Wiege in der Stube lag. Weil es Hunger hatte oder nass war, fing es an aus Leibeskräften zu schreien.

Da öffnete sich plötzlich die Türe und ein Zwerg kam herein, beugte sich über die Wiege und tröstete das Kind. Er sah drollig aus mit seinem dicken Bauch auf den spindeldürren, grünbestrumpften Beinen, einem Kopf, rund wie ein Ball, mit lustigen Augen und einem breiten Mund, der zum Lachen gemacht schien, wirren grauen Haaren und einem langen Bart. Er hatte kurze rote Höschen und ein gleichfarbiges Jäckchen an. Das Kind grapschte mit seinen kleinen Händchen nach dem Bart, hörte sogleich zu weinen auf und gluckste fröhlich.

Nun sprang der Zwerg auf einem Bein in der Stube herum, schlug Purzelbäume und schnitt allerlei Grimassen, so komisch, dass das Kind in der Wiege vor Vergnügen laut lachte. Da kam die Mutter herein, um nach ihm zu schauen. Als sie das Wichtelmännchen sah, erschrak sie zuerst, musste dann aber selbst über dessen Kapriolen schmunzeln.

„Dich könnten wir gut brauchen!" rief sie dann. „Willst du nicht bei uns bleiben?"

„Gerne", antwortete der Wichtel, „ich brauche nicht viel, nur ein wenig zu essen und zu trinken!"

So blieb denn der Zwerg bei der Familie des „Gschlossdasl" und machte sich dort so nützlich, dass ihn bald alle gern hatten. Er passte nicht nur gut auf die Kinder auf, er half auch im Stall, beim Brotbacken oder Waschen, beim Aufräumen oder Kochen. Aber am liebsten spielte er mit den Kindern.

Nur wenn ein starker Wind aufkam, an den Fensterläden rüttelte und ums Haus pfiff, dann hielt es das Wichtelmännchen nicht daheim aus. Vergnügt lief es hinaus, kletterte flugs auf den Turm vom nahen Schloss Starkenberg, setzte sich ganz oben auf die Wetterfahne und ließ sich vom Sturm herumwirbeln. Je schneller und wilder es dabei zuging, desto lauter und vergnügter jauchzte es. Alle, die ihm dabei zusahen, fürchteten, es könnte herunterfallen, aber das geschah nie.

Wenn der Wind abflaute, kam es heil und gesund und voller Tatendrang wieder herunter und kehrte zum „Gschlossdasl" zurück. So lebte es viele Jahre bei dessen Familie, half bei der Arbeit, neckte aber auch nicht selten durch lustige Streiche die Menschen. Einer Magd, die der Wicht nicht leiden konnte, spielte er dabei manchmal übel mit, weil sie fast immer die Zielscheibe seine Späße war.

So erschreckte er sie einmal, als sie mit einem Teller voller frischgebackener Krapfen durch die Türe trat derart, dass ihr dieser aus den Händen glitt und das köstliche Gebäck in der ganzen Stube auf dem Boden herumkugelte; ein andermal rollte er, als sie in der Milchkammer war und ihm den Rücken zukehrte, mehrere Käselaibe aus den Regalen und ließ sie den Hang vor dem Haus hinunterkullern. Aber all diese Streiche verziehen ihm die Leute gerne, weil er ein so lustiger und fleißiger Geselle war.

Da wurde eines Tages das schon baufällige Schloss Starkenberg abgebrochen und eine Brauerei an seiner statt errichtet.

Entsetzt hatte der Zwerg dem Tun der Menschen zugesehen, als aber auch der Turm mit der geliebten Wetterfahne, die ihm so viel Spaß bereitet hatte, niedergerissen wurde, war es ihm zu viel. Genauso plötzlich, wie er einst gekommen war, verschwand er nun wieder und wurde nie mehr gesehen, mochten der „Gschlossdasl" und seine Familie nach dem fröhlichen Kameraden auch suchen, so viel sie wollten.

Das Wichtelmännchen war und blieb zu ihrem Leidwesen verschwunden und wurde auch später nie mehr gesehen.

Das tapfere Venedigermännchen am Reither See

Es ist schon mehr als tausend Jahre her, da stand am Reither See im Alpachtal eine kleine Kirche aus Holz. Sie war wohl zu nahe am Wasser erbaut worden, denn sie versank, als es einmal ganz besonders viel und lange regnete, im See. Die Leute von Reith konnten nur noch die Glocke bergen. Da errichteten sie eine Kirche aus Stein, in die sie die gerettete Glocke hängten. Es verging wieder eine lange Zeit.

Einmal aber bemerkte ein Bauer des Ortes, der in der Nacht noch etwas in seinem Stall zu tun hatte, dass der Wasserspiegel des Sees höher stand als gewöhnlich. Das war beunruhigend, denn das war seit Menschengedenken nicht mehr vorgekommen. Der See wurde durch Bergquellen und unterirdische Zuflüsse gespeist, wohin aber er abfloss, konnte niemand sagen. Jeder im Dorf kannte wohl die Stelle, wo durch ein großes Loch im Boden das Wasser wegfloss, wohin aber, das wusste keiner. Um dies zu ergründen hatten die Bewohner von Reith schon kübelweise Farbe hineingeschüttet, sie war aber nirgendwo wieder zutage gekommen.

Als der Bauer sah, dass das Wasser schon über die Ufer trat und die umliegenden Felder überschwemmte, weckte er noch mitten in der Nacht den Mesner der Kirche und hieß ihn, die Glocke zu läuten, dass alle anderen im Dorf aufwachten. Die Leute gerieten in Furcht, als ihnen der Bauer die Mitteilung vom steigenden Wasser machte, und sie bemerkten, dass es schon in einige tiefliegende Häuser eindrang.

„Der Abfluss muss irgendwo verstopft sein! Aber wo?"

Der Grund für das unheimlich rasche Ansteigen des Wassers war allen klar, aber wie sollte man jetzt noch an den Abfluss herankommen und ihn untersuchen? Es war nahezu unmöglich, denn er lag jetzt schon völlig unter Wasser! Zur damaligen Zeit konnte kaum einer schwimmen, geschweige denn tauchen. Nun war das Heulen und Wehklagen groß! Einige beherzte Männer versuchten mit Reisig und Steinen einen Wall zu errichten, um die Häuser zu schützen, aber sie wussten auch, dass es vergeblich sein würde, wenn die Fluten weiter steigen würden. Zu allem Unglück öffnete nun auch der Himmel noch seine Schleusen und geradezu sintflutartig fiel der Regen daraus hernieder.

In seiner Verzweiflung versprach der Bürgermeister demjenigen eine sehr hohe Belohnung, der es wagen würde, den Abfluss zu erreichen und ihn frei zu machen. Natürlich fand sich keiner, denn es wäre geradezu selbstmörderisch gewesen, es zu versuchen.

„Ich mach's!" rief da plötzlich eine Stimme. Alle blickten sich nach dem Sprecher um und sahen ein kleines Männlein, das niemals zuvor im Dorf gewesen war und das auch keiner kannte. Der Zwerg hatte einen grünen Wams und eine gelbe Kniehose an und trug auf seinem übergroßen Kopf eine rote Zipfelmütze. Wie alle seine Artgenossen hatte er einen langen Bart, der fast bis zum Bauch reichte.

„Das muss ein Venediger sein", mutmaßten verwundert die Leute. „Er ist so klein!"

„Ob er uns wirklich helfen kann?" zweifelten andere.

Das Männlein aber kümmerte sich nicht um sie. Mit einem kühnen Satz sprang es ins Wasser, tauchte tief hinunter und kam erst nach einer Weile wieder heraus. Schon an seinem traurigen Gesicht erkannten alle, dass alles umsonst gewesen war. Es hatte nichts genützt, dass es sein Leben riskiert hatte. Nun schlug es mit den Armen und sprang auf der Wiese herum, um sich nach dem kalten Wasser wieder ein wenig zu erwärmen.

„Bitte, versuche es nochmal!" flehten die verzweifelten Dorfbewohner. Und wirklich, das Männlein ließ sich erweichen und wagte sich ein zweites Mal in die Tiefe. Nun fand es zwar den Abfluss, hatte aber nicht mehr genug Atem, ihn zu erkunden. Als es wieder unverrichteter Dinge emporkam, brach großes Wehklagen am Ufer aus.

Da riskierte der Kleine noch ein drittes Mal sein Leben und tauchte ganz tief hinab, weit in das Felsloch des Abflusses hinein. Am Ufer des immer höher steigenden Sees warteten in banger Hoffnung die Leute. Als er lange nicht zurückkam, glaubten sie schon, er sei verloren. Da, plötzlich kam er wieder empor und hielt in seinen Armen eine dicke tote Gans, die fast so groß war wie er selbst. Sie war in das Loch geschwemmt worden und hatte es verstopft.

Nun war der Ort gerettet, das Wasser sank wieder. Jubelnd fielen sich die Dorfbewohner in die Arme. Als sie sich aber nach ihrem Retter umsahen, sich bedanken und ihm seinen Lohn geben wollten, war er spurlos verschwunden, so, als hätte ihn der Erdboden verschluckt.

Nie mehr hat ihn jemand gesehen oder von ihm gehört. Die Dorfbewohner aber bewahrten ihn in dankbarer Erinnerung. Seine mutige Tat wurde den Kindern und Kindeskindern erzählt und so über viele Jahrhunderte lebendig gehalten. In einem Gasthaus in Reith zeigt ein Gemälde, wie das Venedigermännlein den Ort vor der Überschwemmung rettet.

Die Rache des Venedigers

Zum alten Tendreser Bauern, sein Hof lag zwischen Reschen und Nauders, kam jedes Jahr ein in Lumpen gehülltes Venedigermandl und nächtigte bei ihm. Es ging am Morgen in Richtung Schweizer Grenze und kehrte am Abend wieder zurück. Nachdem sich der Bauer nicht erklären konnte, wie das Männchen den Tag verbrachte, schlich er ihm nach. Er beobachtete, dass es zum nahe gelegenen grünen See ging, in den Bereich der Quelle. Das Quellwasser plätscherte in einen Trog und aus diesem entnahm es den abgelagerten Sand und schüttete ihn in einen Sack.

Im darauffolgenden Jahr, ehe der Zwerg in seinem zerrissenen Gewand zu erwarten war, ging der Bauer zur Quelle, entfernte die Steinplatte vom Trog und sah zu seinem Erstaunen den Behälter gefüllt mit Goldstaub. Venedig war bekannt für seinen Goldhandel. Der Bauer machte sich auf den Weg dorthin. Er fand einen reichen Händler und bot ihm den Goldstaub zum Kauf an. Zwar war dieser überwältigt von dem vielen Gold, sah sich aber außerstande es ihm abzukaufen, da er nicht so viel Geld besäße. Er schickte ihn aber zum reichsten Mann von Venedig. Als er vor den ihm beschriebenen Palast kam und den Türklopfer betätigte, rief drinnen eine Stimme: „Tendreser Bauer, komm herauf mit deinem Gold!"

Scheu betrat er das prunkvolle Haus und sah eine prachtvolle Ausstattung. Und erst als er das Zimmer des Hausherrn betrat! Die Wände waren aus Gold, und der Sessel, auf dem der Herr thronte, ebenfalls. Aber wie staunte der Bauer – auf diesem Sessel saß das ehemalige vermeintliche Bettelmännchen, das so oft bei ihm übernachtet hatte. Dieses tadelte den Bauern, weil er nicht ehrlich gewesen war und sich den Inhalt des Troges angeeignet hatte. Aber weil er stets freundlich zu ihm gewesen war, erhielt er von dem Venediger trotzdem für jeden Tag seiner Reise ein Goldstück. Der Bauer war ganz verblüfft und konnte sich nicht vorstellen, woher das Männlein diese Kenntnis hatte.

Da ließ der nobel gekleidete Hausherr den Bauern in einen Spiegel schauen; darin sah dieser seinen Hof samt Familie bei der Arbeit. Auch zeigte ihm der Zwerg den grünen See mit Trog. Jetzt verstand der Bauer, warum der Herr so gut Bescheid wusste.

Der Bauer wanderte wieder nach Hause zurück. Am grünen See aber fand er weder den Trog noch die Quelle und auch sonst nichts was auf Gold hindeutete.

Die Stadt Hall in Tirol – Peter und Josef Schaffer um 1790

Das Gold im Hohen Anlaß

Im Hohen Anlaß bei Hall in Tirol, einem mächtigen Berg im Karwendelgebiet, sollen sich in unterirdischen Höhlen unermessliche Schätze an edlem Gestein sowie Gold, Silber und Erz befinden. Einst hütete ein armer Hirtenbub dort oben auf einer Alm ein paar Ziegen. Wie er so in der Wiese lag, ohne sich zu rühren, bemerkte er auf einmal ein kleines Männlein, das eifrig in der Nähe den Boden abschritt. Es war ganz fremdartig gekleidet, so wie es der Hirte aus seinem Dorf nicht kannte; Wams und Hose aus schwarzem Samt, die rot bestrumpften Beine in schwarzen Schnabelschuhen mit Silberspangen. Auf dem Kopf trug es einen breitkrempigen schwarzen Hut mit langer roter Feder. Verwundert darüber, was der seltsame Zwerg hier suchte, beobachtete er ihn ganz genau.

Nach einer Weile schien dieser die Stelle, die er gesucht hatte, gefunden zu haben, denn nun nahm er aus einem Holzkasten, den er an der Seite abgelegt hatte, einige in der Sonne blinkende Metallgeräte, stellte sie an der Stelle auf, maß nach, kritzelte etwas in ein kleines Büchlein, maß nochmals nach und schnitt dann mit einem Messer ein viereckiges Stück Wasen heraus. Erstaunt bemerkte der Hirte, dass die Erde darunter von roter Farbe war, nicht, wie üblich, braun. Neugierig schaute er weiter zu.

Nun holte das Männlein mehrere Hände voll von der noch feuchten Erde heraus, formte zwölf Kugeln daraus und legte sie vorsichtig in seinen Holzkasten. Dann bat es den Buben, der gemeint hatte, dass ihn der Kleine nicht gesehen hätte, ihm doch zu helfen, den schweren Kasten hinunter zur Almhütte zu tragen. Der Hirte war gerne dazu bereit, verwunderte sich aber, als er die Last schulterte, über dessen Gewicht. An der Alm angekommen, übergab er ihn dem Männlein. Das öffnete ihn, gab dem Hirten die letzte Kugel, die es geformt hatte, und sprach:

„Dies ist dein Lohn für deine Hilfe. Bewahre sie zum Andenken an mich. Nächstes Jahr komme ich wieder, dann nehme ich dich mit in die große Stadt am Meer." Dann blickte es über die in der untergehenden Sonne in rötliches Licht getauchten Felsspitzen ringsum.

„Ein schönes Land", meinte es dabei, „aber seine Bewohner kennen seine Reichtümer nicht. Sie arbeiten hart um ein paar Münzen und dabei leben sie auf großen Schätzen!"

Dann verabschiedete sich das Männlein freundlich von dem Hirten und ermahnte ihn nochmals, die Kugel in Ehren zu halten. Dies tat der Hirte. Im nächsten Jahr, zur verabredeten Zeit, war er mit seinen Ziegen wieder auf der Weide und wartete auf das fremde Männlein. Aber es kam nicht. Es erschien auch in den nächsten Jahren nicht mehr, obwohl der Hirte so gerne die große Stadt am Meer gesehen hätte. Dennoch hob er die Kugel des Männleins auf. Als er erwachsen geworden war, zeigte er sie einmal jemandem, der sich mit Gesteinen und Erzen auskannte. Da stellte sich heraus, dass sie zu zwei Drittel aus purem Gold bestand, nur außen herum ein wenig trockener Erde. Nun war er ein gemachter Mann, was er dem Männlein zu verdanken hatte, auch wenn es ihn nicht zu der großen Stadt am Meer mitgenommen hatte. Wohl suchte der Hirte am Hohen Anlaß die Stelle, wo dieses die Erde vom Boden genommen hatte, aber er konnte sie nicht mehr finden. Auch anderen, denen er davon erzählt hatte, ging es nicht besser. So ruhen die wertvollen Metalle und Gesteine bis auf den heutigen Tag in diesem Berg.

Das Hirtenmännchen vom Karhorn

Bürstegg, unterhalb des Karhorns in Tirol gelegen, war früher eine Höhensiedlung. Die Familien zogen nacheinander weg, aber sie wurde noch als Alpe genutzt.

Täglich trieben die Leute das Vieh dorthin und abends holten sie die Tiere wieder heim. Irgendwann im Frühjahr kam ein kleines Männlein von wildem Aussehen aus den Steilwänden des Karhorns und übernahm unaufgefordert das Hüten. Der Zwerg ging den Bauern entgegen und zog dann mit den Kühen allein weiter; abends brachte er die Tiere satt und zufrieden in die Nähe ihrer Ställe zurück. Nie gab es einen Unfall. So ging das Jahr für Jahr, von Frühjahr bis Herbst. Das Männlein wollte keinen Lohn für seine Arbeit.

Aber die Bäuerinnen legten abends immer ein wenig Brot, Käse und Butter auf einen Stein in Häusernähe. Am nächsten Morgen war die bescheidene Speise verschwunden.

Nachdem das Männchen die Tiere immer so gut gehütet hatte, meinten die Bauern, dass es doch an der Zeit wäre, ihm ihre Dankbarkeit zu zeigen und wollten ihm etwas schenken. Sie bemerkten, dass sein Röckchen ganz dünn war und deshalb beschlossen sie, weil der Winter anstand, ihm warme Kleidung nähen zu lassen. Eine Schneiderin wurde beauftragt Kleider und einen Umhang aus Loden mit Kapuze anzufertigen.

Im Herbst legten sie die Kleidungsstücke auf jenen Stein, auf den sie immer das Essen stellten. Neugierige versteckten sich, um zu erspähen, ob sich das Männlein freue. Der Zwerg sah das neue Gewand, zog dieses sofort über und voller Stolz stellte er dann fest: „Ei, was hab ich jetzt für feine Kleider! Damit will ich nicht mehr hüten." Im darauffolgenden Jahr kam das Männlein nicht mehr und die Bauern mussten ihr Vieh wieder selbst hüten.

Innsbruck v. Osten – Alexander Colin, Georg Hoenfnagl um 1574

Der gebannte Schatz

Die Voldenser Brücke über den Inn bei Volders nahe Innsbruck in Tirol, ein Schauplatz von vielen Kriegen, hatte etwas Geheimnisvolles an sich. Einst übernachteten drei Schneider, die auf der Walz waren, im nahe gelegenen Gesträuch. Plötzlich erwachten sie von einem merkwürdigen Geräusch.

Sie sahen ein Venedigermandl (Anmerkungen 4 u. 5), das sich bei der Brücke zu schaffen machte. Die Burschen verhielten sich mucksmäuschenstill, konnten aber aus ihrem Versteck heraus das Tun des Männchens genau beobachten. Und wie waren sie erstaunt, als sie bemerkten, dass es einen Schatz gefunden hatte.

Innsbruck nach Süden – Aquarell von Albrecht Dürer um 1494

Der Zwerg war aber mit Schätzen bereits so bepackt, dass er diesen neuen Fund unter der Brücke zurücklassen musste, um ihn zu einem späteren Zeitpunkt zu holen. Er stieß den Schatz noch tiefer in den Fluss und sprach dabei die Zauberformel:

„Wer da diesen Schatz will heben,
muss sich einen Geißbock kaufen,
sieben Jahr ihm Hafer geben,
mit ihm übern Schatz dann laufen:"

Man muss wissen, dass die Venedigermandl in der Magie wahre Meister waren.

Die drei wackeren Schneidergesellen hörten dies, kauften einen ausgemergelten, billigen Geißbock, fütterten ihn sieben Jahre mit Hafer und sprangen dann mit dem feisten Tier über die Stelle, an der sie den Schatz wussten. Sogleich löste sich der Bann auf und der Schatz lag vor ihnen. Sie teilten ihn ehrlich und waren sehr glücklich.

Das warnende Bergmännlein

Ein Hutmann (Anmerkung 7) arbeitete mit seinen Leuten in einem Bergwerk bei Schwaz. Aus dem Nebenstollen, in dem sich niemand befand, hörten sie ein Hämmern. Der Vorarbeiter erschrak sehr und rief die Knappen zu sich und sagte: „Ich weiß von den Vorfahren, dass ein guter Geist im Berg wohnt. Durch Hämmern und Klopfen warnt er seit alters her die Bergleute vor drohender Gefahr. Jetzt ist dieses Geräusch zu vernehmen. Wir müssen uns vorsehen! Es erwartet uns Unheil. Wie können wir diesem entrinnen?"

Die Knappen lachten den Hutmann aus und spotteten ob seiner Ängstlichkeit. Sie kümmerten sich nicht weiter um ihn und noch weniger um seine Warnung.

Als sie am nächsten Tag wieder in die Grube einfuhren, hörten sie ein gewaltiges Rauschen und Klopfen; zudem war an einer Stollenwand eine kleine Leiter angebracht, die gewiss vorher noch nie an diesem Platz gestanden hatte. Die Knappen ignorierten weiterhin die schaurigen Geräusche und dringlichen Warnungen des Hutmanns. In seiner inneren Not und Verzweiflung sandte er ein Sturmgebet zum Himmel und rief die Patronin der Bergleute an:

„Heilige Barbara, steh uns bei!" In diesem Augenblick barst eine Stollenwand, eine Flut brach in den Gang. Der Vorarbeiter hastete die windige Leiter hinauf. Jetzt erfasste auch die anderen Bergleute Grauen und Panik, und sie versuchten zum Stolleneingang zu gelangen während sich die reißenden Wassermassen, aus allen Richtungen kommend, durch die Stollengänge pressten. Die Leute erreichten den rettenden Ausgang nicht mehr. Währenddessen ängstigte sich der Vorarbeiter, dass das Leiterchen von den tosenden Wassermassen fortgespült würde. Aber die Leiter stand felsenfest und er meinte, dass sie immer länger werde, je höher das Wasser stieg. Auf der obersten Sprosse saß ein kleines Männlein mit einem langen, weißen Bart, das ihn freundlich anblickte und ihm aufmunternd zunickte.

Nach zwei Tagen bangen Wartens auf der Leiter war das Wasser zurückgegangen, und der Hutmann konnte die Grube verlassen. Voll Grauen gewahrte er in Ausgangsnähe die ertrunkenen Kameraden.

Der beobachtete Zwerg

Alljährlich durchstreifte in der Karwoche ein etwa ein Meter großes Bergmännlein die Schwazer Gegend in Tirol; Bart und Kopfhaare waren silbergrau, die Äuglein leuchteten hell und lustig unter den buschigen Brauen.

Zufällig wurde das Männchen eines Tages von einer Magd beobachtet, als es unter einem großen Stein hervorkroch und einen schweren Sack hinter sich herzog. Da es sich allein wähnte, leerte es den Sack aus, und zum Vorschein kamen kleine, glitzernde Steinchen. Plötzlich bemerkte der Zwerg, dass er belauert wurde. Er raffte die aus dem Berg stammenden Silbersteinchen zusammen und warf sie in den Sack, dann verschwand er und kam nie mehr in diese Gegend.

Das Mädchen, das alles gesehen hatte, war sehr gottesfürchtig. Es lief zum Pfarrer und erzählte ihm die Beobachtung. Unter dem

Stein – im Bereich von Arzberg und Pillberg – fand man ein Bächlein, in dem silberhaltiger Sand, vermischt mit Schlamm, war. Im Berg selbst fand man ergiebige Silberadern, die dem Ort großen Reichtum brachten.

Schwaz von Süden – Ölgemälde von Roelant Savery um 1609

Die Magd und das Kasermandl

Im Wattenser Tal in Tirol diente einst eine brave Magd bei einem reichen Bauern. Sie scheute keine Arbeit, die man ihr auftrug, denn sie hatte eine alte, kranke Mutter zu versorgen, an der sie sehr hing, und konnte es sich nicht erlauben, aus irgend einem Grund ausgestellt zu werden.

Dem Bauern gehörte auch die Wotzalm oben auf dem Berg. Dort ging während der Winterzeit – vom Herbst an, wenn die Sennen die Alm geschlossen und das Vieh ins Tal getrieben hatten, bis zum

Frühling, wenn sie zurückkamen – ein Kasermandl um. Es wirtschaftete dort herum, kochte und machte Käse und verhielt sich geradeso wie Senner oder Sennerin im Sommer. Wegen dieses Spukes getraute sich im Winter niemand in die Nähe dieser Alm.

Zur Weihnachtszeit saßen einmal der Bauer mit seiner Familie, einige Freunde, die er eingeladen hatte, und sein Gesinde beisammen und feierten den Heiligen Abend. Da kam die Rede auch auf das Kasermandl.

„Was wird es heute wohl machen, ob es auch Weihnachten feiert?" fragte einer der fröhlich Feiernden. Der Bauer, der dem Wein schon reichlich zugesprochen hatte und nicht mehr ganz nüchtern war, lachte laut und rief übermütig:

„Da soll doch einer nachschauen! Wer sich das traut und als Beweis, dass er wirklich auf der Wotzalm war, den Melkkübel von dort mitbringt, dem schenke ich meine beste Kuh!"

Da wurde es still in der Runde, denn nicht einmal für die beste Kuh des Bauern wollte einer von den Anwesenden den gefährlichen Weg durch Dunkelheit, Eis und Schnee hinauf zu der Hütte mit ihrem gespenstischen Bewohner wagen. Nur die arme Magd dachte:

„Mit der besten Milchkuh des Bauern hätten meine Mutter und ich für lange Zeit keine Sorgen mehr. Vielleicht wird sie wieder gesund, wenn sie immer genug gute Milch bekommt."

„Ich mache es!" verkündete sie daher, nahm ihr warmes Tuch und machte sich, unter dem johlenden Beifall der anderen, sogleich auf den beschwerlichen Weg. Zwei Stunden lang musste sie sich durch den hohen Schnee quälen, bis sie endlich an der Almhütte angelangt war.

Dort war alles hell erleuchtet. Die Magd war froh, endlich aus der Kälte zu kommen und trat – Kasermandl hin, Kasermandl her – mutig ein. Da sah sie einen kleinen Wicht vor dem Herd in der feinsäuberlichst aufgeräumten und blitzblank geputzten Stube auf einem Stuhl stehen und Pfeife rauchend ein Mus kochen.

Die Magd fürchtete sich zwar, dachte aber an die Belohnung, die ihr winkte, und trat ein. Sie machte einen Knicks, grüßte das Männlein höflich und sagte:

„Bitte entschuldige, dass ich dich störe, aber der Bauer hat mir die beste Kuh im Stall versprochen, wenn ich heute Nacht zu dir heraufkomme und den Melkeimer hinunterbringe. Bitte, lass ihn mich holen, dann bin ich gleich wieder weg!"

Da stieg das Männlein vom Stuhl, holte die Pfanne vom Herd und stellte sie auf den Tisch. Dann lud es die Magd freundlich ein, sich zu ihm zu setzen und mitzuessen. Die zögerte etwas, denn das gekochte Mus war pechschwarz.

„Hab' keine Angst, wenn du darüber das Kreuzzeichen machst, wird es dir sehr gut schmecken."

Kaum aber hatte sie das getan, da lagen herrlich duftende Krapfen in der Pfanne, die das Männlein und sie zusammen voller Genuss aßen.

„Ich hab' schon gewusst, warum du gekommen bist," erklärte dieses dabei, „du hättest es mir gar nicht zu sagen brauchen. Du bist ein braves und gutes Mädchen, weil du so viel für deine Mutter tust. Stärke dich noch gut für den Heimweg. Ich werde dir den Melkkübel gleich holen. Und verlange von deinem Bauern wirklich die beste Kuh, die er hat und die gerade trächtig ist, denn es war sehr unrecht von ihm, dich den gefährlichen Weg durch Nacht und Schnee gehen zu lassen, nur um einer Wette willen. Der Verlust der Kuh soll seine Strafe dafür sein!"

Nachdem ihr das Männlein den Melkkübel geholt hatte, verabschiedete sich die Magd voller Dankbarkeit von ihm und machte sich gestärkt und wieder aufgewärmt auf den Rückweg. Abermals ganz voller Schnee und halb erfroren langte sie am Bauernhof an, wo die anderen sich gerade für den Gang zur Christmette bereit machten. Als sie dem Bauern voller Vorfreude auf ihren Lohn den Melkeimer überreichte, da lachte der nur höhnisch:

„Du dummes Ding, hast du wirklich geglaubt, ich gebe jemandem wie dir meine beste Kuh, bloß weil du den Melkeimer von der Alm geholt hast?"

„A-aber d-du hast es doch ver-versprochen!" stammelte die Magd ganz erschrocken, den schweren Gang umsonst gemacht zu haben. „W-was man versprochen hat, d-das muss man ha-halten!"

„Ich war nicht mehr ganz nüchtern", erwiderte der Bauer ungerührt, „da gilt ein Versprechen nicht!"

Damit wandte er sich um, ging zu Mette und ließ die unglückliche Magd stehen.

Am nächsten Morgen aber, dem Weihnachtstag, fand er seine Lieblingskuh verendet im Stall. Der Bauer raufte sich die Haare und tobte. Die Magd aber sagte:

„Ich habe dem Kasermandl erzählt, dass du mir eine Kuh versprochen hast. Hättest du sie mir gegeben, wäre sie vielleicht noch am Leben! Gib mir wenigstens eine andere, dann lässt dich das Kasermandl in Ruh!"

„Dummes Zeug!" schrie der Bauer zornig zurück. „Eine Kuh kriegst du von mir nie, Kasermandl hin oder Kasermandl her! Basta!"

Am nächsten Morgen aber hatte sich eine andere Kuh in ihrer Kette so unglücklich verheddert, dass sie erstickt war. Aber erst als er am nächsten Tag wieder eine Kuh tot in seinem Stall fand, gab der Bauer nach, denn er fürchtete um seinen gesamten Viehbestand. Zähneknirschend schenkte er der Magd die gewünschte trächtige Kuh, und von Stund an war das Unglück aus seinem Stall gewichen.

Für die Magd und ihre kranke Mutter hatte die Not ein Ende, denn mit der Kuh, und später dem Kalb dazu, hatten sie ein zwar bescheidenes, aber gutes Auskommen. Täglich dankten sie dem Kasermandl für seine Hilfe und beteten, dass es bald Erlösung finden möge. (Anmerkung 18)

Traum und Wirklichkeit

In Schwaz (früher Schwartz) in Tirol führte Christoph Tonauer ein armseliges Leben, auch war er nicht besonders gescheit und hatte zudem noch ein lahmes Bein. Überall war er als der „Krumme Stoffel" bekannt. Seinen Lebensunterhalt bestritt er damit, dass er Wurzeln ausgrub, aus diesen Schnaps brannte und den Branntwein feilbot; auf Jahrmärkten verkaufte er Rosenkränze und geweihte Wachstäfelchen, die man an einer Kordel um den Hals als Amulett trug. Einst ging er durch unwegsames Berggelände – immer auf der Suche nach Wurzeln und Kräutern. Er ermüdete so sehr, dass er sich zum Schlafen zwischen zwei Felswänden niederlegte. Er träumte, dass er bald zu Reichtum gelangen würde. Als er erwachte, sich die Augen rieb und weitergehen wollte, stand vor ihm ein kleines Männlein, das ihm Zeichen gab mitzukommen. Stoffel erschrak heftig, folgte aber doch dem kleinen Wesen, das in einer Höhle verschwand. Sollte auch er die Höhle betreten? Da war der Traum ihm wieder gegenwärtig; er kniete nieder und betete, die Angst fiel von ihm ab und er betrat die Höhle.

Der Zwerg war verschwunden, aber er hörte ein Hämmern und wagte sich tiefer in die Höhle. Er entdeckte ein Glitzern im Fels; es war eine Silberader. Mit seinem Grabeisen konnte er mit Silber durchzogene Gesteinsbrocken bergen. Stoffel verließ die Höhle und kennzeichnete sie mit Kranewittzweigen (Wacholder), an die er einen geweihten Rosenkranz hängte. Er überlegte: Was soll ich tun mit diesem Wissen um die Silberader? Nach intensivem Gebet kam er zu der Einsicht, dass er sich kompetenten und – in seinen Augen – vertrauenswürdigen Leuten offenbaren muss. Er ging zu zwei reichen Kaufleuten, erzählte ihnen von seinem Traum und was danach geschehen war. Sie glaubten ihm erst, als er ihnen die mit Silber durchzogenen Erzstücke zeigte, und sie witterten ein gutes Geschäft.

Gemeinsam machten sie sich auf den Weg zum Fels und fanden alles so vor, wie es ihnen beschrieben worden war. Sie vereinbarten ein Bergwerk anzulegen und beauftragten Fachleute damit. Allerdings wollten sie die Ausbeute für sich behalten, d. h. der Staat sollte von der Zeche nichts erfahren. Aber das war Illusion! Nachdem die Regierung in Innsbruck doch von dem Silberabbau erfuhr, wurde der arme Tonauer ins Gefängnis geworfen, die reichen Kaufleute aber, die alles eingefädelt hatten, kamen mit einer Geldstrafe davon.

Der Staat übernahm die Zeche. Aber die Ausbeute wurde immer weniger und schon bald war von der Silberader nichts mehr zu sehen. Trotz intensiver Suche durch erfahrene Knappen fand man sie nicht mehr. Tonauer wurde aus der Haft entlassen. Sein erster Weg führte ihn ins Bergwerk, und als er dort Ausschau hielt, war die Silberader wieder da. Es gab für die gelehrten Leute in Innsbruck keine Erklärung dafür. Die Geistlichkeit überzeugte letztendlich jene Herren, dass nur diesem armen Mann es zustehe, die Silberader abzubauen. Die Regierung erkannte ihm zähneknirschend die Nutzungsrechte am Bergwerk zu, verlangte aber eine finanzielle Entschädigung.

Tonauer nahm die Arbeit wieder auf und beschäftigte bald mehr als 100 Knappen, die er gut entlohnte, so dass sie und ihre Familien sorglos leben konnten. Nie vergaß er die Armen. Er selbst brachte es zu großem Reichtum und Ansehen, blieb aber stets genügsam und rechtschaffen. In zwei von ihm gekauften Häusern fand er bei Umbauarbeiten eingemauerte Schätze, die vermutlich von früheren Eigentümern im Schwedenkrieg vor Plünderungen in Sicherheit gebracht worden waren.

Nach seinem Tod hinterließ Tonauer seinem Sohn ein riesiges Vermögen. Traurig ist, dass dieser Besitz durch Misswirtschaft immer mehr schrumpfte und bald in fremde Hände geriet.

Stadt und Festung Kufstein – F. Runk und B. Piringer 1801 u. 1805

Der Zwerg und die Glocke

In Achenkirch in Tirol war vor sehr langer Zeit einmal beim dortigen Wirt ein Knecht in Dienst, der sehr fleißig und treu seine Arbeit verrichtete. Einmal wurde er nach dem nahegelegenen Steinberg geschickt, um dort Schafe abzuholen. Wie er so dahinging, sah er im Gras etwas blinken und blitzen. Er trat näher und entdeckte eine schöne glänzende Schafschelle am Boden liegen. Freudig hob er sie auf und begann gleich damit zu läuten, weil er hören wollte, ob sie einen schönen Klang hatte. Da kam hinter einem Felsblock ein kleines graues Männlein hervor und fragte ihn unwirsch:

„Warum klingelst du mir denn dauernd? Warum störst du mich, du dummer Kerl? Was willst du von mir?"

„Ich hab' dich nicht gerufen", erwiderte der Knecht verwundert, „und ich will auch nichts von dir!"

Sagte es und ging unbekümmert weiter, wobei er immer wieder sein Glöckchen läutete. Der Zwerg aber folgte ihm und sprach ihn neuerlich an:

„Weißt du was, mir gefällt deine Glocke. Bitte schenk sie mir."

„Mir gefällt sie auch", erwiderte der Knecht. „darum will ich sie behalten."

„Ich zeige dir einen Schatz im Gebirge, wenn du sie mir schenkst!" versprach der Zwerg, der ganz wild auf die Glocke zu sein schien.

„Nur zeigen?" lachte da der Bursche freundlich. „Wenn du die Schelle willst, musst du ihn mir schon geben!"

„Abgemacht!" rief der Zwerg freudig, als er hörte, dass er die begehrte Glocke bekommen sollte. Er führte den Knecht hoch ins Gebirge hinauf an eine ganz abseits vom Weg und fast völlig verborgene Stelle, wo zwei Schächte in den Felsboden hineinführten.

„Der eine von den beiden gehört von jetzt an dir, der andere mir," erklärte der Zwerg, während er auf eines der Löcher deutete. „Du darfst dir aus dem deinen nehmen, was du willst, aber nie mehr als du brauchst, sonst geht der Vorrat zu Ende. Und verrate niemandem woher du den Schatz hast!"

Der Bursche war ganz enttäuscht, als er nur diesen Schacht sah, er hatte Gold oder Silber erwartet und wollte daher seine Schelle nicht hergeben.

„Das ist doch kein Schatz, da sind ja nur lauter Steine!"

Da kicherte das Männlein vergnügt und erklärte:

„Darum hat den Schatz ja auch noch niemand gefunden, weil jeder ihn nur für Gestein hält. Lass' es untersuchen, und du wirst sehen, dass es sehr wertvoll ist!"

„Du bekommst die Schelle aber erst, wenn das sicher ist!"

Nun stopfte sich der Knecht die Taschen voll mit dem Gestein, kehrte rasch ins Tal zurück und ließ es im Schmelzhaus in Brixlegg am Inn untersuchen. Erstaunt erklärten die Schmelzer, dass es sich um Silbererz handelte und wollten wissen, wo er es gefunden habe. Er aber gebrauchte eine Ausrede und verriet nichts. Dann lief er rasch wieder auf den Berg, wo der Zwerg schon ungeduldig auf ihn wartete.

„Nun? Habe ich recht? Bist du zufrieden mit dem Schatz? Gibst du mir jetzt endlich die Glocke?" wollte der sogleich wissen.

„Hier hast du die Schelle!" rief der Knecht fröhlich. „Vielen Dank für den Schatz!"

Gierig griff das Bergmännlein nach der Glocke, die der junge Mann ihm gab, packte sie und warf sie sogleich hinunter in seinen eigenen Schacht, wo sie mit einem hellen Klingen in der Tiefe verschwand.

„Warum wirfst du die Glocke, die du so gern hast haben wollen, jetzt weg?" fragte völlig verblüfft der Knecht. Der Zwerg antwortete ihm:

„Damit sie nicht wieder so einem dummen Kerl wie dir in die Hände fällt! Wer diese Schelle besitzt, der hat Macht über mich und ich muss ihm dienen! Das macht mir wahrhaftig keinen Spaß! Du aber kannst mit unserem Handel zufrieden sein, denn er wird dich zum reichsten Mann weit und breit machen." Und nochmals mahnte er den Burschen eindringlich: "Nütze ihn gut! Sei bescheiden und schweigsam, dann hast du für dein Leben genug! Wenn du das Geheimnis verrätst, verlierst du den Schatz!"

Nach diesen Worten sprang das Männlein in seinen Schacht hinunter und ward von da an nie mehr gesehen.

Von nun an ging der Bursche immer wieder heimlich zu dem verborgenen Schacht, holte sich einen Rucksack voll Steine und verkaufte sie in Brixlegg. Es dauerte nicht lange, da konnte er seinen Dienst beim Wirt in Achenkirch aufkündigen und sich Haus und Hof erwerben, dazu Wiesen, Felder und Vieh kaufen, soviel er nur wollte. Bald war er der reichste Mann ringsum. Wenn er Geld brauchte, ging er nur heimlich zu seinem Schacht hinauf und holte das Silbergestein. Dabei achtete er aber stets darauf, dass ihn nie jemand sah.

Das ging einige Zeit gut. Aber – wie leider oftmals – das zu gute Leben bekam ihm nicht: Aus dem fleißigen Knecht wurde ein fauler Herr. Er wurde liederlich, ließ andere die ganze Arbeit für sich verrichten und rührte selbst keinen Finger mehr. Er saß immer nur im Wirtshaus herum und trank zu viel. Einmal hatte er beim Wirt in Achenkirch so viel Wein genossen, dass er nicht mehr gerade gehen konnte. Da musste ihn sein Bruder heimbringen, alleine hätte er den Weg nicht mehr geschafft. Der Alkohol aber hatte seine Zunge gelöst und er erzählte seinem Bruder, wie er zu seinem Reichtum gekommen war, von der Schelle, die er gefunden hatte, dem Zwerg aus dem Schacht und dem Silberschatz. Plötzlich hörten beide ganz in der Nähe eine Glocke silberhell klingen, konnten sie aber nicht entdecken. Da wurde der Berauschte mit einem Mal nüchtern und es fielen ihm die Worte des Bergmännleins ein, das ihn gewarnt hatte, das Geheimnis zu verraten, sonst würde er den Schatz für immer verlieren.

Als er wieder dazu in der Lage war, lief er sofort zu seinem Schacht in die Berge hinauf. Aber so lang er auch suchte, es war darin kein silberhaltiges Erz mehr vorhanden, nur noch taubes Gestein. Der Schacht des Bergmännleins aber war völlig verschwunden. Da nützte ihm alles Schimpfen und Fluchen nichts, die Quelle seines Reichtums war versiegt. Weil er aber das Arbeiten verlernt und sich das Trinken angewöhnt hatte, verlor er bald alles, was er hatte, musste Haus und Hof verkaufen und war ärmer als zuvor. Den Schatz des Zwerges und damit ein gutes Leben hatte er durch eigene Dummheit verspielt.

Die Bergmännlein und der Wandelstein

Vor Zeiten hausten in den Höhlen hoch oben am Wendelstein in Oberbayern uralte Männlein und bewachten sorgsam die Schätze, die im Berg verborgen waren. Nur ganz selten gelang es einem Menschen, sie zu beobachten, wenn sie des Nachts aus ihrem unterirdischen Reich kamen und im Mondlicht zwischen den Felsen spazieren gingen. Manchmal besuchten die Zwerge dann auch die hochgelegenen Almen, schlichen sich heimlich in eine Hütte und verrichteten dort Arbeiten, die deren Bewohner während des Tages nicht geschafft hatten. Sie räumten die Stube auf, machten Butter oder Käse, kochten das Essen für den nächsten Tag, kurz, sie halfen da, wo es notwendig war. Sie waren aber sehr scheu und wollten bei ihrem freundlichen Werk nicht beobachtet werden. War eine Sennerin zu neugierig und schaute ihnen bei der Arbeit zu, dann kamen sie, wenn sie es bemerkten, nie wieder auf diese Alm. Besonders armen und auch besonders fleißigen Menschen legten sie manchmal ein Geschenk hin, einen funkelnden Stein aus den Tiefen des Berges oder ein Stück Gold, das sie aus den Felsen herausgeschlagen hatten, denn sie hatten Mitleid mit den Armen und mochten die Fleißigen, weil sie selbst fleißig waren.

Die Almbewohner freuten sich über die Hilfe der Bergmännlein und über ihre Geschenke und achteten ihren Wunsch, nicht gesehen werden zu wollen. Als einmal eine junge Sennerin einen besonders schönen Stein, der wie pures Gold glänzte, erhalten hatte, lief sie voller Freude ins Tal hinunter und zeigte ihn überall herum. So gelangte die Kunde von dem wertvollen Geschenk auch in eines der Wirtshäuser im Umkreis und dort zu ein paar arbeitsscheuen, nichtsnutzigen Gesellen, die den ganzen Tag nur am Biertisch hockten und die Zeit totschlugen. Die wurden bei dieser Nachricht von Habgier gepackt und sahen eine Möglichkeit, ohne viel Mühe zu Reichtum zu gelangen.

„Die Zwerge gehen mit den Schätzen im Berg schlecht um", meinte einer und lachte böse. „Es ist doch nutzlos, sie den Leuten auf den Almen zu schenken, die können eh nichts rechtes damit anfangen. Bei uns wären sie viel besser aufgehoben!"

„Du hast recht!" stimmte ihm einer seiner Kumpane zu. „Ich glaube aber nicht, dass die Bergmännlein sie uns geben werden!"

„Wenn sie uns das Gold nicht freiwillig geben, dann müssen wir es uns eben selbst holen, ob es ihnen passt oder nicht!" erklärte ein anderer und erntete mit dieser Ansicht großen Beifall bei seinen Gesinnungsgenossen.

Schon am nächsten Tag, dass ihnen nur ja keiner zuvorkommen konnte, stiegen die Männer auf den Berg und versteckten sich neben den schroffen Felsen oberhalb der Almhütte, wo sie nach den Erzählungen der Sennerin den Eingang ins Zwergenreich vermuteten. In einem dichten Latschengebüsch, das sie völlig verbarg, warteten sie auf die Dunkelheit. Sie verhielten sich ganz still, um den Gnomen ihre Anwesenheit nicht zu verraten. Endlich, kurz vor Mitternacht, sahen sie im fahlen Licht des Mondes, wie sich mit einem Mal ein scheinbar undurchdringliches Gebüsch teilte und aus einer dahinter verborgenen Felsspalte mehrere Zwerge hervorkamen und lautlos zur Almhütte hinunterhuschten, wo sie ihr hilfreiches Werk verrichten wollten.

„Auf geht's," flüsterte einer der Männer triumphierend, als die Gnome außer Sicht- und Hörweite waren, „jetzt holen wir uns die Schätze!"

Sie zündeten die mitgebrachten Lampen an und zwängten sich durch die enge Felsspalte. Aber obwohl sie weit in das Innere des Berges vordrangen, konnten sie nirgends Gold finden.

„Verflucht," schrie einer zornig, „wo haben die elenden Wichte ihre Schätze bloß versteckt?"

„Da, da ist etwas!" rief ein anderer ganz aufgeregt. „Schaut her, hier ist das Gestein ganz anders wie sonst, vielleicht ist hier Gold!"

Er hielt die Lampe hoch, dass alle es sehen konnten.

„Hier ist der Fels eisenhaltig!" stellte einer der Männer sachkundig fest, als er den Fund genau geprüft hatte. „Das ist besser als nichts. Mit dem Abbau von Eisen ist auch eine Menge Geld zu verdienen."

Etwas enttäuscht, weil sie kein Gold gefunden hatten, aber doch einigermaßen zufrieden kehrten sie ins Tal zurück und versorgten sich dort mit den für ihr Vorhaben nötigen Werkzeugen. Am nächsten Tag stiegen sie schwerbeladen wieder auf den Berg, zwängten sich durch die Felsspalte und drangen bis zu der Stelle vor, wo das metallhaltige Gestein gewesen war. Zu ihrem größten Erstaunen aber fanden sie nur tauben Fels vor, wie überall sonst ringsum. Die erzhaltige Ader war verschwunden, so als hätte es sie nie gegeben.

„Das kann doch nicht wahr sein!"

„So etwas gibt es doch nicht!"

„Genau hier war das Eisen, ich habe es mit eigenen Augen gesehen! Ich bin doch nicht verrückt!"

So schrien sie durcheinander und hackten in maßloser Enttäuschung wütend auf den Felsen ein.

„Ein Stein voll Eisen kann sich doch nicht über Nacht in einen tauben Stein verwandeln, das ist einfach nicht möglich!"

„Vielleicht doch!" gab einer der Männer den anderen zu bedenken. „Vielleicht haben die Zwerge unser Eindringen in ihr Reich bemerkt und den Stein verwandelt, weil sie ihre Schätze nicht hergeben wollen."

Die anderen aber wollten davon nichts wissen und suchten stundenlang verzweifelt weiter. Doch es war umsonst. Das wertvolle Gestein war und blieb verschwunden. So mussten sie unverrichteter Dinge wieder abziehen und ihren Traum vom schnellen Reichtum aufgeben. Von Stund an aber waren auch die freundlichen Bergmännlein verschwunden und wurden nie mehr gesehen. Vergeblich warteten die Almbewohner noch lange Zeit auf die nächtlichen Besuche der Zwerge, bis sie endlich einsehen mussten, dass diese nie mehr wiederkommen würden. Seit dieser Zeit heißt der Berg, auf dem sich die Geschichte zugetragen hat „Wandelstein" und später „Wendelstein". (Anmerkung 20)

Der Wildschütz von Krün

Vor ein paar Menschenaltern, als in den bayerischen Bergen das Wildern noch gang und gäbe war, lebte in Krün ein ansonsten rechtschaffener Mann, dessen einzige Leidenschaft das verbotene Jagen war. Oft stieg er des Nachts durch die Wälder, das Gesicht geschwärzt, das Gewehr über der Schulter. Dann brachte er meist beim Morgengrauen ein Stück Wild heim, von dem niemand etwas wissen durfte.

Einst befand er sich wieder auf solch einem geheimen Pirschgang. Er war bei der Verfolgung eines Rehs in die Nähe des Garslainer Baches (Gassellahnbach?) bei Mittenwald gekommen, als er mit einem Mal einen eigenartigen, irgendwie unirdischen Schein durch die Bäume schimmern sah. Mitternacht war bereits vorüber, und die Geisterstunde hatte schon begonnen; darum überkam ihn ein leises Grauen. Größer noch als seine Furcht aber war seine Neugierde. Er schlich vorsichtig durch das Gebüsch, um zu erkunden, woher das seltsame Licht rührte.

Als er schon ganz nahe an den Bach gekommen war, erblickte er zu seinem Erstaunen an dessen Ufer ein merkwürdiges kleines Männlein. Es hatte einen langen eisgrauen Bart, der sein uraltes, zeitloses Gesichtchen fast verschwinden ließ. Geschäftig eilte es hin und her, schöpfte immer wieder mit einem Sieb Steine vom Grund des Wassers und wusch diese dann so lange, bis jeweils nur noch ein paar Goldbrocken in dem Sieb zurückblieben. Die nahm es dann und schmolz sie über einer kleinen blauen Flamme. Von dieser Flamme war der eigenartige Schein ausgegangen, der dem Wildschützen den Weg gewiesen hatte. Er konnte nicht feststellen, wovon sie gespeist wurde. Auf geheimnisvolle Weise stand sie einfach in der Luft. Der Wilderer riss seine Augen weit auf, um nur ja nichts von dem seltsamen Geschehen zu versäumen.

„Das ist gewiss ein Venedigermandl!" (Anmerkung 4) kam es ihm mit einem Mal in den Sinn. Er erinnerte sich, was seine Großmutter über diese merkwürdigen Gesellen erzählt hatte:

„Sie stammen aus Venedig und kennen alle Geheimnisse der Berge wie niemand sonst. Über alle Höhlen, Felsspalten, Wasserläufe und geheimen Gänge wissen sie Bescheid. Außerdem besitzen sie Erdspiegel (Anmerkung 5), die ihnen alle Schätze der Erde, sei es vergrabenes Gold, seien es Adern von wertvollem Metall im Gestein oder sei es das Gold in den Flussläufen, ganz klar und deutlich zeigen."

Diese Worte gingen ihm durch den Kopf und er beschloss:

„Ich will das Männlein fragen, ob es mich einen Blick in seinen Erdspiegel tun lässt. Es wird ihm wohl nichts ausmachen, denn es hat ja genug Gold und wird nichts vermissen, wenn es mir ein wenig davon abgibt. Ich aber werde ein reicher Mann sein und kann mir endlich ein eigenes Jagdrecht kaufen."

Voller Vorfreude auf den künftigen Reichtum verließ er sein Versteck. Kaum jedoch hatte ihn das seltsame Wesen erblickt, da war es auch schon verschwunden, so als hätte es ein unsichtbarer Wind fortgeblasen. Auch das Gold und die blaue Flamme waren nicht mehr zu sehen.

Der Wildschütz strich sich verwundert über die Stirne und meinte schon, alles nur geträumt zu haben. Da aber bemerkte er vor sich im Gras den Löffel, mit dem das Männlein Gold geschmolzen hatte. Er bückte sich, hob ihn auf und betrachtete ihn von allen Seiten. Obwohl er nichts Ungewöhnliches daran entdecken konnte, nahm er ihn mit nach Hause und bewahrte ihn dort auf.

Viele Jahre später erzählte er diese Geschichte seinem Enkel, dem Gerold von Krün, der den Löffel dann noch lange Zeit als Erinnerung an das seltsame Abenteuer seines Großvaters hoch in Ehren hielt und die Geschichte desselben im Jahre 1847 an seine Nachkommen weitergab.

Geheimnisvolle Weibl im Werdenfelser Land

Nahe bei Krün, mitten im Herzen des Werdenfelser Landes, liegt ein Hügel, der ehemals „Plätschtal" genannt wurde. Die kleine Erhebung ist ringsum von sumpfigem Boden umgeben, wo im hohen Riedgras die scheuen Bewohner des Moores ihren Unterschlupf finden. In dieser einsamen, und besonders bei Nacht, wenn das Käuzchen ruft und die Irrlichter ruhelos umherhuschen, etwas unheimlichen Gegend, ist das „Finzweibl" zu Hause.

Irgendwo unter dem Moos, zwischen dem niederen Gestrüpp soll dieses gutmütige Gespenst wohnen, das in Krün und Wallgau früher allgemein bekannt war. Viele einheimische Bergbauern, aber auch ortsfremde Wanderer, die auf dem Weg durch die herrliche Alpenwelt die Zeit vergessen und sich verspätet hatten, wollen das Finzweibl gesehen haben.

Sie beschreiben es als kleines, unscheinbares Wesen, mehr einem Kobold denn einer Frau ähnlich. Es soll jahraus, jahrein in ein seltsames Gewand aus lauter braunen, grünen und grauen Flecken gehüllt sein. Das Weibl benutzt dieses Kleid wie eine Tarnkappe.

Es ist der Umgebung, in der es lebt, so gut angepasst, dass niemand es, wenn es nicht gesehen werden will, vom Moos, vom Riedgras oder vom Moor unterscheiden kann. Auf dem Kopf trägt es einen eigenartigen Hut, dessen Krempe derart groß und breit ist, dass sein Gesichtchen fast ganz darunter verschwindet.

In den heiligen Zeiten des Jahres, im Advent, in der Fastenzeit oder an hohen kirchlichen Feiertagen, soll der kleine Moorgeist früher besonders häufig unterwegs gewesen sein. Da konnte es geschehen, dass ein Zecher, den das Bier zu lange in einem der Gasthäuser Wallgaus festgehalten hatte, auf dem Heimweg am Ausgang des Ortes plötzlich das seltsame Weibl neben sich bemerkte. Und ob es ihm nun passte oder nicht, die kleine Koboldin begleitete ihn von da an unverdrossen, tippelte munter vor oder neben ihm herum, sprang auf und nieder und ließ sich weder durch böse Worte noch durch drohende Gesten vertreiben. Erst bei der Finzbrücke von Krün verschwand das Weibl dann wieder auf ebenso geheimnisvolle Weise, wie es gekommen war. Der verwunderte Zecher mochte sich auch noch so sehr die Augen reiben und an seinem Verstand zweifeln, es war von dort an verschwunden, als hätte es der Erdboden verschluckt.

Viele Einheimische behaupten auch, das Gespenst des Abends manchmal auf den Bäumen der Gegend zwischen Wallgau und Krün sitzen gesehen zu haben. Wie ein zerzauster, fremdartiger Riesenvogel muss es da gewirkt haben. So trieb das Finzweibl früher als nächtlicher Kobold sein harmloses Unwesen. Niemand aber kann sich beklagen, außer einem gelinden Schrecken vielleicht, durch es Schaden genommen zu haben. –

Ein ähnliches Wesen, wie das Finzweibl bei Krün, wohnt im nahegelegenen Mittenwald. Es wird von den Einheimischen „Arzweibl" genannt, weil es in der Arzgrube dort, einer tiefen Felsenklamm, hausen soll. Auch das Arzweibl gesellt sich am frühen Abend zu dem einsamen Wanderer, der aus den Bergen kommt, oder in später Nacht zu dem Zecher, der auf dem Heimweg von einem Gasthaus ist. Es hüpft vor seinem Opfer her, tanzt um es herum und narrt es auf vielerlei Art und Weise, bis der Betreffende ganz verwirrt ist, stolpert, hinstürzt oder in die Irre läuft. Dann lässt es wieder von ihm ab und verschwindet in der Dunkelheit. Oft haben Leute, die dem Arzweibl begegnet sind, sehr lange gebraucht, bis sie wieder den richtigen Weg gefunden haben und nach Hause gekommen sind. –

In Garmisch ließ sich früher in den Tagen des Advents, kurz vor Ostern oder an den hohen Kirchenfesten selbst, ein gespenstisches altes Weiblein sehen, das die Ortsansässigen als „Bad-Weibl" bezeichneten. Doch ebenso wie das Finzweibl von Krün und das Arzweibl von Mittenwald, so ist auch das Bad-Weibl von Garmisch schon lange nicht mehr zum Vorschein gekommen. Wer weiß, vielleicht hat der Rummel, der heutzutage in den ehemals so stillen Bergdörfern herrscht, diese harmlosen und gutmütigen Kobolde, die immer zu allerlei Schabernack aufgelegt waren, endgültig in ihre Schlupfwinkel zurückgescheucht.

Die Venedigermandl bei Mittenwald

In früheren Tagen kamen in die Berge um Mittenwald oft kleine dunkle Männer, die man „Venediger" nannte, weil sie aus dieser reichen, alten Stadt in Italien stammen sollten (Anmerkungen 4 u. 5). Sie gruben dort an geheimen Plätzen und stets schleppten die geheimnisvollen Fremden, von denen man nie recht wusste, was sie eigentlich im Gebirge gesucht hatten, so schwere Säcke herab, dass es aussah, als müssten sie jeden Moment unter deren Last zusammenbrechen.

Solche Venedigermandln sollen auch am Garslainer Bach (Gassellahnbach?) bei Mittenwald nach Gold gegraben haben. So jedenfalls berichtet eine Überlieferung aus alter Zeit. –

Es wird aber auch von drei Venedigerfräulein berichtet, die sich in alter Zeit bei Mittenwald oft zeigten. Wenn man aber auf sie zuging, verschwanden sie, weil sie sich verblenden (unsichtbar machen) konnten. Immer wieder hörten die Leute sie ihre Namen schreien: Strutzimutzi, Sträußlifaißli und Steintod; so lange, bis man den Schatz der drei Venedigerfräulein fand und daraufhin in Ried die Arzgruben eröffnet wurden. –

Die Venediger sollen bei Schlehdorf von der Roten Wand ganze Säcke voll schwarzen Sand fortgeschafft haben. Warum schwarzen Sand und nicht Gold? Das weiß keiner; es wurde aber vermutet, dass sie mit Hilfe ihrer alchimistischen Künste in der Lage waren, diesen in das begehrte Metall zu verwandeln.

Der Kobold in der Leutascher Klamm

Seit vielen tausend Jahren wohnt in der Leutascher Klamm ein kleiner Berggeist. Früher hatte er auf der Bergspitze gelebt und sich mit den Elfen um die Pflanzen und Tiere dort gekümmert, sich aber dann in die Klamm zurückgezogen, weil sie ihm so gut gefiel. Er springt übermütig von Felsklippe zu Felsklippe und je enger die Klamm wird, desto wohler fühlt er sich.

Als er vor langer Zeit einmal aus der Klamm herauskam, erschraken die Leute über sein koboldartiges Aussehen und warfen Steine nach ihm, um ihn wieder zurückzutreiben. Darüber war er sehr zornig geworden, denn er hatte den Menschen nie etwas Böses getan. Von nun an verschwanden viele, die auf der Suche nach ihm tief in die Klamm vordrangen, spurlos.

Nur noch manchmal, so heißt es, kommt er in unseren Tagen bis in die Gegend um Mittenwald aus der Klamm heraus und wandert dort umher. Dann ist anschließend das Gras der Wiesen ringsum mit funkelndem Goldstaub überzogen, den er überall verstreut hat. Seine Fußspuren oder andere Merkmale seiner Anwesenheit sind aber nicht zu sehen. Dem, der versucht, das Gold aufzuheben, zerfällt es jedoch schon bei der geringsten Berührung zu Asche.

Das seltsame Mandl vom Wetterstein

Ein Hirte, namens Matthias, wollte einmal seinen Freund auf einer Alm auf dem Reintalanger besuchen. Schon früh am Morgen war er aufgebrochen und machte sich erst am späten Nachmittag wieder auf den Heimweg. Als er gerade durch das Reintal ging, brach ein fürchterliches Unwetter los. Ein Gewitter im Gebirge kann für Menschen sehr gefährlich werden; darum drückte sich der Mann unter eine überhängende Felswand, um ein wenig Schutz vor den Unbilden der Natur zu haben. Ein paar Schritte neben ihm toste die zu einem reißenden Gewässer angewachsene Partnach ins Tal.

Der Regen fiel wie aus Kübeln geschüttet aus den dunklen Wolken und bald gelang es dem Burschen nicht mehr, sich auf dem glitschigen und abschüssigen Gelände zu halten; er stürzte ins Wasser hinab.

Sogleich wurde er mitgerissen und in einem wilden Strudel unter das schäumende Wasser gedrückt. Dabei vermeinte er, das höhnische Gelächter eines unsichtbaren Wesens, das sich über sein Unglück freute, zu hören. Er verlor fast die Besinnung und glaubte schon, sein letztes Stündlein habe geschlagen; da packte ihn plötzlich eine Hand und zog ihn mit übermenschlichen Kräften ans rettende Ufer.

Der Hias keuchte, spuckte und versuchte, wieder zu Atem zu kommen. Als er sich endlich ein wenig erholt hatte und aufblickte, sah er vor sich ein stämmiges Männlein, das zwar steinalt, aber bärenstark war und ihn gerettet hatte.

„Hast Glück, dass ich hier wohne," brummte es, „sonst hätten dich die bösen Wetterhexen ertrinken lassen. Ich hab' dich gerade noch erwischt!"

„Danke, dass du mich aus dem Wasser gezogen hast!"

Der Bursche gab dem Männlein die Hand und beteuerte, dass er ewig in seiner Schuld stehe. Das aber wehrte ab und meinte:

„Ich hab's gern getan, besonders weil ich damit den bösen Weibern eins auswischen kann! Die mag ich nicht, weil sie mir mein Geschäft vermiest haben." Dabei drohte es mit der Faust den dunklen Wolken, in denen es seine Feindinnen wusste.

Und es erzählte dem Hias, dass er einst feine grüne Farbe in den Bergen gefunden und immer nach Venedig gebracht habe, wo sie zum Einfärben der teuersten Fürstengewänder benutzt worden sei. Als es wieder einmal eine Butte voll der wertvollen Farbe aus den Bergen getragen habe und gerade an dieser Stelle in der Partnachklamm angekommen war, hätten die Wetterhexen ein ähnlich furchtbares Gewitter zusammengeschoben, wie das, in dem der Bursche beinahe ums Leben gekommen wäre. Ein Blitz habe es mitsamt seiner Butte von der Brücke, die damals an dieser Stelle über die Partnach führte, ins Wasser geschleudert. Dabei sei seine kostbare Farbe ausgelaufen. Die boshaften Weiber hätten dazu nur höhnisch gelacht.

„Schau", fuhr das seltsame Mandl fort, „ ab hier ist die Partnach ganz grün geworden und sie ist es bis heute und in alle Ewigkeit!"

Staunend erkannte Hias, dass die vorher helle und klare Partnach ab der genannten Stelle tatsächlich die Farbe ihres Wasser gewechselt hatte und von da an grün war.

„Ja, ja, die Wetterhexen sind böse Weiber", murmelte das Mandl vor sich hin, „aber ich hab' ihnen heut eins ausgewischt und dich gerettet, hihihi; das wird sie ärgern!"

Dann war das Mandl auf einmal verschwunden, als hätte es der Erdboden verschluckt. Der Hias aber erinnerte sich, dass seine Großmutter immer allerlei Geschichten vom Wettersteinmandl erzählt hatte. Da wusste er, dass er diesem gutmütigen Berggeist begegnet war.

Mittenwald mit Karwendel – alter Stich

Die Zwerge in der Höllentalklamm

Viele Jahrhunderte lang betrieben die Menschen im Höllental Bergbau. Dabei begegneten die Knappen, so wird berichtet, immer wieder seltsamen kleinen Männchen mit uralten Gesichtern und langen Bärten, die Zwerge oder Wichtelmänner genannt wurden.

Die Zwerge, so heißt es, schürfen selbst in den unterirdischen Gängen nach wertvollen Erzen und haben daher immer Laternen, Hammer und Fäustel dabei. Oft treiben sie mit den Bergleuten Schabernack, verstecken deren Arbeitsgeräte oder bewerfen sie mit kleinen Steinchen. Trotzdem sind sie den Menschen wohlgesinnt, zeigen ihnen manchmal den Weg zu verborgenen Schätzen und ersparen ihnen dadurch oft eine lange und mühsame Suche. Auch wenn jemand von den Knappen sich verirrt hat oder sonst irgendwie in Gefahr gerät, kommen ihm die Zwerge zu Hilfe.

So wurde einmal ein ganz junger Mann, der gerade den Kindesbeinen entwachsen war, von den Zwergen gerettet, als er einmal vom Weg abgekommen war, in den Felswänden unterhalb des Bergwerkeinganges festsaß und weder vor noch zurück konnte. Mitleidig zeigte ihm einer der kleinen Wichte einen verborgenen Gang, durch den er sich in das Berginnere flüchten konnte. Dieser führte tief hinein in das Reich der Zwerge. In einem riesigen Gewölbe konnte er zuschauen, wie die Männlein dort im Licht von unzähligen Fackeln arbeiteten. Die einen schleppten schwere Säcke mit Steinen, andere schmolzen das Erz aus ihnen heraus, wieder andere hämmerten auf Ambossen das gewonnene Metall in verschiedenste Formen. Alle Zwerge arbeiteten schier unermüdlich. Staunend sah ihnen der junge Mann eine ganze Weile zu und bedankte sich dann dafür, dass sie ihn gerettet hatten.

„Du darfst aber niemals sagen, wie du in unser Reich gekommen bist und was du hier gesehen hast, das musst du uns versprechen, bei allem, was dir heilig ist!"

Diesen Schwur verlangte der Oberste der Zwerge von ihm. Und der Junge versprach es hoch und heilig. Da schenkte ihm der Zwerg ein wunderschönes silbernes Medaillon, das ihn immer an sein Versprechen erinnern sollte und ließ ihm von seinen Leuten den Weg zurück ins Höllental zeigen. Der Gerettete erzählte niemandem von diesem Erlebnis. Erst lange nach seinem Tod, als man sein Tagebuch fand, wurde die Geschichte bekannt.

Noch heute kann man, wenn man sich etwas abseits auf einem Felsen im Höllental aufhält und mucksmäuschenstill ist, das Hämmern und manchmal sogar das Lachen und Wispern der Zwerge hören, die tief im Berg drinnen arbeiten.

Die Schatzgräber auf der Kaseralm

Der Heimgarten, der, wie sein Name sagt, früher von den Leuten aus seiner Umgebung als Treffpunkt benützt wurde, um Hochzeiten und Erbschaften oder Verträge auszuhandeln und um zu besprechen, was sie sonst irgendwie bewegte, galt seit jeher als ein Schatzberg, in dessen Innerem ganz besondere Reichtümer auf ihre Entdeckung warten. Es heißt, dass sich ergiebige Goldadern durch den ganzen Berg ziehen. Diese sollen in früheren Tagen, als man ihre Lage noch genau kannte, sogar in Bergwerken abgebaut worden sein, die aber heute ganz verfallen und verschüttet sind. Sogar eine Goldquelle soll es gegeben haben, die heute leider nicht mehr zu finden ist. J. N. Sepp beschrieb sie 1876 so:

Auf halbem Wege nach der Höhe des Heimgarten steht eine ermauerte Almhütte, hundert Schritte davon ergibt sich ein tiefes Loch, in welches sich durch eine Bleiröhre besagte Quelle ergoss, die Goldsand mit sich führte, ein Seiher fing das Gold in der Größe von Gerstenkörnern auf.

Die nahe bei der Kaseralm gelegene Goldquelle soll im 18. Jahrhundert dem Schlehdorfer Propst Leonhard bekannt gewesen und von ihm ausgebeutet worden sein, wie es heißt zur Beschaffung der Monstranz aus reinem Gold für die Schlehdorfer Klosterkirche.

Einmal traf ein sehr armer Bauer, er hieß Joseph Hägle, auf dem Friedhof ein seltsames Männlein, das behauptete, zu wissen, wo der Schatz am Heimgarten verborgen sei, und das mit ihm auf die Kaseralm gehen wolle, um ihm das Versteck zu zeigen.

„Du bist ein armer Schlucker, aber ein rechtschaffener Mann, darum will ich dir helfen", sagte es zu ihm.

Es war mitten im tiefsten Winter, doch der Hägle ging mit dem Männlein noch am gleichen Abend auf die Alm. Um Mitternacht sprang plötzlich die Türe der Hütte, in der sie Unterschlupf gesucht hatten, auf, und ein Fremder in Jägerkleidung begehrte Einlass. Entsetzt wich der Bauer vor dem Unheimlichen zurück; der Eindringling aber schleuderte Pickel und Schaufel gegen die Wand, dass die Funken nur so sprühten. Das Männlein beruhigte den zu Tode erschrockenen Bauern, der schon fliehen wollte, und bewog ihn, zu bleiben. Am nächsten Tag zeigte es ihm die Stelle, wo der Schatz sein sollte. Dann verschwand das seltsame Männlein spurlos.

Der Hägle sah sich den Ort genau an und merkte ihn sich an verschiedenen Bäumen oder markanten Felsvorsprüngen, denn er konnte nicht mit dem Graben beginnen, weil der Boden gefroren und mit Schnee bedeckt war. Im nächsten Frühjahr stieg er mit seinen Freunden, dem Velhäusl aus Heilbrunn und einem Zimmermann aus Wackersberg, wieder zur Kaseralm hinauf. Die drei gruben im Schweiße ihres Angesichts viele, viele Wochen lang einen etwa 50 Klafter tiefen Stollen, aber sie fanden nichts.

Immer wieder, so heißt es, hätten sie Visionen gehabt, die sie zum Weiterarbeiten ermutigten; beispielsweise sah einmal einer von ihnen vor seinem geistigen Auge eine Schatzkiste oder ein anderer einen geheimnisvollen Abt, der ihrem Vorhaben Erfolg verhieß und sie so von der Aufgabe ihres Vorhabens abhielt. Sie fanden aber nichts, nur sog. Katzengold (Schwefelkies). Da zeigten sie ihren Fund dem Apotheker von Benediktbeuern und der meinte:

„Macht nur weiter, hinter Katzengold stößt man oftmals auf richtiges Gold."

Aber es war nicht so. Sie fanden nichts. Zuletzt kamen die drei Goldsucher, die nur noch verbissen gruben und keiner anderen Arbeit mehr nachgingen, an den Bettelstab. Das Gewerbe des Zimmermannes aus Wackersberg ging völlig zugrunde, weil er sich so lange nicht darum gekümmert, sondern nur gegraben hatte. Die beiden anderen, so heißt es, seien sogar dermaßen in Armut geraten, dass sie schließlich verhungert seien. Von dem seltsamen Männlein aber hat nie mehr jemand etwas gehört oder gesehen.

Das Venedigermandl bei Unterammergau

In Unterammergau wurden die Venedigermandln früher oft gesehen. Jörg Denzer befragte dazu Josef Schratt senior, der erzählte:
„Bei uns im Haus hat das Mandl gewohnt, wenn es sich vom Goldsuchen in den Bergen ausgeruht hat. Die anderen im Dorf haben Angst gehabt, weil's geheißen hat, dass es zaubern kann. Immer im Frühjahr ist das Venedigermandl gekommen und hat den Sommer über oben in den Bergen nach Gold gesucht, in den Gufellöcher-Höhlen."

Er berichtete weiter, was ihm einst seine Vorfahren über das Venedigermandl überliefert hatten, dass es nämlich im Herbst, wenn es genug Gold aus den Höhlen am Laubeneck gesammelt hatte, wieder nach Italien zurückgekehrt sei.

Aus Dankbarkeit für die ihm gewährte Gastfreundschaft habe der Zwerg nach vielen Jahren bei seinem letzten Besuch dem Ur-Ur-Großvater von Josef Schratt angeboten, ihm den Ort zu verraten, wo das Gold zu finden sei, ja ihn sogar hinzuführen. Der aber habe Angst vor den Zauberkünsten des Zwerges gehabt und ihm nicht ganz getraut. Darum sei er nicht mitgegangen. So kommt es, dass heute niemand mehr weiß, wo das Gold verborgen ist.

Das Erdmännlein bei Schondorf

In einem Wald – er heißt heute noch Weingarten – bei Unterschondorf am Ammersee, gleich bei der römisch-romanischen Kapelle, soll vor Zeiten ein Nonnenkloster gewesen sein, das einen großen Weingarten hatte. Durch unterirdische Gänge soll es mit den Klöstern Andechs und Dießen verbunden gewesen sein.

In diesem Kloster wohnte siebzig Jahre lang – so berichtet die Sage – ein Erdmännlein. Es machte sich nützlich, wo es nur konnte, schwang das Rauchfass in der Kirche, trug die Schleppe der Äbtissin Frau Hatulun und verrichtete derlei Arbeiten mehr. Solange sich das kleine Wesen im Kloster befand, war es, als ruhe ein besonderer Segen darauf. Einmal aber wurde dem Erdmännlein von einer jungen Novizin, die es nicht mochte, ein Leid zugefügt. Da verließ es das Kloster und verschwand für immer. Mit ihm wich auch der Segen. Schlag auf Schlag brach schlimmes Unglück über das Kloster herein: Die Weinstöcke verdorrten, Frau Hatulun legte sich zum Sterben nieder, und an ihrem Todestag zündeten die Hunnen das Kloster an und machten es dem Erdboden gleich. Der Überlieferung nach stand diese Geschichte in einem alten Buch, das noch Mitte des 17. Jahrhunderts in der Kirche des Dießener Klosters angekettet gewesen sein soll.

Der Goggolore am Ammersee

Zur Zeit des Dreißigjährigen Krieges trieb in der Gegend um den Ammersee, hauptsächlich um Utting und Finning, ein Kobold sein Unwesen. Er wurde Goggolore genannt und gehörte zum „heimlichen Volk". Nach Meinung der Leute wohnte dieses Zwergenvolk in den Höhlen unter der Erde, wo es die edlen Erze, kostbares Gestein und dergleichen Schätze mehr vor dem Zugriff der Menschen hütete. Beim Goggolore ist wahrscheinlich die Erinnerung an einen keltischen Gott gleichen Namens (Anmerkung 21), der als gutmütig und verschmitzt galt, im Volk lebendig geblieben.

Der Goggolore war ein Männchen, etwa so groß wie ein Männerschuh, hatte ein apfelgroßes Köpfchen, riesige grüne Augen in einem uralten Gesicht und einen spärlichen weißen Bart. Seine Ohren waren groß und spitz wie die der Fledermäuse. Er galt als ein rechter Schalk und trieb gerne seinen Schabernack mit den Leuten, die ihn nicht leiden konnten. Wer aber freundlich zu ihm war, dem half er, wo er nur konnte. Rund um den Ammersee erzählte man sich früher viele Geschichten um den kleinen Kobold.

So soll er oft in den Höfen der Bauern Unfug getrieben haben, etwa frische, noch dampfende Kuhfladen in die Stube geschleppt, sich selbst in die Schüssel mit dem angesetzten Hefeteig zum

Schlafen gelegt oder die Würste im Rauchfang so durcheinandergedreht haben, dass die Hausfrau lange brauchte, sie wieder zu entwirren. Einmal soll er sogar dem Herrn Pfarrer, der ihn gar nicht mochte, einen großen Haufen Kot auf die Butter im Butterfass gesetzt haben. Viele Streiche haben wohl Lausbuben ausgeheckt und sie dann dem Goggolore in die Schuhe geschoben.

Nach dem Ende des Dreißigjährigen Krieges hörte man nichts mehr vom Goggolore. Die Geschichten über ihn sind aber noch heute lebendig. (Anmerkung 22)

Die Wichtelmühle von Überacker

Im Landkreis Fürstenfeldbruck am Südrand von Überacker, unmittelbar an der Maisach, befand sich früher eine alte Mühle, die ihre Besitzer zu reichen Leuten gemacht hatte. Zur Zeit des „langen Krieges" (Dreißigjähriger Krieg) aber fiel sie einem verheerenden Brand zum Opfer. Alles, was der Müller besessen hatte, war in ein paar Stunden in Flammen und Rauch aufgegangen. Am Tag nach der Katastrophe saß er völlig verzweifelt neben den verkohlten Resten seines Hauses auf einem der großen Mühlsteine, denen das Feuer nichts hatte anhaben können. Stumm blickte er auf die rauchenden Trümmer und wusste nicht ein noch aus.

Da hörte er plötzlich neben sich eine feine Stimme, die mitfühlend sagte: „Ich sehe deine Not und will dir helfen!"

Verblüfft blickte sich der Müller um, aber er konnte niemanden entdecken. Die feine Stimme sprach jedoch weiter:

„Du musst mir aber versprechen, dass du mich mein Werk ungestört tun lässt, sonst kann ich dir nicht helfen."

Frohen Herzens versprach der Müller alles, was von ihm verlangt wurde, wenn er sich auch nicht vorstellen konnte, wie ihm, der alles verloren hatte, noch geholfen werden sollte. Trotzdem fühlte er sich etwas getröstet und legte sich auf den Boden, um ein wenig zu schlafen. Und er schlief vor Erschöpfung ganz tief und fest bis zum nächsten Morgen. Da wurde er von einem vertrauten

Klappern geweckt, so wie früher, als seine Mühle noch stand. Erstaunt blickte er auf und konnte kaum fassen, was er da sah:

In der Nacht war die Mühle von unsichtbaren Händen wieder aufgebaut worden. Sie stand stattlicher da als je zuvor. Die verkohlten Trümmer waren verschwunden, so, als hätte es nie einen Brand gegeben. Das Mühlrad klapperte geschäftig, und bald waren Säcke und Truhen des Müllers wieder vollgefüllt mit feinstem Mehl.

„Ich möchte doch zu gerne wissen, wer das alles zuwege gebracht hat", dachte der Müller, der seinen Helfer niemals zu Gesicht bekam.

Von Neugier gepackt achtete er nicht mehr auf das Versprechen, das er diesem gegeben hatte. Eines Nachts legte er sich auf die Lauer und harrte gespannt der Dinge, die da kommen sollten. Da sah er zu seinem höchsten Erstaunen ein kleines Männlein geschäftig hin- und hereilen und alleine Arbeiten verrichten, die drei kräftige Knechte zusammen nicht geschafft hätten. Es schleppte die schwersten Kornsäcke, so leicht, als wären sie nur mit Federflaum gefüllt.

„Den muss ich mir fangen", dachte der Müller, von Geldgier gepackt, „der darf nicht mehr fort, der muss immer für mich arbeiten, dann habe ich ausgesorgt für mein ganzes Leben!"

Er wartete gespannt auf eine günstige Gelegenheit, sein Vorhaben in die Tat umzusetzen. Als der Wichtel einmal ganz in eine große Mehltruhe hineingestiegen war, sprang der Müller rasch aus seinem Versteck hervor, schlug den Deckel zu und sperrte die Truhe noch mit einem Schlüssel zu.

„Jetzt hab' ich dich!" grinste er schadenfroh, ohne daran zu denken, dass ihm der Zwerg in seiner höchsten Not geholfen hatte. „Dich lasse ich nie mehr gehen, dann brauche ich keine Knechte zu bezahlen und werde ein ganz reicher Mann!"

Als er aber am nächsten Morgen in die Truhe schaute, um seinen Gefangenen herauszuholen, war sie leer. Auch in allen anderen Truhen und Säcken, die gestern noch prall gefüllt mit Korn oder Mehl gewesen waren, befand sich nichts mehr. Ihr Inhalt war spurlos verschwunden, so, als sei er nie vorhanden gewesen; überall war nur gähnende Leere, kein noch so kleines Körnchen Getreide war zu sehen und auch kein Stäubchen Mehl. Nun packte den Müller die Reue und er rief verzweifelt nach dem Männlein. Aber es war vergebens, der Wichtel ließ sich nie mehr blicken.

Der undankbare Müller kam fortan auf keinen grünen Zweig mehr, verlor seine Mühle wieder und starb in bitterster Armut.

Augsburg – Stich von D. Meißner, Politisches Schatzkästlein, 1678

Das Wichtelenloch bei Mergentau

Nahe Friedberg im schwäbischen Oberbayern befindet sich bei Mergentau an einem steilen Waldhügel – Katzensteig genannt – das „Wichtelenloch", wie es von den Leuten seit undenklichen Zeiten genannt wird. Es führt in ein weit verzweigtes Ganglabyrinth unter der Erde (Anmerkung 23).

Hier sollen einst gute Berggeister, die Wichtelen, gewohnt haben. Nachts kamen sie heimlich aus dem Berg, gingen in die umliegenden Häuser und verrichteten dort die Arbeit, die von den Menschen am Tag nicht geschafft worden war. Vor allem dem Müller des Ortes, so heißt es, hätten sie viel geholfen.

Die Leute stellten ihnen aus Dankbarkeit jeden Abend Speisen und Getränke auf die Tische in den Stuben. Das wurde von den

Wichtelen gerne angenommen. Als aber der Müller, weil er gesehen hatte, wie ärmlich die Wichte gekleidet waren, ihnen einmal schöne Jacken und Hosen zum Anziehen hingelegt hatte, verschwanden sie für immer. Sie mussten fortziehen, weil sie – nach den Gesetzen der hiesigen Zwerge – für ihre Arbeit wohl Essen und Trinken, nicht aber sonst einen Lohn annehmen durften.

Der Zauberspiegel am Hirschsprung

Es ist schon sehr, sehr lange her, da fand einmal ein Bauer aus Obermaiselstein im Allgäu auf einer Wiese beim Hirschsprung eine Spiegelscheibe. Neugierig schaute er hinein, erblickte aber zu seiner höchsten Verwunderung nicht sich selbst darin, sondern eine Felsenhöhle in der Nähe, in der goldene und silberne Zapfen – wie Tropfsteine – herabhingen. Auch sah er ein kleines Männlein, das diese abbrach und in einen Sack steckte.

Da wusste der Bauer, der schon viel darüber gehört hatte, dass er den Bergspiegel eines Venedigers (Anmerkungen 4 u. 5) gefunden hatte, mit dem alle Schätze im Erdinnern sichtbar werden. Inzwischen hatte das Männlein, das in der Höhle die goldenen Zapfen einsammelte, den Bauern entdeckt, kam eilig heruntergeklettert, lief auf ihn zu und bat:

„Bitte gib mir meinen Spiegel wieder. Ich habe ihn nur bei meiner Arbeit in die Wiese gelegt, um ihn nicht zu zerbrechen, denn er ist ein sehr wertvolles Ding!"

„Freilich", lachte da der Bauer, „damit kann man ja alle Schätze sehen!"

Aber er war ein ehrlicher Mann, daher gab er dem Venediger seinen Spiegel zurück. Hastig steckte der Kleine ihn ein, bedankte sich bei dem Bauern und schenkte ihm einen der goldenen Zapfen. Dabei lud er ihn ein, doch einmal zu ihm nach Venedig zu kommen.

„Ich würde mich sehr freuen, dich dort in meinem Haus begrüßen zu dürfen."

„Wer weiß," meinte der Bauer schmunzelnd, „vielleicht besuche ich dich wirklich einmal."

Nachdem er sich von dem Venediger verabschiedet hatte, ging er nach Hause. Aber schon am nächsten Tag machte er sich auf den Weg nach Sonthofen, verkaufte dort den goldenen Zapfen und bekam so viel Geld dafür, dass er alle seine Schulden zahlen, sein Haus richten und verschönern konnte und immer noch so viel übrig hatte, dass er mit seiner ganzen Familie in Zukunft sorgenfrei leben konnte. Da erinnerte er sich daran, dass der Venediger ihn eingeladen hatte.

„Jetzt kann ich es mir leisten, auf Reisen zu gehen", dachte er vergnügt. Im Herbst, als alle Arbeit in Haus, Hof und auf den Feldern getan war, machte er sich daher auf den Weg nach Venedig. Seine Bäuerin wollte zuhause bei den Kindern bleiben, ließ ihn aber mit Gottes Segen ziehen. Viele Tage wanderte der Mann über die Alpen, manchmal nahm ihn auch ein Fuhrmann ein Stück des Weges mit, bis er endlich in die Lagunenstadt kam. Ziellos ging er dort auf den schmalen Gassen zwischen den Palästen und Kanälen umher, bestaunte die Pracht und wusste nicht, wie er „seinen" Venediger finden könnte.

„Nun bist du also doch zu mir zu Besuch gekommen, das freut mich sehr!" sprach da plötzlich eine Stimme, die er kannte, hinter ihm. Als er sich umdrehte, erkannte er den Venediger vom Hirschensprung. Im Gegensatz zu ihrer ersten Begegnung, war er aber diesmal in kostbare Gewänder aus Samt und Seide gehüllt.

„Wie hast du mich in der riesigen Stadt unter den vielen Menschen denn gleich gefunden?" fragte er erstaunt. Da lachte der Venediger und erklärte:

„Ich habe doch den Zauberspiegel! Der zeigt mir nicht nur die Schätze im Berg, sondern alles, was ich sehen will. Ich habe auch dich auf deiner Wanderung gesehen und schon gewusst, dass du bald kommst!"

Dann führte er ihn in ein prächtiges Gebäude mit vielen Balkonen und zierlichen Säulen. Im Inneren des Palastes waren überall Marmorböden und kostbare Möbel, wertvolle Teppiche und schöne Gemälde. Inmitten eines riesigen Speisezimmers war schon eine Tafel mit köstlichen Speisen, die der Bauer fast alle nicht kannte, aufgetragen worden. Er durfte sich mit dem Venediger zu Tisch setzen und essen, was er nur wollte.

„Wenn das meine Frau sehen könnte, sie würde es nicht glauben!" staunte der Bauer ganz überwältigt.

„Ich kann es ihr jetzt nicht zeigen, nur wenn sie herkommt", bedauerte das Männlein. „Aber wenn du deine Frau und deine Kinder sehen willst, das kann ich dir schon ermöglichen!"

„Ja wie denn?" fragte verblüfft der Bauer.

„Ich habe doch den Zauberspiegel!" erinnerte ihn der Venediger. „Nach dem Essen kannst du hineinschauen!"

Als es Zeit zum Schlafengehen wurde, führte er seinen Gast in ein schönes Zimmer mit einem gemütlichen Himmelbett. Dort nahm er den Spiegel aus einer Lade und ließ ihn hineinblicken. Da sah dieser seine Bäuerin am Bett eines der Kinder, das schwer krank zu sein schien, stehen und weinen. Nun wurde der Mann von solcher Sorge um seine Lieben und von so großem Heimweh gepackt, dass er am liebsten gleich aufgebrochen wäre, um zu ihnen zurückzukehren. Mühsam überredete ihn sein Gastgeber, doch nicht in der Nacht, sondern erst am nächsten Morgen die Rückreise anzutreten. Obwohl das Bett sehr warm und weich war, konnte der Bauer fast die ganze Nacht nicht schlafen, weil er immer an zuhause denken musste. Nur gegen Früh schlummerte er ein wenig ein.

Als er erwachte, befand er sich zu seiner höchsten Verwunderung nicht mehr in dem Palast des Venedigers, sondern vor seinem Haus in Obermaiselstein. Gerade als er eintreten wollte, kam seine Frau freudig heraus, umarmte und begrüßte ihn und sagte:

„Gott sei Dank, du bist wieder da! Wir haben dich schon sehr vermisst! Unser Jüngster war sehr krank, ist aber jetzt wieder auf dem Weg der Besserung."

„Am schönsten ist es daheim!" rief der Bauer glücklich. Fast meinte er, die Reise nach Venedig nur geträumt zu haben, aber als seine Frau seine Reisekleidung säuberte und dabei die Taschen ausleerte, waren sie voller Goldstücke, von denen der Mann gar nichts gewusst hatte. Die hatte ihm das Venedigermännlein als Geschenk hineingesteckt, vielleicht, weil er so ehrlich gewesen war und den Zauberspiegel damals am Hirschensprung zurückgegeben hatte; das hätte wohl nicht jeder getan.

Das boshafte Walsermännle

Im Herbst des Jahres 1772 lebte einmal bei einer Witwe im Walsertal, sie hieß Katharina Elsässer und hatte einen Buben von neun Jahren, ein bösartiger Kobold, der „Walsermännle" genannt wurde. Es machte ihm die größte Freude, alle Leute zu ärgern, ihnen Streiche zu spielen oder sie zu quälen. Ganz besonderes Vergnügen aber bereitete es ihm, wenn die Menschen wegen ihm in Streit gerieten. Das konnte er sehr leicht bewerkstelligen, denn außer dem Kind von Frau Elsässer konnte ihn zwar jeder hören, keiner aber sehen.

So trieb er allerlei Possenspiele mit den Leuten, zog die Mägde an den Zöpfen und stellte ihnen Hindernisse in den Weg, die vorher nicht da gewesen waren. Wenn sie dann hinfielen und Milch verschüttet oder ein Teller deswegen zerbrochen wurde, konnte er sich schier ausschütten vor Lachen. Wenn jemand glaubte, alleine im Zimmer zu sein, schrie er plötzlich aus einer Ecke ganz laut „Buh!" und erschreckte denjenigen fast zu Tode. Beim Essen, wenn alle beisammensaßen, blies er so heftig in die heiße Suppe, dass diese über den ganzen Tisch verspritzt wurde und Tischdecke und Kleider verschmutzte.

Wohl rief der kleine Sohn von Frau Elsässer sofort, wenn er den Putz sah:

„Passt auf, der Putz ist da! Der Putz ist da!" Aber da war es meist schon zu spät und der Schaden bereits angerichtet.

Als es dem Walsermännle zu langweilig wurde, nur die Leute im Haus zu ärgern, verlegte es seine Tätigkeiten auch auf die Straße und die umliegenden Gehöfte. Einmal langte es, als beim Nachbarhof alle beim Mittagessen saßen, mit der Hand beim Fenster herein und schlug einer Magd so heftig auf den Rücken, dass sie vor Schmerz laut aufschrie. Dann haute es von außen die Fensterläden mit voller Wucht zu, dass alle vor Schreck die Löffel fallen ließen.

Als ein Pferdefuhrwerk die Straße entlang gefahren kam, sprang das unsichtbare Männlein hinten auf und machte sich zentnerschwer, dass die armen Pferde die Last nicht mehr ziehen konnten, schnauften, stampften und schweißüberströmt vor Anstrengung stehen bleiben mussten.

Dann verlegte sich das Walsermännle darauf, die Leute gegeneinander aufzuhetzen. Wenn mehrere beisammen standen und miteinander redeten, schlich es dazwischen und schrie plötzlich ein Schimpfwort. Derjenige, der meinte, sein Gegenüber habe es gesagt – er konnte das böse Walsermännle ja nicht sehen – geriet darüber mit diesem in Streit. So war es dem Kobold in kurzer Zeit gelungen, dass fast der ganze Ort in Unfrieden lebte. Daran hatte er seine größte Freude. Natürlich trieb er auch noch allerlei anderen Unfug, blies dem Pfarrer in der Kirche während der heiligen Messe die Kerzen aus oder schlug mitten in der Lesung das Buch zu.

Der kleine Sohn der Frau Elsässer, den die Leute anfangs verdächtigt hatten, mit dem Putz unter einer Decke zu stecken, weil er als einziger ihn sehen konnte, wurde ganz zornig auf ihn. Darum passte er immer ganz genau auf und wenn er nur ein kleines Stückchen von der Mütze oder der Jacke des Kobolds entdeckte, rief er sofort ganz laut: „Der Putz! Der Putz ist da!"

Da wussten dann alle gleich, dass das böse Walsermännle ihnen wieder irgendeinen Schabernack spielen wollte und nahmen sich sehr in Acht. Auf Dauer machte das Leben im Walsertal dem Kobold nun keinen Spaß mehr, weil ihm wegen der dauernden Rufe „der Putz, der Putz!" kein richtiger Streich mehr gelingen wollte. So machte er sich denn eines Tages aus dem Staub und verließ das schöne Gebirgstal wieder. Er ist nie mehr zurückgekommen. Es hat ihm aber keiner auch nur eine einzige Träne nachgeweint.

Die Rache des Hausputz

Ein ganz unangenehmer Kobold hatte sich in einem Anwesen bei Bludenz in Vorarlberg eingenistet. Er hatte die Größe eines etwa vierjährigen Kindes, war bekleidet mit einem grauen Wams und einem roten Käppchen. Besonderen Lärm verursachte er in der Nacht. Er warf die Töpfe und Pfannen aus dem Schrank, stampfte die Stiege rauf und runter, piesackte und drangsalierte das Gesinde und trieb sein Unwesen auf dem ganzen Gehöft. Seine Boshaftigkeit und Heimtücke kannte keine Grenzen.

Früher war es üblich, dass die Bauern Schneider und Schuster für ein paar Tage im Jahr bei sich aufnahmen, damit sie Neues anfertigten und Altes ausbesserten. Diese Gesellen, die so von Hof zu Hof gingen, wurden als Störschneider und Störschuster bezeichnet. Sie waren immer gern gesehen, nicht nur wegen ihres Fleißes; sie berichteten auch darüber, was sich so in den umliegenden Dörfern zutrug.

Der Schuhmacher von Nüziders war ein solcher Störschuster. Und der kam zu besagtem Bauern. Als sein erster Arbeitstag um war, und die Bäuerin ihm ein Nachtlager herrichten wollte, sagte er: „Ich brauche keinen Strohsack. Ich lege mich des Nachts überall wo ich arbeite auf die Ofenbank." Damit war aber der Bauer gar nicht einverstanden und erklärte dem Handwerker, dass auf dieser Bank der Putz schläft und sicher seinen Platz verteidigen werde, und zwar auf arge Weise. Lachend tat der Schuster die Bedenken ab und meinte, dass er keinerlei Furcht vor einem Zwerg habe, legte sich auf die Bank und sofort fielen ihm die Augen zu.

Es schlug Mitternacht, die Stubentür wurde geöffnet, der Putz polterte wie üblich herein und wollte sich gemütlich auf die Ofenbank zum Schlafen legen. Aber – da schlief und schnarchte ein massiger Mensch! Der Zwerg führte sich auf wie von Sinnen. Während er schrie und mit seinen kurzen Beinchen immer wieder aufstampfte, versuchte er den Schuster von der Bank zu reißen.

Als dem wackeren Handwerksmann das Geplärre und widerliche Gezupfe zu viel wurde, ergriff er den Wicht und verprügelte ihn. Der Putz gab auf und verließ, unter Schmerzen stöhnend, schimpfend und Verwünschungen ausstoßend die Stube. Der Schuster legte sich wieder aufs Ohr und schlief bis zum Morgen. In der nächsten Nacht, und auch in den darauffolgenden, spielte sich zur Mitternachtsstunde jedes Mal dieselbe Szene ab, nur dass die Hiebe noch heftiger ausfielen.

Nach einer Woche war der Schuster mit den ihm aufgetragenen Arbeiten fertig. Der Zwerg sah erbärmlich aus; er konnte kaum noch aus den Augen sehen, so verquollen war sein Gesicht, der Körper war übersät mit blauen Flecken und Schwellungen – die

Folge von den heftigen Schlägen, die er jede Nacht bezogen hatte. Der Schuster war mächtig stolz, dass er sein Nachtlager so erfolgreich verteidigt hatte. Dem Bauern aber war gar nicht so wohl, denn er kannte den hinterhältigen Putz und konnte sich vorstellen – ja, er wusste es! – dass dieser die erlittene Schmach nicht hinnehmen und auf irgendeine Weise Rache nehmen würde. Aber wie? Mussten die Hofbewohner künftig mit noch mehr Quälereien rechnen? Aber es kam ganz anders.

Der Schuster erhielt seinen Lohn, verabschiedete sich und wanderte beschwingt in Richtung Nüziders. Es war Abend und es dämmerte schon leicht.

Da sprang urplötzlich der Kobold, der schon einige Zeit gewartet hatte, hinter einem Strauch hervor, schwang sein Käppchen und brüllte: „So, jetzt kommst du mir nicht mehr aus, du elender Schusterg'sell! Denn jetzt bin ich dir weit überlegen!"

Darauf rannte er weg und der Schuster ihm nach. Dieser stand wie unter einem Zwang, so dass er die Verfolgung nicht abbrechen konnte, obwohl er es wollte. Die Rennerei führte durch Wasserläufe, stachelige Sträucher und felsiges Gestein auf einen Berg. Der Schuster bekam schlimme Atemnot und blutete heftig durch die vielen Abschürfungen. Aber er konnte nicht aufhören! Er hastete dem Zwerg immer hinterher, der unendliche Kräfte und Ausdauer besitzen musste. Auf einmal waren sie auf dem Gipfel des Berges angelangt. Der Wicht bog sich vor Lachen und freute sich über den jammervollen Zustand seines unfreiwilligen Verfolgers; er ergriff den jetzt völlig verteidigungsunfähigen Schuster und hängte ihn an einen Baum. Schlaff hingen seine Glieder herab, er war wie gelähmt und unfähig sich zu bewegen.

Der Putz forderte von ihm einen Eid. Er musste schwören, nie mehr das Haus „seines Bauern!" zu betreten. Als der vormals so stolze Handwerksmann mit letzter Kraft dies gelobt hatte, nahm der Wicht ihn wieder vom Baum und ließ ihn zu Boden fallen. Unter Jauchzen und hämischem Lachen verschwand der Zwerg.

Es wird erzählt, dass der Schuster diese Behandlung nicht überlebt habe.

Der hartherzige Großbauer und der Zwerg

Am oberen Ende des Dorfes Bezau im Bregenzer Wald in Vorarlberg befand sich ein imposanter Bauernhof. Sein Aussehen ließ auf Wohlstand und Reichtum schließen. Aber der Besitzer war erbarmungslos, kalt und geizig. Ist auf solch einem Haus Segen?

Es war ein heißer Sommertag, die Sonne brannte unerbittlich vom Himmel. Da klopfte ein altes, ärmlich gekleidetes Männchen, das total erschöpft und von der glühenden Hitze ganz ausgetrocknet war, an die Tür dieses Hartherzigen und bat um ein Schlückchen Milch. Aber der Bauer gab dem Zwerg nichts, er beschimpfte ihn als „nichtsnutziges Bettelpack" und hetzte seine scharfen Hunde auf ihn, so dass er das Gehöft schleunigst verlassen musste.

Nur wenige Schritte vom Hof entfernt ballte er seine Händchen zu Fäusten, erhob diese gegen den Gutshof und rief zornbebend:

Schwarzenberg im Bregenzer Wald – B. Edinger um 1850/60

„Es dauert nicht mehr lange und du erhältst eine Gabe von mir als Vergeltung für die bösen Worte, die du mir statt dem Schluck Milch geschenkt hast!"

Die Drohung eines solchen Winzlings? Da lachte der Großbauer laut auf, drehte sich um und ging ins Haus.

Es dauerte nicht mal eine Stunde, dann kamen dunkle Wolken vom Gebirge her, der Himmel verfärbte sich schwarz, und es sah so aus, als wolle die Nacht schon am Tag hereinbrechen. Und dann begann ein Gewitter, so wie man es noch nie erlebt hatte. Die Blitze zuckten vom Himmel und zugleich krachte der Donner, Sturm und Hagel kamen hinzu, aus dem Berg quollen ungeheure Wassermassen, die Schlamm und Geröll mit sich führend zu Tal stürzten.

Das Bettelmännchen thronte während des furchterregenden Geschehens auf einem großen Drachen oben auf einem Fels. Nach einiger Zeit, als sich die Naturgewalten wieder beruhigt hatten, stieg der Zwerg vom Lindwurm und führte ihn an einer roten Schnur weg vom Fels. Daraufhin hörte man ein Bersten und Krachen. Der Fels brach ab, fiel genau auf das Gehöft des Geizigen und begrub alles unter sich.

Der Zwerg ging mit dem Drachen durch den Ort, wo den Leuten das Grauen über das Erlebte anzusehen war. Aber ehe die Dorfbewohner sich von ihrem Schrecken einigermaßen erholt hatten, waren beide in Richtung Andelsbuch verschwunden. Niemand erfuhr jemals, woher der Zwerg gekommen oder wohin er mit seinem Drachen gegangen war.

Dort, wo einst das prächtige Gut gestanden hatte, ist jetzt ein kleiner Steinhügel, der von den Leuten „Jolerbühel" genannt wird.

Blick auf Bregenz und den Bodensee –
Aquarell von Karl Ludwig Friedrich Viehbeck um 1820

Wenn Kinder im Bregenzer Wald aus Habgier untereinander streiten und einem anderen nichts gönnen oder gar neidisch sind, dann erzählt man ihnen nur, wie es dem geizigen Bauern ergangen ist, und dass der Zwerg mit seinem Drachen wieder kommen wird, wenn sie sich so benehmen wie dieser. Und das wollen die Kinder auf keinen Fall riskieren.

Der unsichtbare Zwerg

Niemand hat ihn je gesehen, denn er zeigte sich nicht. Aber er war da, der unsichtbare Geist. Er lebte in Poppenweiler nördlich von Stuttgart, zwischen Ludwigsburg und Backnang, und verrichtete dort in einem Bauernhof Tag und Nacht alle anfallenden Dienstbotenarbeiten, noch mehr die der Mägde wie der Knechte. Er holte Wasser, fegte und putzte das Haus, dass kein Staubkörnchen mehr zu finden war; in der Küche standen immer ein paar Eimer frisches Wasser, auch Brennholz war stets vorhanden.

Der gute Kobold hatte ganz besonders viel Freude daran, auf das Kleinkind der Hausbewohner aufzupassen. Er sorgte, dass es immer gut zugedeckt war, es ihm aber auch nicht zu heiß wurde in seinem Bettchen. Er schaukelte es und wenn es nachts weinte, war er sogleich an der Wiege und bewegte sie hin und her. Wenn Vater und Mutter – aus welchen Gründen auch immer – das Haus verließen, so riefen sie nur: „Hüte das Kind und kümmere dich um die Hausarbeit!"

Sie wussten, dass sie sich auf den Zwerg verlassen konnten. Wenn man nach ihm rief, so eilte er sofort herbei und übernahm die ihm übertragenen Aufgaben – aber er war unsichtbar. Mit der Zeit brachten die Hofleute heraus, dass er sich hauptsächlich hinter dem Ofen, wo es schön warm ist, und im Holzschuppen aufhielt.

Allerdings passierte ihm auch einmal ein Missgeschick: Er wollte dem Kind eine besondere Freude machen und schaukelte die Wiege sehr schnell; aber das war zu heftig! Das Kinderbettchen machte einen Überschlag, und das Kleine lag auf dem Boden. Der Kobold sah sofort, dass das Kindlein keinen Schaden erlitten hatte, aber die Mutter erschrak so sehr, dass sie arg wetterte. Merkwürdigerweise freute dieses Schimpfen den Zwerg, denn er lachte laut, und das längere Zeit. Dann hatten sich alle wieder beruhigt.

Es konnte allerdings auch passieren, dass er arge Wutausbrüche hatte, wenn ihn mal jemand – bewusst oder unbewusst – ärgerte. Dann packte er in der Küche das Brennholz und warf es durch die Gegend, und es konnte durchaus vorkommen, dass der Verursacher der Wut getroffen wurde; es konnte auch geschehen, dass er Wassereimer umkippte. Und alles wurde von einem gellenden Lachen begleitet.

Ansonsten mochten die Leute den unsichtbaren Helfer, bis er eines Tages verschwand, warum, kann niemand sagen.

Das wortkarge Pompele

Einstmals gesellte sich auf einem Gehöft in Rottenburg am Neckar in Schwaben ein kleines Männchen zu den Knechten und half ihnen bei ihren täglichen Arbeiten im Stall und in der Scheune. Besondere Freude hatte es am Herrichten von Stroh, das als Einstreu im Stall benötigt wurde, aber auch am Füttern der Tiere.

Der Zwerg war wohlgelitten bei allen, und deshalb beschloss er, sich dauerhaft auf diesem Hof niederzulassen. Da der „Geist", wie ihn die Leute bezeichneten, immer zugegen war, fand man, dass er mit seinem Namen angesprochen werden müsse. Auf die Frage, wie er heiße, lachte er nur, gab aber keine Antwort. Irgendwann redete irgendjemand das Männchen wegen seiner Putzigkeit mit „Pompele" an, und dieser Name blieb ihm. Da es weiterhin fleißig und fröhlich war, freuten sich die Hofleute, dass es mit dem Namen offensichtlich einverstanden war.

Das Leben ging weiter und manches Jahr zog ins Land. Urplötzlich – von heute auf morgen – war das Pompele verschwunden. Man rief und suchte nach ihm – ohne Erfolg. Alle waren sehr traurig darüber, denn jeder mochte den lieben Zwerg; aber auch seine Arbeitskraft fehlte.

Sieben Jahre waren vergangen und das Pompele stand im Hof, grüßte alle freundlich und nahm sofort seine Arbeit wieder auf. Erschrocken waren die Leute über das plötzliche Auftreten des Zwerges nicht, aber erstaunt. Endlich fragte einer: „Wo warst du die ganze Zeit?"

Ohne von seiner Arbeit aufzuschauen sagte das Pompele nur: „Ich bin mit Napoleon im Krieg gewesen." Weiter erzählte es nichts, und alles ging seinen gewohnten Gang auf dem Hof.

Der Schatz im Wichtelesberg

Bei Zürgesheim in Schwaben erhebt sich unmittelbar an der Donau ein Bergkegel, der von den Einheimischen Wichtelesberg genannt wird, weil dort – der Sage nach – die Wichtelen, also Zwerge, gewohnt hätten. Oben am Wichtelesberg befindet sich ein Kalksteinfelsen mit einer Öffnung in den Berg, dem Wichtelesloch. Dort soll der Eingang ins Zwergenreich gewesen sein. Das Wichtelesloch ist unergründlich tief.

Dort soll es nicht geheuer sein; des Nachts sollen öfter ein dreibeiniger Geißbock und ein unheimlicher Hund gesehen worden sein. Wie es heißt, zog sich der unterirdische Gang sogar bis unter die Donau hindurch und ans andere Ufer hinüber. Wo er jedoch dort wieder ans Tageslicht kommt, konnte niemand in Erfahrung bringen. Eine Gans, die drei Hirtenbuben einmal in das Wichtelesloch hinabgelassen hatten, soll erst „bei den Almen", weit drüben am anderen Ufer der Donau, wieder zum Vorschein gekommen sein.

Im Zwergenloch soll ein unermesslich reicher Schatz verborgen liegen. Den wollten einmal drei Hirtenbuben heben. Sie besorgten sich einen langen Strick. Der Mutigste unter ihnen band sich daran fest und ließ sich in den dunklen Schlund hinab, wobei er sich vorher bekreuzigte und sagte:

„In Gottes Namen, fahr ich hinab!"

Als er wieder heraufgezogen wurde, hatte er die Taschen voller Geld. Ebenso erging es dem zweiten. Dem dritten aber war das Gold, das die beiden ersten Hirten heraufgeholt hatten, nicht genug. Er wollte mehr, darum rief er gotteslästerlich:

„Ich fahr in Bocksnamen hinab!"

Lange warteten die beiden anderen Hirten auf den Ruck am Seil, der anzeigen sollte, dass sie den dritten wieder heraufholen sollten. Als nichts geschah, zogen sie es endlich wieder herauf. Zu ihrem Entsetzen war aber nicht ihr Freund am Ende sondern ein stinkender Geißfuß. Da wussten sie, dass ihn der Teufel, den der Hirte vorher angerufen hatte, geholt hatte. –

Früher hausten drei Wichtele im Berg. Oft kamen sie in der Nacht auf den nahegelegenen Urfahrhof und verrichteten heimlich die Arbeit, die für den nächsten Tag angestanden hätte: Sie bereiteten die Wäsche zum Waschen vor, richteten die Brote fertig zum „Einschießen" in den Backofen oder machten die ganze Stube sauber. Die Bäuerin war den Wichtele sehr dankbar für die Hilfe.

In einer Nacht gelang es ihr einmal, die freundlichen Zwerge zu belauschen. Als sie bemerkte, dass diese ganz nackt waren, hatte sie großes Mitleid mit ihnen, weil sie dachte, diese seien ganz arm und könnten sich nicht einmal Kleider leisten.

Darum fertigte sie kleine Hosen und Hemdchen an und legte sie ihnen am nächsten Abend – zusammen mit etwas Geld – in die Stube. Dann begab sie sich wieder auf ihren Beobachtungsposten, denn sie wollte sich an der Freude der Zwerge über ihre Geschenke ergötzen. Aber sie hatte sich getäuscht. Als die drei Wichtele ihre Gaben erblickten, setzten sie sich nieder und fingen an, bitterlich zu weinen.

„Nun hat man uns bezahlt für unsere Arbeit!"

„Nun müssen wir wo anders hingehen!"

„Nun dürfen wir nicht mehr hierher kommen!"

Von Stund an waren sie verschwunden und wurden auch nie mehr auf dem Urfahrhof gesehen.

Eine ähnliche Geschichte wird auch vom „Moia" (Meier) (Anmerkung 24), einem anderen Bauernhof in Zürgesheim erzählt.

Die Rotmäntele in der Spinnstube

Oberhalb von Schlat (zwischen Bad Überkingen und Göppingen) in Schwaben liegt der Fuchseckhof. Ganz in seiner Nähe ist ein Hügel, der als „Halde" bezeichnet wird. Und genau in diesem Berg lebten früher Zwerge. Sie waren muntere, den Menschen gegenüber freundlich gesinnte Gesellen.

In der Winterzeit saßen abends die Knechte und Mägde in den Spinnstuben beisammen. Auch von den Nachbarhöfen kamen die Leute, denn man traf sich reihum, immer bei einem anderen Bauern. Auch die Burschen des Dorfes stellten sich in den Lichtstuben ein, und so waren dies immer lustige Abende, wo die Arbeit hurtig von der Hand ging. Gerne kamen zu diesen heiteren Zusammenkünften auch die Erdmännlein, die immer rote Mäntelchen trugen. Die Leute fragten oft: „Wie heißt ihr?" Aber sie lachten nur und gaben keine Auskunft.

Als sie wieder einmal in einer Spinnstube einkehrten, rief einer der Burschen: „Ach, da kommen ja unsere Rotmäntele wieder!" Und von diesem Augenblick an wurden sie von allen so bezeichnet. Spät abends verabschiedeten sie sich immer fröhlich und zogen dann singend zu ihrem Berg.

Eines Abends folgten ihnen ganz leise und unbemerkt die Burschen, denn sie wollten die Liedtexte kennen lernen, und da vernahmen sie:

„Dass dees mein Schatz nit weiß, dass i San-Nefle heiß!"
Dabei hüpften und lachten sie übermütig.

Als die Burschen meinten, genug gehört zu haben, wanderten sie nach Hause.

Am nächsten Abend, an dem die Erdmännlein wieder kamen, trieben die Burschen ihren Spott mit den braven Wesen und sangen immer wieder den Text jenes gehörten Liedes. Die Zwerge baten: „Bitte, lasst uns doch in Ruhe!" Aber die derben Burschen foppten sie immer weiter. Irgendwann wurde es den Wichteln zu viel; sie standen auf, gingen traurig und grußlos zur Tür hinaus; sie kamen nie mehr wieder.

Ein Erdkindlein kommt zur Welt

Einstmals kam des Nachts ein Erdmännlein zur Hebamme gelaufen und sagte: „Bitte komm schnell mit mir! Meine Frau braucht deine Dienste."

Die stets hilfsbereite Frau ließ sich nicht lange bitten und ging sogleich mit. Der Wicht trippelte voran und leuchtete mit seiner Laterne den Weg aus. Rasch erreichten sie die Behausung der Erdmännchen; es war der Wald zwischen Geislingen und Balingen in Schwaben. Sie kamen zu einer kleinen Tür aus Moos, die das Männlein öffnete; dann mussten sie eine Holztüre passieren und schließlich noch eine dritte; diese war aus Metall und funkelte so sehr, dass die Frau ganz geblendet war.

Hinter dieser Tür lag das Erdweiblein in einem anheimelnden Zimmer in ihrem weichen Bettchen. Die Hebamme verrichtete ihre Arbeit und schon bald tat ein Erdkindlein seinen ersten Schrei. Alle waren glücklich!

Üblich war, dass die Hebamme nach der Geburt gut bewirtet wurde und dann ihren Lohn erhielt. Hier wurde sie nicht bewirtet und der Zwerg fragte auch nicht, was er für die Dienste schuldig ist. Er kippte nur etwa eine Hand voll Kohlen in die Schürze der erstaunten Frau, ohne dabei etwas zu sagen. Die gutmütige Hebamme nahm den „Lohn" und dachte: „Die Leutchen sind sicher arm. Aber was soll ich mit den paar Kohlen? Auf dem Heimweg werfe ich sie weg."

Sie verabschiedete sich mit vielen guten Wünschen für die Familie. Aber das Erdmännlein bestand darauf die Hebamme zu begleiten. Jetzt war es ihr nicht mehr möglich, sich der Kohlen sofort zu entledigen. Also „verlor" sie so nach und nach einige Kohlenstückchen. Das Männchen wurde dies gewahr und äußerte nur: „Wie minder ihr zettelt – wie mehr ihr hättet." (Je weniger du verstreust, desto mehr hättest du.)

Daraufhin wandte es sich ab und ließ die verdutzte Frau stehen. Diese setzte ihren Weg nachdenklich fort, verzichtete aber auf ein weiteres Wegwerfen der Kohlen (vgl. S. 258).

Zu Hause entleerte sie ihre Schürze – die verbliebenen Kohlen hatten sich in Goldstücke verwandelt. Jetzt verstand sie den Spruch des Zwerges! Sofort rannte sie in den Wald, um die fortgeworfenen Kohlenstücke zu suchen und wieder einzusammeln. Aber so sehr sie sich auch mühte, es war nichts mehr zu finden.

Das Einfüßle

Ein kleines, kohlrabenschwarzes Männlein mit einem Käppchen, das an eine Kapuze erinnerte, und nur einem Fuß, lebte in einem Tübinger Frauenkloster, aber nicht im Haupthaus, sondern in einem Nebengebäude. Es hüpfte auf dem einen Beinchen durch die Gegend, und die Leute nannten es bald das „Einfüßle".

Seine Zeit verbrachte es gern mit Geldzählen und manch nützlichen Dingen, aber oft langweilte es sich sehr, und es wusste Abwechslung in seinen Alltag zu bringen. Besonders wenn die Tage kürzer wurden, und die Knechte in den Scheunen und Schuppen viel zu tun hatten, dann tauchte es gerne auf, foppte und ärgerte sie. Wenn es urplötzlich von oben Heu auf das Gesinde herabwarf, erschraken alle heftig. Dann freute sich der Wicht. Von seinem Verhalten den Nonnen gegenüber ist nichts bekannt.

Auch die Kinder wussten manchmal nicht, wie sie die Zeit totschlagen sollten, und sie riefen aus sicherer Entfernung „Einfüßle komm! Einfüßle komm!"

Und mit einer Geschwindigkeit, die gar nicht zu erwarten gewesen war, eilte es herbei, und die Kinder sprangen ganz schnell fort. Aber nicht immer glückte das Wegkommen. Einmal stolperte ein Bub und fiel flach auf den Boden. Die Kinder waren darüber sehr erschrocken und der Bub war wie gelähmt, denn er hatte arge Angst, dass sich das Einfüßle jetzt an ihm rächen werde. Aber nichts dergleichen geschah. Der Zwerg freute sich über den Sturz und zog sich schadenfroh lachend in die Scheune zurück.

Ob die Kinder weiterhin ihren Schabernack mit dem Einfüßle trieben, ist nicht bekannt.

Der Zwerg von der Odenburg

Fast jeden Tag ging ein kleines altes Männchen, das auf dem Spitzberg in den Gewölben der Odenburg bei Tübingen lebte, exakt zur Mittagsstunde an den Neckar zum Baden. Es lief den Weinberg hinab und wieder hinauf, und zwar immer in derselben ausgetretenen Furche. Gewandet war es mit einem roten Mäntelchen aus feinstem, edlem Tuch. Deshalb nannten es die Leute „das Rotmäntele".

Es zeigte sich oft den Menschen, auch sah es ihnen gerne bei der Arbeit zu.

Ein Frühaufsteher wanderte häufig von Tübingen zum Spitzberg und hielt sich schon in der Frühdämmerung auf dessen Gipfel auf. Dann kam das Rotmäntele aus einem Loch hervor, und sie plauderten miteinander, und beide hatten Freude an der netten Morgenunterhaltung. Der Zwerg vertraute dem Spaziergänger einmal ein Geheimnis an:

„Mitten in einem Feld der Gemarkung Tübingen liegt ein riesiger Schatz. Wenn du einige Bedingungen erfüllst, will ich ihn dir zeigen und er gehört dir.

Tübingen –Stich von D. Meisner, Politisches Schatzkästlein um 1625

Aber du darfst keiner Menschenseele von diesem Vermögen erzählen. Das ist die erste Bedingung. Du kannst den Schatz heben; wenn du in seinem Besitz bist, musst du aber weg aus deiner Heimat, denn hier ist es nicht möglich, dass du dein Glück findest. Besorge dir dann ein apfelgrünes Fuhrwerk, dem Pferde von der gleichen Farbe vorgespannt sind, und reise nach Wien. Das ist die andere Bedingung. Nur dort kannst du den Reichtum genießen."

Ob der Tübinger zu dem Schatz kam, ist nicht bekannt. Aber wir wünschen ihm, dass er glücklich und zufrieden in Wien lebte.

Erdmännle in der Spinnstube

Wenn in der kalten Jahreszeit auf den Höfen gesponnen wurde, so waren auch meist die Burschen mit dabei, und es ging recht lustig zu bei diesen Abenden. Ihr Platz war dann auf der linken Seite der Spinnerinnen, und das hatte zwei Gründe: Zum einen hätten sie die Mädchen bei ihrer Arbeit behindert, da die Spindel frei bewegt werden musste, zum anderen war rechts die Kitteltasche, und in der war allerlei zum Essen, wie gedörrte Zwetschgen, Hutzeln, oder schöne frische Äpfel, manchmal auch ein Stück Hefegebäck. Wenn sich also ein Bursche rechts hingesetzt hätte, so wäre er sofort in den Verdacht geraten, etwas von den Köstlichkeiten, die für alle bestimmt waren, stibitzen zu wollen.

Zweimal in der Woche gesellten sich in Lustnau bei Tübingen auch die Erdmännlein zu dem heiteren Volk. Da sie so klein waren, setzten sie sich nicht auf einen Stuhl, sondern auf einen Schemel, und wie es sich gehört, selbstverständlich auf die linke Seite.

Mit allerlei harmlosen Späßen unterhielten sie die Runde, zupften aber auch die Mädchen am Rock, und manchmal, wenn sie ganz besonders übermütig waren, zwickten sie die fleißigen Spinnerinnen leicht in die Beine.

Es kam einmal vor, dass einem Mädchen, das an diesem Tag gar nicht gut gelaunt war, der Schabernack zu viel wurde. Es versetzte dem Zwerg einen heftigen Fußtritt, aber dieser flog nicht, wie erwartet, durch den Raum, sondern blieb wie angewurzelt auf seinem Schemel sitzen, was alle erstaunte.

Nur das Mädchen wurde noch zorniger, beschimpfte den Zwerg übel und rief zuletzt aus:

„Der Blitzdreck fällt gar nit um!"

Als an einem anderen Abend ein Zwerg nach Meinung eines Mädchens zuviel Unfug getrieben hatte, sagte es, weil es die Kleinen loshaben wollte:

„Wir wissen, wie ihr heißt."

Weil die Zwerge immer ein großes Geheimnis um ihren Namen machten und diesen kein Mensch erfahren durfte, lachte das Männlein herzhaft und fragte: „Sag schon, wie lautet unser Name?"

„Erdwichtele!"

Da war Totenstille in der Stube. Die Zwerge erhoben sich wortlos, trippelten zur Tür hinaus und blieben fort – für immer.

Meister Epp und seine Hunde Will und Wall

Wenn Wanderer in das Dorf Pfalzgrafenweiler am Ostrand vom Schwarzwald in Schwaben kommen, so gelangen sie auch an einen Platz, der von dichtem Gestrüpp überwuchert ist. Ein paar Bäume, die durch Samenanflug aufgewachsen sind, ragen wie drohende Zeigefinger in die Höhe. Bei genauerem Hinsehen entdeckt man Gräben und Mauerreste. Dies ist eine verfallene, einstmals wehrhafte Burg, auf der vor langer Zeit der Pfalzgraf von Tübingen lebte.

Früher war die Jagd nur den adligen Herren vorbehalten und diese vertrieben sich oft und gern ihre Zeit damit.

Auf einem seiner häufigen Streifzüge begegnete der Graf einem kleinen Männchen, das ein Jägerkleidchen trug und zwei kleine Hunde an der Leine mit sich führte. Der erstaunte Graf sprach das Jägerlein an und erfuhr, dass es selbst „Meister Epp" und die Hündchen „Will" und „Wall" hießen. Der Adlige fand so großen Gefallen an dem Zwerg, dass er sagte:

„Du kannst als Jäger in meine Dienste treten. Komm mit auf meine Burg! Es wird dir an nichts mangeln."

Meister Epp war einverstanden.

Ab jetzt ging der Graf nie ohne Meister Epp, der immer Will und Wall mit sich führte, auf die Jagd, denn seit des Jägerleins Einstand war dem Grafen das Jagdglück immer hold; auch sonst blieb er von jedweden Sorgen verschont, und das Leben auf der Burg verlief harmonisch und glücklich.

Eines Tages stöberten die Hündchen einen prächtigen Hirsch nahe dem Schloss Vöhrenbach auf. Der Graf hatte das edle Tier noch nie in seinem Revier gesehen, und er war so fasziniert von dessen majestätischem Anblick, dass nicht nur ein besonderes Jagdfieber in ihm erwachte, sondern pure Gier! Gnadenlos verfolgte er die Fährte, aber der Hirsch mit dem prächtigsten Geweih, das der Graf je gesehen hatte – obwohl anfangs immer wieder im Blickfeld – entwischte dennoch. So ging die Hatz weiter. Auch im unwegsamsten Gelände verloren die Hündchen seine Spur nicht. Die Jäger verfolgten ihn über längere Zeit, vorbei an den Städten Tübingen, Dinkelsbühl und Nürnberg, dann durch den Böhmerwald bis zur Stadt Prag.

Vor dem verschlossenen Tor des Königsschlosses blieben die Hunde wie angewurzelt stehen, bellten und ließen sich gar nicht mehr beruhigen. Die Burgwächter wunderten sich sehr über die merkwürdige Jagdgesellschaft vor dem Portal und meldeten dies dem König von Böhmen. Er befahl die Fremden einzulassen und zu ihm zu geleiten.

Sie wurden in das Jagdzimmer des Königs gebracht, in dem sich Unmengen an Jagdtrophäen befanden. An allen Wänden hingen besonders schöne Krucken und prächtige Geweihe. Unter besonders ausladenden Geweihen gaben die Hündchen nachhaltig Laut. Der König befahl die Geweihe von der Wand zu nehmen, die in den letzten Tagen aufgehängt worden waren. Als das Hirschgeweih abgenommen wurde, das erst tags zuvor an der Wand befestigt worden war, gebärdeten sich die Hündchen wie auf der Jagd, wenn ein Tier erlegt wurde. Es stellte sich heraus, dass ein besonders schönes Tier erst am Vortag zur Strecke gebracht worden war und es sich um jenen Hirsch handelte, den der Graf mit seinem Jägermeister und den Hündchen verfolgt hatte.

Der König war sehr erstaunt und zugleich neugierig geworden. Jetzt wollte er genau wissen, wer die Fremdlinge sind. Der Graf gab bereitwillig Auskunft, auch erzählte er freimütig, wie er Meister Epp mit Will und Wall im Wald getroffen hatte und ihn zu seinem Jägermeister ernannte, und auch noch, dass, seit dieser in seinem Dienst ist, ihm das Jagdglück immer hold sei.

Nachdem der Herr der Prager Burg dies alles erfahren hatte, entschuldigte er sich bei seinen Gästen, weil er sie nur ganz kurz verlassen müsse, aber gleich wieder zurück sei.

Während die Ankömmlinge die Geweihe betrachteten, zog sich der Herrscher von Böhmen in sein Arbeitszimmer zurück und suchte einige ältere Briefe heraus, denn der Name des Grafen war ihm irgendwie unangenehm im Gedächtnis. Und er wurde fündig! Aus den Briefen ging klar hervor, dass der Pfalzgraf in Fehde mit dem böhmischen König lag.

Er ging zurück zu seinen Gästen und eröffnete dem Pfalzgrafen die neue Erkenntnis. Dieser war bestürzt, aber der König begrub den bösen Streit, bot ihm die Hand und hieß ihn mit seinem Jägermeister herzlich willkommen.

Die Gäste nahmen am Leben des Prager Hofes teil, vergnügten sich auf frohen Festen und mit besonderer Vorliebe begleiteten sie den König auf die Jagd. Und immer kehrten sie mit reicher Beute auf die Burg zurück.

Als der Pfalzgraf meinte, dass nun die Zeit für den Abschied gekommen wäre, bat ihn der König, ihm doch die beiden Hündchen zu überlassen. Der Graf antwortete, dass er dies nicht allein entscheiden könne und er sich erst mit seinem Jägermeister beraten müsse. Der Zwerg war – wie erwartet – nicht einverstanden. Also teilte dies der Graf dem König mit.

Aber der wollte um jeden Preis diese beiden besonderen Hündchen haben. Das Drängen des Königs wurde immer stärker und hartnäckiger und der Graf wurde schwankend. Meister Epp redete seinem Herrn ins Gewissen. Aber letztendlich gab der Graf nach. Selbstverständlich wollte sich Meister Epp nicht von Will und Wall trennen, und so blieb er in Prag und trat in die Dienste des Königs, der genau wusste, was er gewonnen hatte.

Ausgestattet mit edlen Pferden, Knechten und königlichen Geschenken zog der Graf in Richtung Heimat. Aber schon kurz nach seiner Heimkehr hatte er an nichts mehr Freude und wurde schwermütig. Er vermisste seinen Jägermeister und die Hündchen. Vor Kummer und Gram wurde er krank und siech, und wenig später starb er. Seine Nachkommen verließen bald darauf den Ort und die Grafschaft wurde neu verliehen.

Die nackten Erdmännle

In Neubulach am Ostrand des Schwarzwaldes in Schwaben gab es einen gut besuchten Gasthof, den Lammwirt. Jede Nacht tauchten dort zwei Erdmännle – in dieser Gegend auch Bergmännle genannt – in der Küche auf. Wenn am Abend Mehl auf dem Arbeitstisch stand, so buken diese Wichtel über Nacht köstliches Brot, das von allen gern gekauft wurde.

Zu gern wollte der Wirt, der Friederle hieß, den Zwergen bei ihrer Arbeit zusehen. Also schlich er unbemerkt in die Küche und beobachtete die schaffigen Zwerge. Aber wie staunte er! Sie waren nackt und hatten eine schwarze Haut. Auffällig waren ihre großen Augen, die so gar nicht in die kleinen Gesichtchen passten.

Jetzt, meinte der Lammwirt, könne er sich endlich für den Fleiß und die viele Arbeit erkenntlich zeigen; er ging zum Schneider und ließ zwei Kleidchen für die nackten, in seinen Augen armen Wesen nähen. Gut sichtbar legte er sie neben das Mehl. Am nächsten Morgen lagen die Kleidungsstücke nicht mehr an ihrem Platz, und der Friederle freute sich, weil er annahm, dass die Wichtel Gefallen an seinem Geschenk hatten. Aber ab jenem Tag blieben die Erdmännle weg.

Sie wollen nämlich keinen Lohn für ihre Dienste, höchstens ein klein wenig zu essen und ein Schlückchen Milch. Geschenke betrachten sie als ein „Hinauszahlen". Und das ist der Grund, warum sie dann nicht wieder kommen.

Die Erdweible am Küchenfelsen

In Oberbeuern bei Baden-Baden im Schwarzwald ist ein Gelände, das als „Küchenfelsen" bezeichnet wird. In ihm lebten anmutig aussehende Erdweible, die in ihrer Küche tagein tagaus werkelten. Irgendwann kam ihnen in den Sinn, sie müssten einmal die Bäuerin, zu deren Gehöft der Felsen gehörte, zum Essen einladen. Sie gingen zu ihr und sprachen: „Kommt her ihr Armen, esset vom Warmen!"

Gern nahm die Bäuerin die Einladung an, und es entwickelte sich ein freundschaftlicher Kontakt zwischen den Zwerginnen und den Hofleuten. Sie buken Brot für die Bäuerin und dem Gesinde brachten sie aus ihrer Küche leckere Mahlzeiten in feinem Geschirr und mit Besteck aus Silber aufs Feld. Beim ersten Mal sagten sie:

„Wenn ihr gegessen habt, so legt Geschirr und Besteck einfach am Ackerrand ab. Von dort holen wir es dann am Abend ."

Und so geschah es auch. Dann putzten die Erdweible das Geschirr und silberne Besteck ab, damit es wieder blitzblank wurde. Aber einmal steckte ein diebischer Knecht heimlich eine silberne Gabel ein. Ab diesem Zeitpunkt erhielten die Knechte und Mägde bei ihrer harten Feldarbeit keine Mahlzeiten mehr von den Zwerginnen, obwohl sie, sichtbar durch den aufsteigenden Rauch, weiterhin in ihrer Küche köchelten.

Die traurigen Erdweible

Bei Zwergen denkt man in erster Linie an alte, verhutzelte Männlein und Weiblein. Aber es gibt Erdweible, die jung sind und ein hübsches Gesicht haben. Deshalb heirateten Bauern manchmal Zwerginnen.

Nahe Loffenau im Schwarzwald, zwischen Bockstein und der Teufelsmühle, ist eine Höhle, die als das „Große Loch" bezeichnet wird, weil leicht ein größeres Haus darin Platz hätte. Im „Großen Loch" waren drei Säulen, so dass dadurch zwei Wohnräume entstanden. In diesen hausten zwei hübsche Erdweible. Eines Abends stellten sie sich bei einem Bauern von Loffenau in der Spinnstube ein. Sie setzten sich zu den Mägden und spannen fleißig mit.

An den Spinnabenden ging es immer sehr lustig her, man sang oder es wurden spannende Geschichten – meist Gruselgeschichten – erzählt. Die anwesenden Burschen hatten dann eine große Freude, wenn die Mädchen erschauerten und Furcht zeigten. Nachdem sich die beiden Zwerginnen zu dem lustigen Völkchen gesellt hatten, kam jede Unterhaltung zum Erliegen, und jeder hatte Hemmungen die scheuen Wesen anzureden. Nach vollbrachter Arbeit gingen sie grußlos zur Tür hinaus.

Nach einiger Zeit kamen sie wieder. Schweigend verlief auch dieses Mal die Zeit, man hörte nur das gleichmäßige Surren der Spinnräder. Nach Beendigung der Arbeit standen sie auf, schlurften in ihren unförmigen, aber bequemen Pantoffeln zur Tür und flüsterten traurig:

„Hättet ihr uns was gesagt, so hätten wir euch auch was gesagt."

Als sie weg waren, sahen die Leute auf dem Boden ein paar Strohhalme liegen. Beim Aufheben verwandelten sie sich in Gold. Nie mehr kamen die Weiblein. Alles wäre so einfach gewesen! Wenn jemand die Zwerginnen angesprochen und in ein Gespräch mit einbezogen hätte, so wären sie erlöst gewesen. Und derjenige, der das freundliche Wort an sie gerichtet hätte, wäre sicher reich belohnt worden.

Erdmännle gehen den Bauern zur Hand

Die alten Leute erzählen sich heute noch, dass in der Nähe von Alpirsbach im Schwarzwald viele Erdmännle lebten. Besonders im Dorf Rötenberg machten sie sich nachts bei den Bauern nützlich und werkelten emsig auf den Höfen. Sie wirkten den Teig aus, formten Brotlaibe und buken sie, so dass am Morgen ein herrlicher Geruch von frisch gebackenem Brot durchs Haus zog, sie fegten und putzten die Küche; wenn die Knechte in den Stall kamen, um das Vieh zu füttern und zu melken, so war auch dies schon erledigt, und den Tieren sah man an, wie satt und zufrieden sie waren. Auch lagen die Strohballen für die abendliche frische Einstreu schon parat. Die Zwerge verrichteten ihre Arbeit still und leise, so dass niemand im Haus von ihrer Tätigkeit etwas mitbekam.

Allerdings musste als Lohn täglich ihr Essen auf dem Herd stehen. Ob sie das mal den Bauern gesagt haben, oder woher diese das wussten, dass die Wichte dies wünschten, ist nicht überliefert. Aber wenn sie einmal ihre Speise nicht vorfanden, oder jemand davon etwas abgezwackt hatte, so verließen sie sofort dieses Haus und ein anderer Bauer erfreute sich fortan ihrer Dienste.

Schon lange gibt es in Rötenberg keine Wichtelmännchen mehr. Ob sie wohl in eine andere Gegend ausgewandert sind?

Peterstal im Schwarzwald – Kupferstich von M. Merian um 1644

Der undankbare Hirte

In der Schweiz lebte oben auf einem Berg einmal ein Hirte, der einen ganz besonders schönen Kirschbaum besaß. Es war aber jedes Jahr sehr mühsam, die Früchte zu ernten, weil das Gelände, auf dem der Baum stand, so steil war. Jedes Mal jammerte daher der Hirte, wenn die Zeit der Ernte kam, wie schwer er es hätte und dass niemand ihm helfe, die Kirschen zu pflücken.

Als wieder einmal die Kirschen reif geworden waren, machte er sich seufzend auf, stieg den Berg hinauf und wollte sich gerade an die Arbeit machen, da sah er, dass die Früchte bereits in Körbe gepflückt und auf einer Bank in der Nähe abgestellt worden waren, bereit zum Abtragen ins Tal.

Am nächsten Morgen war es ebenso und am dritten wieder, so dass der Baum nun ganz abgeleert war. Er fragte im Dorf, ob ihm jemand heimlich geholfen habe, aber alle verneinten dies. Da wunderte er sich sehr und rätselte:

„Wer hat mir aber dann die Kirschen gepflückt?"

„Das müssen die Zwerge gewesen sein, die dort oben im Berg wohnen!" vermutete einer der Gefragten und ein anderer erklärte:

„Sie wohnen schon seit vielen hundert Jahren hier. Sie sind ganz freundliche Gesellen und kommen immer bei Nacht, wo sie niemand sieht, und helfen bei der Arbeit. Es haben sie schon viele heimlich bei der Arbeit beobachtet, aber man soll sie nicht stören, sonst kommen sie nicht mehr. Sie tragen ganz lange Mäntel, dass man ihre Füße nicht sehen kann."

„Warum wollen sie nicht, das man ihre Füße sieht?" fragte der Hirte ganz neugierig.

„Das wissen wir auch nicht, und es ist ja auch nicht wichtig." antworteten die Leute.

Dem Hirten ließ das aber keine Ruhe. Als im nächsten Jahr wieder die Zeit der Kirschernte gekommen war, holte er einen Sack voll Asche und streute diese rings um den Baum. Dann kam er jeden Morgen um nachzuschauen, ob die Zwerge da gewesen waren.

Einmal war er ganz früh dran, da waren wieder alle Kirschen sorgfältig in Körbe gepflückt und zum Abtragen aufgestellt, um den Baum aber waren zahlreiche Spuren von Gänsefüßen zu sehen.

„Die Zwerge haben Gänsefüße", rief da der Hirte und wollte sich schier ausschütten vor Lachen, „ha, ha, ha, Gänsefüße, das ist ja häßlich! Darum wollen sie die nicht zeigen! Gänsefüße, ha, ha, ha!"

Er verspottete und verlachte die kleinen Helfer, statt ihnen für ihre Arbeit zu danken. Da wurden die Zwerge zornig, zogen sich ganz ins Innere des Berges zurück und halfen den Menschen nie mehr.

Wie es weiter heißt, wurde der Hirte, der sie mit seinem Hohn verjagt hatte, kurz darauf bettlägerig und später sogar blödsinnig und blieb es bis zu seinem Tod.

Feldkirch in Vorarlberg – Rad. v. Matthias Pfenninger um 1790
Im Hintergrund die Bergketten von Liechtenstein und der Schweiz

Das Bergmanndli und der Gämsenjäger

In den Schweizer Alpen war früher der Glaube an Bergmännchen, die als ganzes Volk still und friedlich im Innersten der Berge wohnten, weit verbreitet. Wie es heißt, suchten sie aber nicht nur dort nach edlen Metallen und Gesteinen sondern sie waren auch oben im Gebirge als Hirten tätig; von den Leuten wurden sie „Bergmanndli" oder „Herdmanndli" genannt. Ihr Vieh waren aber nicht Kühe, Ziegen oder Schafe sondern die Gämsen. Aus deren Milch machten sie einen wohlschmeckenden Käse, mit dem es eine ganz besondere Bewandtnis hatte: Wenn nur ein kleines Stück von einem Käslaib übriggelassen wurde, so wuchs es über Nacht wieder zu einem ganzen Käslaib zusammen. Wem also die Zwerge solch einen Laib schenkten, der musste nie mehr hungern, es sei denn, er aß in seiner Gier alles auf.

Die Zwerge waren überhaupt ein sehr freundliches Volk; sie brachten verirrte Tiere wieder zu ihren Ställen zurück, schenkten manch armem Hirten einer ihrer kostbaren Käslaibe und stellten den kleinen Kindern, die Holz sammeln mussten, Körbchen mit feinen Beeren und Näpfe mit Milch hin, dass sie während ihrer Arbeit etwas zu essen und zu trinken hatten.

Einst lebte in den Luzerner Voralpen ein Gämsjäger, dessen ganze Lust die Jagd war. Tag und Nacht stieg er in den Bergen herum, um Gämsen zu erlegen, mehr, als er brauchte, um sein Auskommen zu haben. Als er einmal wieder in einem schroffen und wilden Gebirgsmassiv unterwegs war, stand plötzlich ein Zwerg vor ihm. Er funkelte den Jäger aus seinen Augen unter buschigen Brauen zornig an und drohte:

„Du musst jetzt sterben, denn du hast mir schon so viele Tiere meiner Herde erlegt, dass ich das nicht länger dulden kann! Ich werde dich vernichten und in die Tiefe stürzen!"

Der Jäger erschrak zutiefst und wäre auch schon fast über die Felskante gefallen, auf der er stand, sagte aber dann entschuldigend:

„Es tut mir leid, dass ich auf Tiere deiner Herde geschossen habe. Ich habe nicht gewusst, dass sie dir gehören. Ich werde es nie wieder tun, wenn du mich am Leben lässt! Aber anderswo muss ich schon auf die Jagd gehen, damit ich etwas zu essen habe!"

„Nun gut", antwortete das Bergmanndli etwas besänftigt. „Wenn du meine Herde künftig in Ruhe lässt, wirst du jeden siebten Morgen eine geschlachtete Gämse vor deiner Türe finden, dass du nicht Hunger leiden musst. Aber hüte dich, jemals wieder hier heroben zu jagen. Das würde deinen Tod bedeuten!"

Nach diesen Worten war der Zwerg verschwunden, so plötzlich, wie er gekommen war. Nachdenklich stieg der Jäger zu seiner Hütte ab. Wirklich, genau nach einer Woche, lag eine frisch geschlachtete Gämse vor seiner Türe, sieben Tage später wieder und sieben Tage später ebenso. Der Zwerg hielt also Wort.

Dem Jäger aber behagte solch ein Leben nicht. Ihm ging das Jagen ab, das seine ganze Lust war. Er musste nun zwar nicht Hunger leiden, aber ihm war fürchterlich langweilig. Eines Tages hielt er es nicht länger aus. Obwohl er dem Zwerg versprochen hatte, seine Herde in Ruhe zu lassen, stieg er wieder auf und erblickte auch schon bald in den Felsen einen schönen Gamsbock. Der Jäger blickte vorsichtig um sich, um zu schauen, ob der Zwerg da war.

Als er ihn nicht sah, verfolgte er, obwohl er versprochen hatte, es nie wieder zu tun, vom Jagdfieber gepackt den Gamsbock bis hoch hinauf ins Gebirge. Als sich eine gute Gelegenheit ergab, legte er auf das Tier an und zielte.

Aber als er eben abdrücken wollte, fühlte er, wie eine ungemein starke Hand ihn am Knöchel packte. Entsetzt blickte er hinunter und sah den zornigen Zwerg, der ihn mit Riesenkräften in die Tiefe stieß. Dort blieb der Jäger zerschmettert liegen. Er hatte seinen Wortbruch mit dem Leben bezahlt. (Anmerkung 25)

Die Gorner Visp – Gemälde v. D. v. Kameke, Gartenlaube v. 1897

Die Gogwärgini im Wallis

Im Wallis nennt man die Zwerge Gogwärgini, einen einzelnen Gogwärgi. Solch ein Gogwärgi hütete einst das Vieh der Leute von Naters. Bevor es aber seinen Dienst, den es freiwillig und ohne Lohn verrichtete, angetreten hatte, hatte es erklärt, dass es nur bei schönem Wetter arbeiten wolle, bei schlechtem müssten die Bauern selbst nach ihren Herden sehen. Den Leuten war es recht, und das Vieh gedieh unter dem seltsamen kleinen Hirten ganz prächtig.

Dann kam ein Wintereinbruch und es fiel so viel Schnee, dass es schwierig war, die hochgelegene Alm zu erreichen. Trotzdem stiegen einige Bauern auf, denn das Gogwärgi hatte ja behauptet, nur bei schönem Wetter auf die Tiere aufpassen zu wollen. Als sie oben ankamen, war alles in bester Ordnung. Der Zwerg saß lachend in der Scheune und erklärte:

„Das ist doch kein schlechtes Wetter, was wollt ihr also hier?"

Da waren die Bauern froh, dass das Gogwärgi trotz Schnee für ihr Vieh so gut sorgte und kehrten beruhigt ins Tal zurück. Eine Woche später herrschte mehrere Tage hindurch ziemlich starker Wind, es regnete oder schneite jedoch nicht. Da kam zufällig einer der Bauern mit ein paar Knechten bei der Alm vorbei, weil er etwas für den Winter besorgen wollte. Da lag das Vieh halbverdurstet da und war auch schon ganz abgemagert. Er suchte das Gogwärgi, um ihm deshalb Vorwürfe zu machen. Endlich fand er es in der hintersten Ecke des Schupfens an die Wand geschmiegt, wo der Wind nicht hinblies.

„Du hast versprochen, auf unser Vieh zu achten!" erinnerte es der Mann, obwohl er Mitleid mit dem zitternden Zwerg hatte. Der aber erklärte:

„Ich hab' euch doch gesagt, dass ich nur bei gutem Wetter aufpasse. Regen oder Schnee macht uns Zwergen nichts; aber bei Wind kann ich nicht arbeiten, denn der ist für Gogwärgini schlecht."

Er zeigte auf den fast leeren Wassertrog: „Schau", sprach er weiter, „so wie der vom Wind schon fast ausgetrocknet ist, so trocknet dieser auch unser Blut aus und saugt das Mark aus unseren Knochen, dass wir krank und elend werden!"

Da passten der Bauer und seine Leute selbst so lang auf die Tiere auf, bis sich der Wind wieder gelegt hatte, und wussten künftig, was „schlechtes Wetter" war. –

Viele Geschichten gibt es im Wallis über die Zwerge. Sie ähneln denen, die auch anderswo in den Bergen erzählt werden. Gogwärgini darf man ebenso nicht „auszahlen", das heißt für ihre Dienste belohnen, denn dann müssen sie fortziehen, wie bei einem Bäcker in Mund. –

Auch ihre Geschenke, oft unscheinbar wie die Holzkohlen, die einst ein Gogwärgi in Domo bei Betten der Hebamme gegeben hatte, die seiner Frau bei der Geburt seines Kindleins Hilfe geleistet hatte, dürfen nicht missachtet werden. Sie hatte den größten Teil davon weggeworfen, weil sie ja zuhause genug Kohlen hatte. Dort aber hatte sich der Rest in reines Gold verwandelt (vgl. S. 242).

Zermatt – Zeichnung von W. Hoffmann in Gartenlaube von 1897

Gindulin im Aletschwald

Im Aletschwald im Wallis soll vor langer Zeit ein Zwergenvolk gelebt haben. Manche der Gogwärgini arbeiteten in den Bergen und suchten dort nach edlem Metall und Gestein, andere kamen in die Dörfer hinunter und halfen den Bauern in Haus und Stall oder beim Hüten des Viehs. So waren sie bei den Menschen gern gesehen.

Einer der Zwerge, wie es heißt, war es sogar ihr König, verliebte sich einmal in die schöne Tochter eines Bauern in Ried-Mörel namens Annemarie. Sie aber wollte von ihm nichts wissen und erklärte, sie wolle lieber einen richtigen Mann heiraten.

„Ich mag dich zwar", sagte sie, „aber ich will nicht so einen Strontzel wie dich zum Mann haben!"

„Wenn du mich heiratest, wirst du eine Königin!" versuchte der Kleine sie zuerst im Guten zu überreden. Als aber alles nichts nützte, drohte er: „Ich bin der König der Zwerge im Aletschwald und besitze große Macht! Wir Zwerge könnten euer Dorf vernichten, wenn wir wollten!"

Sie aber zögerte immer noch, ihre Zustimmung zu geben. Da versprach der Zwergenkönig listig:

„Wenn es dir gelingt, meinen Namen zu erraten, dann gebe ich dich frei!"

Da willigte das Mädchen ein, der Zwerg aber rief übermütig: „Hurra, nun ist die Schönste aus Ried meine Braut!"

Er hatte nämlich einen bei den Menschen nicht gebräuchlichen Namen und wusste daher, dass sie diesen nicht erraten würde. Annemarie überlegte sich alle Namen, die sie kannte und nannte sie ihm, aber der richtige war natürlich nicht darunter.

Es war schon der Hochzeitstag festgesetzt, und noch immer war es ihr nicht gelungen, den Namen des Zwerges herauszufinden. Sie war schon ganz verzweifelt, denn sie liebte heimlich einen braven Burschen aus dem Dorf. Da ging sie einmal in den Wald, um Beeren zu sammeln. Wie immer dachte sie dabei angestrengt nach, wie der Zwergenkönig wohl heißen könne.

Da hörte sie von einer Lichtung her fröhliches Lachen. Ganz vorsichtig, um nicht gehört oder gesehen zu werden, schlich sie sich näher und erblickte auf einer kleinen Lichtung den Zwergenkönig. Er tanzte ausgelassen herum und sang dabei:

„Gut dass Annemirl nicht weiß,
dass ich König Gindulin heiß!"

Das Mädchen wusste sich vor Glück kaum zu fassen. Genauso vorsichtig, wie sie gekommen war, zog sich Annemarie wieder zurück und lief dann, so schnell sie konnte, nach Hause. Dabei murmelte sie den Namen Gindulin andauernd vor sich hin, um ihn nur ja nicht zu vergessen. Am Abend, als der Zwerg sie wie gewöhnlich fragte, ob sie denn seinen Namen schon wisse, verstellte sie sich erst, tat, als würde sie angestrengt nachdenken und sagte dann:

„Heißt du etwa Gregor?"

„Nein, Gregor heiß' ich nicht, und meinen Namen rätst du nicht!" antwortete der Zwerg und rieb sich vergnügt die Hände.

Zum Schein nannte sie noch viele bei den Bauern – aber nicht bei den Gogwärgini – gebräuchliche Namen.

„So heiß ich nicht, so heiß ich nicht!" rief der Zwergenkönig jedes Mal voll Freude, bis sie zuletzt fragte:

„Ist dein Name vielleicht Gindulin?"

Zuerst war der Zwerg völlig erstarrt, dann aber schrie er laut und sein kleines Gesicht war ganz rot vor Wut: „Ja, du vermaledeites Mädchen, so heiße ich. Nun muss ich dich freigeben! Lebe wohl!"

Tief enttäuscht verließ er den Hof des Bauern und zog mit seinem ganzen Zwergenvolk aus dem Aletschwald fort, wohin, das weiß keiner zu sagen. (Anmerkung 26)

Das Herdmanndli und der Vogt

In Malters bei Luzern war vor fast zweihundert Jahren ein Mann namens Hans Bucher Untervogt. Er ging für sein Leben gern auf die Jagd und zum Fischen. Wohl hatte er gehört, dass die Herdmanndli die Tiere dort, wo sie selbst wohnten, unter ihren Schutz gestellt hatten und nicht duldeten, dass jemand sie tötete. Aber er glaubte nicht so recht an die kleinen Berggeister.

„Ich wollt', es tät' mir eines begegnen!" behauptete er spöttisch. „Ich könnt' schon mit ihm umgehen!"

Eines Tages war er wieder einmal beim Rümlingbach am Pilatus beim Angeln. Er hatte es auf schmackhafte Forellen abgesehen und es war ihm schon gelungen, einige der schnellen Fische zu erwischen. Da sprang ihm plötzlich von hinten ein Herdmanndli auf den Rücken. Mit unwiderstehlicher Gewalt drückte der Zwerg den Vogt nieder, dass dieser mit dem Gesicht im Wasser des Baches landete. Er konnte sich nicht befreien und meinte schon ertrinken zu müssen. Dabei hörte er die drohende Stimme vom Herdmanndli:

„Untersteh' dich noch einmal, meine Tiere zu fischen oder zu jagen!"

Der Zwerg ließ ihn erst los, als der Vogt schon fast tot war.

Leichenblass kehrte der Mann nach Malters zurück, war von da an aber nicht mehr derselbe; seine eine Körperhälfte, wo der Zwerg gesessen hatte, war gelähmt. Der Vogt konnte nie mehr auf den Berg gehen, jagen oder fischen.

Die verschüttete Stadt am Thunersee

Im Kanton Bern, nahe beim heutigen Merlingen am Thunersee lag einst die prächtige und reiche Stadt Roll. Ihre Einwohner aber waren in der ganzen Schweiz wegen ihrer Hartherzigkeit und ihres Geizes verschrien. Einmal ging ein schlimmes Unwetter über der Gegend nieder. Da flüchtete sich ein Bergmanndli, das von der Giebelfluh ins Tal gekommen war, in die Stadt. Es triefte nur so vor Nässe und suchte verzweifelt nach einer Unterkunft für die Nacht. Niemand aber wollte den armen Wicht aufnehmen. Höhnisch wurde er vor jeder Türe in Roll, an die er klopfte, abgewiesen.

„Nachtquartier ist nicht umsonst, womit kann so einer wie du schon bezahlen, schau dass du weiterkommst!"

„Wer so zerlumpt ist wie du, hat sicher keinen roten Heller in der Tasche!"

Da sagte das Bergmanndli demütig: „Wer mich aufnimmt, dem ist der Lohn im Himmel gewiss!"

„Auf den können wir pfeifen!" schrien die Leute daraufhin zornig. „Umsonst ist der Tod!"

„Ohne Geld gibt's bei uns nichts!"

„Werft den Bettler hinaus!"

Sie riefen Wächter herbei und ließen den Armen zum Stadttor hinausjagen.

Kaum aber war dies geschehen, da wandte sich der Zwerg um, blickte drohend auf die ungastliche Stadt zurück und schrie so laut er konnte:

„Elende Geizkrägen! Bleibt nur ruhig sitzen auf euren Geldsäcken und gebt den Bedürftigen nur ja keinen Heller davon ab. Lang werdet ihr euch nicht mehr daran freuen können! Die Strafe kommt schneller als ihr glaubt!"

Dann drehte er sich um, zog seinen zerrissenen Mantel fester um sich, um nicht so zu frieren, und ging weiter. Da kam er an eine schon fast verfallene Hütte, in der ein altes Ehepaar mehr schlecht als recht hauste. Sie hatten selbst nicht viel zu beißen, aber als sie das patschnasse Männlein so mühsam dahinwandern sahen, trat der Greis vor seine Türe und bat es freundlich, doch hereinzukommen.

„Wenn du mit unserer armen Behausung vorlieb nehmen willst, so bist du uns herzlich willkommen!"

Dankbar trat das Bergmanndli ein. Die alten Leute teilten ihr karges Abendbrot mit ihm und richteten ihm ein gemütliches Bettchen auf der Ofenbank. Dann legten sich alle zur Ruhe.

In der gleichen Nacht aber, als die Leute in Roll noch aßen, tanzten und es sich gut gehen ließen, erfüllte sich der Fluch des Abgewiesenen. Schon lange hatten er und die anderen Zwerge seines Volkes den Berg oberhalb der Stadt, die Giebelfluh, fast völlig ausgehöhlt. Als sie nun während des schlimmen Unwetters, das gerade niederging, vom Blitz getroffen wurde, brach ihre Spitze auseinander, Unmassen von Wasser, Geröll und Schlamm bahnten sich ihren Weg ins Tal und verschütteten die Stadt Roll, ihre hartherzigen Menschen, ihre schönen Häuser, ihre prachtvollen Gärten und all ihre Reichtümer völlig.

Als die beiden alten Leute am nächsten Morgen aufstanden, war ihr Gast verschwunden; in ihrer Stube aber blitzte und blinkte es nur so. Das Bergmanndli hatte aus Dankbarkeit die ganze Hütte frisch gestrichen, was verfallen war, gerichtet, neues Geschirr in die Küche gestellt und sogar eine Uhr an die Wand gehängt.

Freudig sahen sich die Bewohner gegenseitig an und bemerkten, dass sie über Nacht wieder ganz jung geworden waren. Als sie vor die Türe traten, fanden sie hinter ihrem Haus einen Stall voller Kühe. So brauchten sie also künftig keine Not mehr zu leiden. Glücklich wollten sie gerade in die Stube gehen, das sahen sie das Bergmanndli wieder, aber nicht mehr arm und zerlumpt, sondern in schönen Gewändern. Es wirkte sehr majestätisch.

„Jeder bekommt, was er verdient!" sprach es, als ihm die beiden überschwänglich dankten. „Ihr habt mir geholfen, als ihr mich in

Not glaubtet. Aber auch die Stadt Roll hat bekommen, was sie verdient! Seht!"

Als die beiden zu der Stelle am See hinunterblickten, an der die Stadt gewesen war, sahen sie nur noch eine riesige Halde voll Geröll, Felsbrocken, Steinen und Schlamm, unter der sie metertief begraben lag.

Die singenden Zwerge

Die Zwerge, in der Gegend um Bern „Bergmanndli" genannt, sind zwar – nach menschlichem Empfinden – nicht gerade schön mit ihren uralten Gesichtern und ihren übergroßen Köpfen, herrlich aber ist aber ihr Gesang. Nur wenigen war es bisher vergönnt, ihn zu vernehmen.

Auf einem Hof im Emmental, nahe Bern, waren einmal zwei Knechte beschäftigt, einer als Melker, der jeden Morgen kam und am Abend wieder nach Hause ging, der andere als Herdknecht. Sie waren von ihrer Wesensart her wie Tag und Nacht. Der Melker war ein stiller, sanfter Mann, der mit den Tieren gut umging und seine Arbeit immer zuverlässig verrichtete, der andere ein grober Kerl, der wollte, dass immer alles nach seinem Willen ging, der ständig gotteslästerlich fluchte, den ganzen Tag mit Mensch und Vieh herumschrie und unbarmherzig zuschlug, wenn nicht getan wurde, was er befahl. Er verhöhnte den anderen, der langsam und bedächtig war, und außer zu den Tieren fast nie ein Wort sprach.

Über den Herdknecht gab es also nicht viel Gutes zu sagen, aber er konnte singen, dass eine Nachtigall hätte neidisch werden können. Viele Bosheiten, Ungerechtigkeiten, Kränkungen und Schläge wurden ihm verziehen, wenn er nur seine herrliche Stimme erklingen ließ, und das nützte er weidlich aus. Wenn er ein Lied sang, hörten alle mit dem auf, was sie gerade taten, und lauschten ganz verzückt.

Eines Abends, es war Sonntag, und der Melker kehrte gerade müde von seiner Arbeit auf dem Hof nach Hause zurück, kam er wie immer an einem halbverfallenen Stadel vorbei. Da bemerkte er einen Lichtschein und hörte Geräusche, wie wenn drinnen Stühle gerückt würden. Verwundert schlich er näher und wollte die Ursache dafür ergründen. Dann aber blieb er verzaubert stehen und lauschte nur noch, denn er vernahm einen Gesang von Stimmen, die geradezu engelsgleich waren.

Er vergaß die Zeit, vergaß heimzugehen, vergaß die Welt um sich herum und fühlte sich fast ins Paradies versetzt. Plötzlich verstummten die herrlichen Klänge, und er wurde unvermittelt in die Wirklichkeit zurückversetzt. Mit Erstaunen stellte er fest, dass es Stunden später und schon nach Mitternacht war. Wieder hörte er ein Rücken wie von Stühlen und versteckte sich rasch hinter einem dichten Strauch.

Da öffnete sich die Türe des Stadels, eine Schar von Zwergen, jeder mit einem kleinen Schemel in der einen und einer Fackel in der anderen Hand, kam heraus und trippelte in Richtung Berge davon. Als er sie nicht mehr sehen konnte, wagte sich der Melker, der die kleinen Sänger, die ihm so viel Freude bereitet hatten, nicht erschrecken wollte, aus seinem Versteck und ging mit einem großen Glücksgefühl im Herzen heim. Von nun an lauschte er jeden Sonntagabend dem überirdisch wohlklingenden Gesang der Bergmanndli. Die Musik veränderte ihn, er wirkte irgendwie glücklicher, verrichte seine Arbeit freudiger, sodass die Leute glaubten, er sei verliebt.

Er ließ sie bei dem Glauben, denn er wollte sein Geheimnis nicht verraten, denn er wusste, dass er ein ganz seltenes Glück hatte, das nicht vielen Menschen zuteil wurde.

Die Zwerge aber hatten wohl bemerkt, dass sie einen Zuhörer hatten, daher legten sich zwei von ihnen am nächsten Sonntagabend auf die Lauer. Als der Melker sich in sein Versteck begeben hatte und gerade verzückt dem Gesang der übrigen Zwerge zuhörte, traten sie plötzlich auf ihn zu und fragten barsch:

„Was willst du hier!"

Der Melker, aus seinen schönen Träumen gerissen, die er immer während des Gesanges hatte, erschrak und erklärte:

„Verzeiht, dass ich euch belausche. Aber ich habe noch nie etwas Schöneres gehört als euren Gesang. Dann fällt alles Schwere, was ich am Tag erleben musste, von mir ab und ich bin nur noch glücklich. Bitte, fühlt euch von mir nicht gestört, bitte, lasst mich euch weiter zuhören."

Da freuten sich die Zwerge, weil ihre Kunst so hoch gelobt wurde. Sie nahmen ihn bei der Hand und führten ihn in den Stadel. Dort saßen die anderen Zwerge auf ihren Schemeln im Kreis um die Fackeln, die sie in der Mitte in den Boden gesteckt hatten. Die beiden, die den Melker hereingebracht hatten, erklärten den anderen, warum sie einen Menschen mitbrachten. Dann forderten sie ihn auf:

„Wenn du unseren Gesang so liebst, dann sing doch mit uns mit!"

Verschämt gestand der Melker, dass er überhaupt nicht singen konnte und noch nie in seinem ganzen Leben gesungen habe, weil er so eine hässliche Stimme habe. Das wollten ihm die Zwerge nicht glauben und riefen:

„Jeder kann singen, du auch!"

„Versuche es doch, es geht bestimmt!"

Da begann der Melker den Kleinen zuliebe ein Lied, aber seine Stimme war so krächzend, dass er sofort wieder aufhörte und traurig sagte: „Seht ihr, ich kann es wirklich nicht."

„Das werden wir gleich haben!" verkündete der Chorleiter der Zwerge, der immer bestimmte, welches Lied gesungen werden sollte. Er hieß den Melker sich auf ein Schemelchen niederzusetzen, dann bog er ihm mit großer Kraft den Kopf zurück, drückte und knetete die Kehle, wobei er einige geheime Zauberworte sprach und sagte dann:

„So, jetzt sing das Lied noch einmal!"

Zaghaft begann der Mann und, er konnte es selbst kaum glauben, seine Stimme hörte sich nicht mehr an wie die von einer alten Krähe, sie jubilierte wie die einer Nachtigall. Die Zwerge klatschten begeistert Beifall, den Melker aber überkam ein Gefühl höchsten Glücks und er wusste gar nicht, wie er den Zwergen für ihr Geschenk danken sollte. Sie aber freuten sich mit ihm und wollten keinen Dank, baten ihn aber, ihren „Musiksaal" im Stadel nicht zu verraten, was dieser hoch und heilig versprach.

Am nächsten Samstagabend versammelte sich wie immer die Jugend des Dorfes im Wirthaus. Dabei wurde gesungen, gelacht und es wurden Liebschaften begonnen. Früher hatte der schüchterne Melker sich nicht getraut, an den Zusammenkünften teilzunehmen, nun aber, mit seiner neu erworbenen Sangeskunst, hatte er auch viel Selbstvertrauen gewonnen. Schon lange liebte er ein Mädchen aus der Nachbarschaft, die schöne Tochter eines reichen Bauern, die aber für den armen Knecht bisher keinen Blick gehabt hatte.

Als nun alle jungen Leute versammelt waren, zogen sie den Melker, der ja noch nie dabei gewesen war, ein wenig auf und fragten:

„Warum kommst du heute, suchst du gar einen Schatz?"

„Hast du vielleicht gar schon eine Liebste?"

„Was machst du sonst immer so allein in den Bergen?"

Der Melker wurde zwar ganz rot, sagte dann aber mit fester Stimme: „Ich hab noch keine Liebste, wüsste mir aber schon eine! Und an meinen freien Tagen habe ich in den Bergen das Singen geübt!"

Da lachte der Herdknecht schallend auf und rief:

„Was, du und singen? Wenn hier einer singen kann, dann bin ich es!"

„Ich kann es mindestens genauso gut wie du," beharrte der Melker hartnäckig. Da wurde der Herdknecht zornig und schrie: „Willst du mich etwa herausfordern? Jeder weiß, dass ich die schönste Stimme im ganzen Emmental habe!"

„Ja", entgegnete der Melker, „aber du musst auch verlieren können!"

„Ich verliere nicht!" schrie der andere noch wütender. Da bestimmten die jungen Leute den stärksten Raufer im Tal zum Schiedsrichter zwischen den beiden Knechten.

Sofort begann der Herdknecht seine üblichen Lieder zu singen, und wie gewöhnlich wurden alle Anwesenden ganz still und hörten zu. Dann warf er dem Melker einen triumphierenden Blick zu und forderte ihn höhnisch auf: „So, jetzt zeig, was du kannst, du Großmaul!"

Der Melker setzte sich ruhig hin und begann dann, mit einer Stimme so glockenrein und klar, wie sie noch keiner vorher vernommen hatte, die zauberhaften Gesänge, die er bei den Zwergen gelernt hatte, vorzutragen. Alle lauschten wie gebannt, und als er aufhörte, war es noch eine ganze Weile mucksmäuschenstill.

Dann aber klatschten alle in die Hände und beglückwünschten ihn. Der starke Bursche, der zum Schiedsrichter bestimmt worden war, hielt den Herdknecht, der in seinem Zorn darüber, dass er nicht mehr als der beste Sänger galt, alles kurz und klein schlagen wollte, fest, bis er sich wieder beruhigt hatte und dann grußlos das Wirtshaus verließ.

Dort waren auch einige Handelsreisende aus Zürich und Bern anwesend gewesen. So wurde der begnadete Sänger bald im ganzen Land berühmt. Er aber blieb bescheiden, obwohl er nun in vielen Ländern, vor vielen Leuten und in großen Musiksälen singen durfte, und überall bejubelt wurde.

Er heiratete die Bauerntochter, die er schon immer heimlich geliebt hatte und blieb seiner Heimat treu, auch wenn er nun viel im Ausland auf Konzertreisen unterwegs war. So oft er konnte, besuchte er heimlich seine Freunde, die Bergmanndli, deren Geheimnis er nie verriet.

Als er gestorben war, stand in seinem Testament, wer ihm die Kunst des Singens beigebracht hatte, aber den genauen Ort in den Bergen, verschwieg auch dieses.

Das Geschenk der Zwerge vom Mordfeld

Ein Melker, der mit seiner Familie den Sommer über auf dem Mordfeld im Elsass das Vieh betreut hatte, trieb es – wie üblich am Sankt-Michael-Tag, dem 29. September – wieder zurück ins Tal. Dabei fiel einem seiner beiden Buben, es waren Zwillinge, ein, dass er etwas, was ihm sehr wichtig war, oben auf der Almhütte vergessen hatte. Er kehrte um und lief zurück, um es zu suchen.

Es war aber ein weiter Weg, daher war es schon fast Abend, als er wieder oben ankam.

„Heute kann ich nicht mehr zurück", dachte er, „das ist zu gefährlich, da muss ich ja durch die stockfinstere Nacht laufen und kann mir leicht den Hals brechen."

So entschied er, die Nacht in der Hütte zu verbringen und erst am nächsten Tag bei Helligkeit wieder ins Tal zu wandern. Weil die Hütte aber schon winterfest gemacht worden war und kein Bettzeug mehr oben war, legte er sich in einen leeren Trog, deckte sich mit seinem Umhang zu und schlief vor Müdigkeit bald ein.

Plötzlich weckten ihn seltsame Geräusche. Er öffnete die Augen und schaute sich um, bewegte sich aber nicht. Da sah er, dass Licht brannte und hörte auch ein eifriges Hin- und Hergetrippel. Die Käsepresse wurde bedient – überhaupt, es war alles so, wie wenn er mit seinen Eltern den Sommer über die Alm bewirtschaftete. Vorsichtig hob er den Kopf, schaute über den Rand des Troges und sah mehrere Zwerge, die geschäftig dabei waren, Käse zu machen.

Ein Zwergenmädchen aber hatte ihn gesehen, als er den Kopf gehoben hatte, und machte seine Mutter auf ihn aufmerksam. Die aber sagte:

„Lassen wir ihn schlafen, er ist ein guter und fleißiger Bub und außerdem er ist ein Zwilling."

Er rührte sich nicht mehr und tat, als schlafe er. Als die Kleinen ihre Arbeit beendet hatten, lagen auf dem Tisch zwei schöne große Käslaibe, halb so groß, wie die Zwerge selbst, der eine weiß, der andere schwarz. Da kam die Mutter des Mädchens auf ihn zu, weckte ihn und lud ihn ein:

„Du hast sicher Hunger nach dem weiten Weg, komm und iss mit uns!"

Erst getraute er sich nicht so recht, dann aber setzte er sich artig an den Tisch zu den Zwergen und den Käslaiben, deren köstlicher Duft ihm in die Nase stieg und sogleich einen unbändigen Hunger hervorrief. Die Zwergenmutter aber zeigte auf den weißen Käselaib und sagte:

„Der ist aus der Milch gemacht, die bei den Arbeiten der Melker auf der Alm aus Versehen oder Ungeschicklichkeit verschüttet worden ist. Davon kannst du essen, soviel du willst. Der schwarze Käse aber ist aus der Milch, die aus Bosheit, Missgunst oder unter Flüchen während der Arbeit verschüttet wurde. Natürlich kannst du auch davon kosten, aber er ist nicht gut!"

Der Bub nahm nur vom weißen Käse und aß, bis er satt war. Noch nie in seinem Leben hatte er etwas derart Köstliches bekommen. „Danke, ihr lieben Zwerge," sagte er dann. „Nun muss ich heim, sonst machen sich meine Eltern Sorgen."

Da schenkte ihm die Zwergenmutter den Rest vom weißen Käse und wünschte ihm Glück für den Abstieg. Zuhause angekommen erzählte er, was er erlebt hatte. Alle durften von seinem köstlichen Käse ein Stück essen. Es blieb nur noch ein kleiner Rest übrig. Als der Bub diesen am nächsten Tag essen wollte, war daraus wieder ein großer, herrlich duftender Käselaib geworden. Da freute sich die ganze Familie, denn sie wussten, dass das eine besondere Gabe der Zwerge war.

Der Käse durfte niemals ganz aufgegessen werden, dann erneuerte er sich immer wieder zu einem ganzen Laib. Mit diesem Geschenk der Zwerge war der Bub reich für immer, denn er würde nie mehr Hunger leiden müssen.

Da wurde sein Zwillingsbruder neidisch und wollte auch so etwas haben. Er war – im Gegensatz zum anderen – ein mürrischer, fauler Kerl, der oft bei der Arbeit fluchte, weil er sie eigentlich nicht machen wollte. Er stieg nun auch zur Alm auf dem Mordfeld hinauf, um sich von den Zwergen einen Käse schenken zu lassen.

Er wurde nie mehr lebendig gesehen. Wie es heißt, hätten ihn die Zwerge zerrissen, weil er ein Flucher und für viele schwarze Käse verantwortlich gewesen war.

Der Blochmonter Zwerg

Es war Krieg und eine entscheidende Schlacht stand im Elsass bevor. Drei Soldaten der Infanterie, die sich angefreundet hatten, beschlossen, vor diesem, in ihren Augen ausweglosen Kampf zu fliehen. Sie legten einige Tage lang etwas von ihrer Ration – Brot und getrocknetes Fleisch – zurück und desertierten in einer mondlosen Nacht.

Sie schlichen in den nahen Wald und dann liefen sie schnell weiter. Am nächsten Tag, beim Morgenappell, wurde ihr Verschwinden bemerkt. Aber die Heeresleitung erkannte, dass eine Suche nach den Desertierten nichts bringen würde, also wurden alle Gendarmerien verständigt.

Die Fahnenflüchtigen liefen immer weiter und mieden wegen der Gendarmerien die Dörfer, denn sie wussten, wenn man sie ergreifen würde, dann wäre ihnen die Todesstrafe für ihr Vergehen gewiss.

Nach mehreren anstrengenden Tagen – sie befanden sich zwischen Lutter und Kiffis, zum Pfirter Amtsbezirk gehörig – gewahrten sie in der Ferne eine Burg. Als sie näher kamen, bemerkten sie, dass es sich um ein unbewohntes, dem Verfall preisgegebenes Schloss handelte.

Der Ort Pfirt und die Ruine Hohenpfirt im 19. Jahrhundert

Vorsichtig betraten sie durch ein Loch in der hohen Mauer den Hof und das Gebäude, musterten das Haus und stellten fest, dass sie vorübergehend darin hausen konnten. In aller Eile brachten sie ein paar Räume und die merkwürdigerweise noch zum Kochen bereite Küche halbwegs in Ordnung. Sie richteten sich eine Liegestatt aus Laub und weichen Moospolstern, aßen den Rest ihres Proviants, besprachen die dringend notwendige Nahrungsbeschaffung und legten sich todmüde zum Schlafen nieder.

Als am nächsten Morgen die ersten Sonnenstrahlen durch die fensterlosen Rahmen lugten, erwachten die drei, erhoben sich ausgeschlafen und fröhlich von ihrem Nachtlager und erfrischten sich am Brunnen im Hof. Sie teilten die Arbeit für den Tag ein: Einer der beiden Füsiliere – während ihrer Kriegszeit zündeten sie die Lunten der Musketen an und wurden später mit der Steinschlossflinte ausgestattet – ging mit dem Grenadier – er war auf den Umgang mit Handgranaten geschult worden und war in den Gefechten immer an vorderster Front, um diese in die feindlichen Reihen zu werfen – auf die Jagd. Der andere Füsilier sollte Holz für den Küchenofen zurecht machen und das Feuer schüren, damit das auf der Jagd erlegte Wild sofort zubereitet werden kann.

Aber ehe er sich an die ihm aufgetragene Arbeit machte, wollte er ein wenig die anderen Räume des Schlosses, das den Namen Blochmont hatte, erkunden. Auf einmal befand er sich in einem behaglich ausgestatteten Zimmer, in dessen Mitte ein Tisch mit Stühlen stand. Er dachte bei sich:

„So viel Zeit habe ich schon noch, um hier ein wenig zu verweilen", und er setzte sich auf einen der bequemen Stühle. Als er dasaß und um sich blickte, sagte er so vor sich hin: „Wie schön wäre es, wenn jetzt auf dem Tisch eine schmackhafte Mahlzeit stünde."

Als er die Worte ausgesprochen hatte, stand vor ihm ein üppig gefüllter Teller mit köstlicher Speise. Ohne über das Woher des Essens nachzudenken, machte er sich sofort darüber her. Plötzlich stand ein kleines, auf Krücken gestütztes, gebrechlich wirkendes Männchen an der Seite des Tisches und sagte: „Gib mir auch ein Stück von dem leckeren Braten und dem köstlich duftenden Brot!"

Ohne sich lange zu wundern, gab der Soldat dem Zwerg, der zwischenzeitlich beide Krücken in eine Hand genommen hatte, vom Gewünschten; aber dem Wicht entglitt das Essen und er sagte:

„Ach, heb mir doch das Essen vom Boden auf. Du siehst, ich bin so schwach, dass es mir große Schwierigkeiten bereitet, mich zu bücken."

Sofort beugte sich der Füsilier nieder; aber in diesem Moment schlug das Männchen, das plötzlich über enorme Kräfte zu verfügen schien, auf den Soldaten mit den Krücken so arg ein, dass sich dieser nicht zu wehren vermochte und hilflos wimmernd am Boden lag. Erst jetzt beendete der Wicht das Verprügeln und verschwand. Der Soldat konnte sich gar nicht mehr aufrichten, so übel war er zugerichtet; er krabbelte auf allen Vieren zu seinem Bett, legte sich darauf und deckte sich mit seinem Soldatenmantel zu.

Die ihm übertragene Arbeit konnte er nicht mehr ausführen.

Die Kameraden kamen von der Jagd zurück und waren sehr erstaunt, dass keine Vorbereitungen in der Küche getroffen waren. Sie riefen und suchten nach ihrem Freund. Diesen fanden sie auf seiner Schlafstatt und er entschuldigte sich damit, dass er einen Schwächeanfall bekommen habe und sich deshalb nicht auf den Beinen halten könne. Die beiden gaben sich mit der Auskunft zufrieden und versorgten das Hauswesen.

Am nächsten Tag fühlte sich der Verprügelte schon wieder so wohl, dass diesmal er mit dem Grenadier zur Jagd ging, denn er wollte auf keinen Fall allein im Schloss zurückbleiben. Also blieb der andere Füsilier in der Burg, um die Vorbereitungen fürs Essen zu treffen.

Als die beiden fort waren, wollte auch der die anderen Räume des Schlosses Blochmont inspizieren. Und es erging ihm genauso wie seinem Kameraden am Vortag: Er kam in das Esszimmer, setzte sich, sprach die gleichen Gedanken aus, erhielt ein prächtiges Mahl, der Zwerg erschien, forderte vom Essen, das er erhielt und das ihm wiederum entglitt; als der Soldat es aufheben wollte, wurde er jämmerlich verprügelt.

Als die Schützen mit ihrer Beute nach Hause kamen, fanden sie ihren Genossen kraftlos im Bett vor. Auch er stammelte, dass er plötzlich krank geworden wäre und deshalb keine Vorbereitungen fürs Kochen treffen konnte. Aber er erzählte – ebenso wie sein Kumpan am Vortag – nichts von dem, was ihm widerfahren war.

Der Grenadier, dem die Sache äußerst merkwürdig vorkam, beschloss, am darauffolgenden Tag das Haus zu hüten. Er war ein kluger und vorsichtiger Mann mit großer Lebenserfahrung. Als die Füsiliere sich auf die Jagd begeben hatten, beschaffte er Holz, zerkleinerte es und entfachte im Herd das Feuer. Da noch genug Zeit bis zur Rückkehr der anderen blieb, wollte auch er weitere Schlossgemächer in Augenschein nehmen. Er kam in das gemütliche Zimmer, in dem er sich auf einen Stuhl zum Ausruhen setzte. Dann – ohne sich dabei etwas zu denken – murmelte auch er den Essenswunsch vor sich hin; sofort war üppig aufgetischt, und er machte sich, ohne lange nachzudenken, über die Speisen her.

Wieder erschien das Männlein, forderte vom Essen, und er gab ihm reichlich. Aber der Soldat war auf der Hut! Dadurch bemerkte er, dass der Wicht das Essen bewusst fallen ließ und deshalb kam er auch der Aufforderung, das Essen aufzuheben, nicht nach.

Statt dessen verbläute er den Zwerg so sehr, dass dieser unter argem Schmerzensgebrüll nur noch um Gnade flehte und wimmerte:

„Bitte halt ein, ich will dir auch etwas zeigen, was dir und deinen Gefährten von Nutzen ist."

Der misstrauische Soldat unterbrach zwar die Verprügelung, hielt aber den Zwerg fest umklammert und sagte: „Also, raus mit der Sprache! Aber wehe du versuchst mich zu täuschen! Dann schlage ich dich so arg, dass du nicht mehr laufen kannst!"

Der Wicht presste unter Schmerzen hervor: „Siehst du den Berg am hinteren Ende des Schlossgartens, auf dem ein Turm steht? In diesem Turm befindet sich im Boden ein großes Loch und daneben steht ein Korb, an dem ein sechzig Meter langes Seil befestigt ist. In der Tiefe sind drei Gemächer, die von drei bösartigen Riesen bewohnt sind. Du musst wissen, diese haben einst dem König von Portugal seine drei Töchter geraubt und hierher gebracht. Diese Prinzessinnen werden von ihnen gefangen gehalten; jede Nacht müssen die bedauernswerten Mädchen ihren Peinigern die Läuse und anderes Ungeziefer entfernen, und genau um Mitternacht schlafen die Riesen im Schoß der Prinzessinnen ein. Ihr Vater tat alles, um seine Töchter zurückzubekommen. Aber vergeblich."

Der Grenadier, der zweifelnd und zugleich ganz gebannt diesen Worten lauschte, meinte: „Es muss doch eine Möglichkeit geben, diese armen Wesen aus den Klauen der Unholde zu befreien!"

Der Zwerg antwortete: „Die gibt es, und eine Belohnung dazu! Der König von Portugal gelobte, denjenigen seine Töchter zur Frau zu geben, denen es gelingt sie zu erlösen und zu ihm zurückzubringen. Das Königreich soll nach seinem Tod unter ihnen aufgeteilt werden. Derjenige, der den Mut hat, die Prinzessinnen zu befreien, hat Folgendes zu tun:

Er muss sich eine Stunde vor Mitternacht in dem Korb in die Tiefe hinablassen und vor dem ersten Zimmer bereitstehen, vor dem, wie bei den beiden folgenden Zimmern auch, an der Wand ein Schwert hängt. Die anderen beiden müssen oben bei dem Seil, mit dem sie später den Korb aus dem Loch herausziehen sollen, Wache halten und warten. Wenn die Mitternacht anbricht, muss derjenige, der unten bei den Riesen ist, das Schwert von der Wand vor dem ersten Zimmer nehmen, die Tür öffnen und eintreten. Träge wird der Riese, der gerade einschlafen will, seinen Kopf heben, und der Befreier muss ihm diesen sofort abschlagen, bevor er richtig aus dem Schlaf erwacht.

Dann muss er rasch mit der ersten befreiten Prinzessin das Zimmer verlassen und im zweiten und dritten, in denen die anderen Riesen sind, ebenso verfahren. Hierauf muss er die drei erlösten Mädchen und sich selbst nacheinander in den Korb stellen, den die beiden anderen, die oben im Turm stehen, dann jeweils heraufziehen müssen. Ich glaube, du bist der Mann, dem es gelingt, die Prinzessinnen von ihrer Pein zu befreien. Ich selbst kann es nicht, ich bin verbannt und hause nun schon über zweihundert Jahre in diesem Schloss." Nach diesen Worten war der Wicht verschwunden.

Der Soldat ging ins Schloss zurück und überdachte das Erlebte. Seine Kameraden kamen von der erfolgreichen Pirsch zurück und gemeinsam ließen sie sich das Mahl schmecken. Dann sagte der Grenadier: „Ich weiß, warum ihr krank gewesen seid! Aber ich habe den Zwerg durchschaut, und nicht er hat mich geschlagen, sondern ich ihn. Und er hat mir ein Geheimnis verraten."

Er erzählte ihnen, was der Zwerg ihm anvertraut hatte. Es brauchte keiner Überredung, denn alle drei waren sich sofort einig, die Prinzessinnen aus ihrer Not zu erlösen. Der Grenadier verlangte, dass sie sich geloben sollten, immer treu zueinander zu stehen, einer für alle und alle für einen. Hoch und heilig schworen sie sich dies gegenseitig.

Noch in derselben Nacht machten sie sich ans Werk. Der Grenadier stieg in den Korb und entschwand in der Tiefe.

Dort fand er alles so vor, wie ihm der Zwerg gesagt hatte. Schlag zwölf nahm er das Schwert von der Wand und betrat furchtlos das erste Zimmer; der schläfrige Riese blinzelte ein wenig und hob den Kopf. In diesem Moment schlug er ihm mit einem einzigen Hieb so geschickt den Kopf ab, dass der Prinzessin, auf deren Schoß er geruht hatte, kein einziges Haar gekrümmt wurde. Die sprang voller Freude auf, umarmte den Soldaten und rief:

„Guter Mann! Meine beiden älteren Schwestern sind in den anderen Räumen. Bitte mach schnell und befreie auch sie! Mein Vater ist ein großmächtiger König. Trotz seines Reichtums gelang es ihm nicht, uns zu erlösen. Bring uns zu ihm! Er wird dich überreich belohnen."

Mit den beiden anderen Riesen verfuhr der Grenadier ebenso wie mit dem im ersten Zimmer. Die vier standen gemeinsam vor dem Förderkorb, die befreiten Prinzessinnen waren überglücklich. Sie übergaben ihm ihre goldenen Kronen und Diamantringe und sagten: „Wähle nun eine von uns zur Frau!"

Ruhig und überlegt antwortete ihr Retter: „An Lohn und Reichtum liegt mir nichts. Euer Vater ist in banger Sorge und hofft schon lange auf eure Rückkehr. Zuerst sollt ihr zu ihm."

Dann stieg die erste Maid in den Korb. Der Grenadier zog leicht am Seil und die beiden Füsiliere wussten, dass sie nun ziehen sollen. Kurz darauf kam der leere Korb zurück, die zweite Prinzessin stieg ein und danach die dritte. Nochmals kam der Korb in die Tiefe, um den tapferen Soldaten zu holen.

Plötzlich durchzuckte den Retter ein Gedanke: „Beide waren unaufrichtig zu mir; sie erzählten mir nichts von dem Zwerg und wie er sie verprügelt hatte. Kann ich den beiden – trotz des Treueschwurs – vertrauen? Vorsicht ist angebracht!"

Also legte er Steine in den Korb, bedeutete den Kameraden zu ziehen, und tatsächlich, als dieser um die dreißig Meter vom Boden entfernt war, ließen sie das Seil los, und der Korb sauste herunter und schlug am Boden auf. Die treulosen Gesellen dachten, dass der Grenadier zu Tode gekommen wäre. Dann hielten sie den Mädchen ihre Gewehre vor die Brust und ließen sie schwören, dass sie ihrem Vater erzählen würden, dass sie beide sie aus der Gewalt der Riesen befreit hätten. Sie nahmen ihnen noch ihren restlichen Schmuck ab und verhökerten ihn, damit sie die Reise nach Portugal angenehm verbringen konnten.

Unverletzt saß der Verratene in der Tiefe und wusste nicht, wie er da wieder herauskommen sollte. Aber irgendwann stand das kleine Männchen vor ihm, wippte auf den Zehenspitzen auf und ab, vergrub seine Händchen in den Hosentaschen, und sagte ganz überheblich: „Ich könnte dir schon helfen, wieder nach oben zu kommen. Aber ich mag nicht! Du hast mich verprügelt und das vergesse ich dir nicht."

Der hilflose Grenadier war sich durchaus seiner ausweglosen Lage bewusst und bat den Kleinen zerknirscht um Verzeihung. Damit war der Zwerg zufrieden. Er sagte: „Also gut, ich will dir helfen. Deine feinen Freunde feiern demnächst Hochzeit in Portugal. Die Vorbereitungen sind in vollem Gange. Die Prinzessinnen haben ihrem Vater aufgrund ihres Schwurs nichts verraten, wie sich ihre Erlösung tatsächlich abgespielt hat. Aber die Kronen, über deren Verbleib sie geschwiegen haben und die du in Besitz hast, müssen bis zur Hochzeit vorhanden sein. Neue sind immer noch nicht fertig. Geh zum Palast, gib dich als Goldschmied aus und sage, dass du in der Lage bist die Krönchen anzufertigen.

Ich will dir mit meinen magischen Kräften helfen, dass du rechtzeitig in Lissabon ankommst. Die Hauptstadt Portugals ist dreihundert Wegstunden von hier entfernt. Also zögere keine Minute. Beim Turm steht ein Schimmel. Sitz auf und gib ihm die Sporen; mit einem einzigen Sprung legt er 100 Stunden zurück. Wenn das Tier aufsetzt, dann spring ab, denn da steht ein Rappe und auf ihm wirst du die Reise fortsetzen. Auch er schafft 100 Stunden mit einem Sprung und dann findest du einen Fuchs vor, der dich ganz nahe zum Ziel bringt."

Daraufhin verschwand der Zwerg, der Grenadier stand – er wusste nicht, wie das zugegangen war – vor dem Turm und fand alles so vor, wie angekündigt.

Am Ende der rasend schnellen Reise mit den drei Wunderpferden stand plötzlich wieder der Zwerg vor ihm und sagte: „Hab Dank, auch ich bin jetzt erlöst! Du hast jetzt drei Fußstunden bis Lissabon vor dir. Dort geh zum Palast und sage, dass du der Goldschmied bist." Dann erklärte ihm das Männlein noch, wie er weiter vorgehen sollte. Daraufhin war der Zwerg mit einem Mal von einem strahlenden Licht umgeben und dann, wie vom Erdboden verschluckt, verschwunden.

Als der Grenadier in der Stadt ankam, waren die Häuser und Straßen festlich geschmückt. Auf seine Fragen erfuhr er, dass zwei Soldaten die drei Königstöchter gerettet hätten und der König darob über die Maßen glücklich sei und zwei seiner Töchter diesen tapferen Soldaten zur Frau gäbe.

Der Grenadier tat wie ihm geraten; er ging zum Palast, gab sich als Goldschmied aus und bot seine Dienste an, die Krönchen für die Prinzessinnen anzufertigen. Sofort wurde er zum König gebracht. Wie ihm der Zwerg aufgetragen hatte, bat der Goldschmied um ein ruhiges Haus und etwa drei Monate Zeit für die Arbeit, die er in Ruhe ausführen wolle.

Der König war mit diesen Forderungen einverstanden, und so zog sich der Mann in das Haus zurück, empfing keine Besuche, polierte die drei Kronen, die ihm seinerzeit die Prinzessinnen gegeben hatten, auf Hochglanz und brachte sie nach der vereinbarten Zeit zum König, der über die perfekte Arbeit so erfreut war, dass er ihn zur Hochzeit einlud.

Die Hochzeit war ein großartiges Fest und es ging sehr lustig zu. Aus einer Laune heraus rief der König: „Jeder Gast erzählt jetzt eine Geschichte aus seinem Leben!"

Auch der Grenadier, den alle für den Goldschmied hielten, kam an die Reihe und er erzählte mit ruhiger, fester Stimme, dass er Grenadier sei und zusammen mit zwei Füsilieren desertiert wäre, und alles, was er ab diesem Zeitpunkt erlebt hatte. Wie gebannt lauschten die Anwesenden. Dann nahm er aus seiner Tasche die drei Diamantringlein und hob sie hoch.

In diesem Augenblick sprang die jüngste Königstochter von ihrem Sessel in die Höhe und rief ganz aufgeregt: „Dieser ist es, der uns erlöst hat!"

Und sie warf sich dem Grenadier an die Brust. Dann erzählte sie von dem Schwur, den sie und ihre Schwestern den Füsilieren hatten leisten müssen, was von den beiden anderen Prinzessinnen bestätigt wurde. Die Hochzeitsgesellschaft war ob dieser Enthüllungen dermaßen aufgebracht, dass sie die Todesstrafe für die beiden Banditen forderte, und zwar, dass man sie in Öl siede, was auch geschah.

Der Grenadier aber feierte mit der jüngsten Königstochter Hochzeit und wurde einige Jahre später, nach dem Tod des alten Königs, Herrscher über Portugal. Sein Volk liebte ihn, denn er war umsichtig und gerecht und lebte mit seiner Gemahlin lange in Glück und Frieden.

Der Riese und die Zwerge von Pfirt

In dem Ort Pfirt im Elsass lebte vor Zeiten auf dem Berg, auf dem sich heute noch die Ruine einer alten Burg befindet, ein Riese. Er beherrschte das Land ringsum uneingeschränkt ganz alleine, denn das Zwergenvolk, das im Berg in ausgedehnten Höhlen wohnte, war nicht stark genug, um gegen ihn aufzustehen.

So tat er was er wollte, warf Felsen herum wie Spielbälle, riss Bäume aus oder verstopfte Bachläufe mit Geröll, nur um zu sehen, was dann geschehen würde. Oben auf dem Berg hatte er auch einen tiefen See, in dem er Fische hielt, weil diese seine Lieblingsspeise waren.

Eines Tages saß er wieder oben auf seinem Berg und blickte weit über das Land. Da sah er zu seinem nicht geringen Schrecken eine Gruppe von Menschen, die Anstalten machte, sich im Tal anzusiedeln. Die Leute fällten einige Bäume, um sich daraus Hütten zu bauen.

Der Riese erschrak zutiefst, denn er erinnerte sich an eine uralte Prophezeiung, die besagte, dass seine Herrschaft zu Ende sein würde, wenn die Menschen ins Land kämen.

„Elendes Pack!" grollte er daher, „schaut nur ja, dass ihr wieder hier verschwindet, sonst geht es euch schlecht!"

Grimmig lachend öffnete er die Schleusen seines großen Sees, dass die Wassermassen ungebremst ins Tal stürzten und drohten die Menschen zu verschlingen. Die aber erkannten die nahende Gefahr, ließen alles stehen und liegen und retteten sich vor den Fluten auf den gegenüberliegenden Berg. Dann suchten sie sich im Tal eine andere geeignete Stelle, die nicht vom Wasser bedroht war, und begannen erneut mit dem Bau ihrer Häuser.

Der Riese knirschte vor Wut mit den Zähnen, weil sein Plan, die Menschen zu verjagen, fehlgeschlagen war. Er riss gewaltige Felsbrocken aus seinem Berg und schleuderte sie mit seiner ungeheuren Kraft in die Tiefe, dass sie fast bis zu der Siedlung rollten. Die Leute ließen sich dadurch aber ebenfalls nicht abschrecken, im Gegenteil, voller Freude verwendeten sie das Gestein zum Bau für feste Mauern, die ihren Häusern Schutz boten.

Wohl versuchte der Riese, indem er Wolken zusammenschob und einen Sturmwind auslöste, nochmals, das Dorf der Menschen zu zerstören, aber es gelang ihm nicht, denn es war durch die Mauern schon zu stark befestigt.

Da gab der Riese auf dem Berg eine Weile Ruhe, weil er erst nachsinnen musste, wie er die Störenfriede auf andere Weise loswerden könnte. Die Leute lebten inzwischen fröhlich in dem fruchtbaren Tal, bauten ihr Getreide an, ließen ihre Herden auf den saftigen Weiden grasen und führten ein genügsames aber gutes Leben.

Eines Tages war einer der Männer des Dorfes gerade beim Jagen in der Nähe des Berges, auf dem der Riese hauste. Da vernahm er plötzlich ein jämmerliches Stöhnen und Seufzen. Neugierig folgte er den Tönen und fand schließlich ein kleines Männlein, das mit dem Kopf in einer zu engen Felsspalte steckte und sich nicht mehr selbst befreien konnte.

Das uralte Gesichtchen mit dem langen weißen Bart war schon puterrot angelaufen, so hatte sich der Kleine angestrengt, aus seiner misslichen Lage zu kommen. Es war ihm deshalb nicht gelungen, weil die goldene Krone, die er auf dem Haupt trug, sich völlig verklemmt hatte. Als der Mann das sah, musste er lachen, weil es so ein komisches Bild war. Da wurde der Zwerg wütend und schrie:

„Steh nicht so dumm herum und lache, hilf mir lieber!"

„Entschuldige", sagte der Mann reumütig, denn es war ihm klar, dass der Zwerg große Schmerzen haben musste. Vorsichtig zog er zuerst die festgeklemmte Krone heraus und anschließend befreite er den Zwerg, was ohne die Krone ganz leicht möglich war. Erschöpft setzte sich der Kleine auf den Boden, um sich ein wenig zu erholen. Der Mann legte ihm die etwas verbeulte, aber wundervoll gearbeitete und mit zahlreichen Edelsteinen verzierte goldene Krone in den Schoß.

„Habe Dank, du hast etwas gut bei mir", sprach der Zwergenkönig nach einer Weile und setzte sich seine Krone wieder auf. „Willst du einen Stein aus meiner Krone? Die sind ganz besonders wertvoll!"

„Ich habe dir gerne geholfen," meinte daraufhin der Mann, „du musst mich nicht belohnen. Was ich mir wirklich wünsche, kannst du mir doch nicht geben. Dazu bist du viel zu klein!"

„Was wünschst du dir denn?" fragte der Zwerg neugierig. „Auch wenn ich klein bin, so bin ich doch sehr mächtig, denn mein Volk im Berg ist sehr zahlreich!"

„Wie du vielleicht weißt, wohnt oben auf diesem Berg ein böser Riese. Er bedroht unser Dorf ständig. Ich wünsche mir, dass wir ihn endlich vertreiben und in Ruhe leben könnten. Das ist viel wichtiger als Geld und Gold!"

„Du bist ein kluger Mann! Vielleicht gelingt uns dies gemeinsam, euch Menschen und uns Zwergen. Wir sind dem Riesen auch nicht grün, weil er dauernd Felsen aus dem Berg reißt, dass unsere Gänge für jedermann offen liegen oder sich neue Spalten bilden, so wie die, in der ich gefangen war, weil ich sie noch nicht kannte. Außerdem trampelt er da oben derart herum, dass der ganze Berg erzittert und wir immer fürchten, es sei ein Erdbeben."

„Dann lass ihn uns gemeinsam bekämpfen!" rief der Mann freudig und reichte dem Zwergenkönig die Hand.

Dieser führte ihn durch einen unterirdischen Gang, durch den sich an den Wänden Gold-, Silber- und andere Metalladern zogen, in eine schöne große Felsenhöhle. Dort konnte der Mann sogar aufrecht stehen, ohne sich den Kopf an den herabhängenden Kristalllampen zu stoßen, von denen die ganze Pracht ringsum in Licht getaucht wurde. Alles bestand aus Gold, Silber und edlen Steinen: Tische, Stühle oder Betten, Geschirr oder Besteck. Der Thron in der Mitte der Halle war aus strahlendem Bergkristall, besetzt mit Tausenden von Diamanten.

Der Zwergenkönig rief mit einem lauten Gong seine Untertanen zusammen, die alsbald aus allen Gängen und Höhlen ringsum herbeieilten.

Dann erklärte er ihnen, dass er mit dem Bauern einen Bund geschlossen habe, und dass die Zwerge gemeinsam mit den Menschen versuchen wollten, den verhassten Riesen zu vertreiben. Dann überlegten sie alle, wie sie das am besten bewerkstelligen könnten.

Nach einer Weile angestrengten Nachdenkens schlug der Mann vor:

„Wenn ihr Zwerge den Berg unter der Spitze, auf welcher der Riese wohnt, aushöhlt, dass eine tiefe Grube darunter entsteht, so wird dieser, wenn sie tief genug ist, in die Erde einbrechen und hineinstürzen. Wir Menschen werden inzwischen Baumaterial für Mauern heranschaffen und immer näher zum Berg hin hohe Schutzwälle errichten. Dann muss es uns gelingen, den Riesen in Schach zu halten."

„So ist es beschlossen! So soll es geschehen!" verkündete der Zwergenkönig feierlich. Beide gaben sich die Hand und besiegelten damit ihren Vertrag. Dann kehrte der Mann in sein Dorf zurück und erzählte seinen Leuten, was geschehen war und was sie zu tun hätten, um den Riesen zu besiegen. Alle machten sich sogleich fleißig ans Werk, karrten Steine herbei, fällten Bäume in den umliegenden Wäldern, schleppten Wasser herbei, mischten Mörtel an und errichteten dicke und starke Mauern, die sie immer näher an den Berg heranbauten.

Inzwischen hatten sich auch die Zwerge an die Arbeit gemacht. Nach einem Monat schon hatten sie eine neunhundert Fuß tiefe Grube im Berg gegraben und diesen darüber bis fast unter die Spitze völlig ausgehöhlt.

Mit Misstrauen sah der Riese dem emsigen Treiben der Menschen zu, wusste aber nicht, wozu das Ganze gut sein sollte. Er stand auf seiner Bergkuppe, hörte das unaufhörliche Hämmern der Zwerge im Berg und fühlte unter seinen Füßen die Erde erzittern. Da wurde er so zornig wie noch nie in seinem langen Leben. Er beschloss, die Menschen ein für alle Mal aus dem Tal zu vertreiben und auch den Zwergen, die ihn mit ihrem andauernden Hämmern und Hacken nervten, einen Denkzettel zu verpassen.

Mit all seinen gewaltigen Kräften rüttelte er an dem Felsen, der die Spitze des Berges bildete, und wollte ihn als ganzen riesigen Brocken auf die Menschen hinunterschleudern, um diese zu zermalmen.

Fast schon hatte er ihn abgerissen, da brach plötzlich unter ihm der Boden, gegen den er sich heftig gestemmt hatte, unter seinen Füßen ein und er stürzte in das tiefe Loch, das die Zwerge gegraben hatten, hinunter. Erdreich, Steine und die Bergspitze, die er auf die Menschen hatte schleudern wollen, begruben ihn darin.

Von dem Tag an hatten Zwerge und Menschen Ruhe vor ihm. Wohl regte der Riese sich noch manchmal im Berg und versuchte seine Glieder auszustrecken, aber es gelang ihm nicht, weil zu viel Geröll als Gewicht auf ihm lastete. Dann erbebte die Erde jedes Mal ein wenig, aber die Leute fürchteten sich nicht, weil sie wussten, dass der Riese nicht aus dem Berg herauskonnte.

Lange Zeit lebten Menschen und Zwerge in Pfirt in großer Eintracht miteinander. Die Kleinen halfen den Bauern in der Erntezeit, wenn besonders viel zu tun war, dafür wurden sie zu Festen im Ort, wie Hochzeit, Kindstaufe oder Erntedank eingeladen und durften fröhlich mitfeiern. Nicht selten brachten sie dazu ein reiches Geschenk für die Brautleute oder den Täufling mit.

Da fiel es einmal ein paar jungen Mädchen auf, dass die Zwerge, wenn sie sich sehen ließen, immer sorgfältig versuchten, ihre Füße zu verstecken. Neugierig wollten sie den Grund für dieses Verhalten erfahren.

Als daher wieder Erntezeit war und die Zwerge wie üblich aus dem Berg kamen, hatten die Mädchen vorher feinen Sand auf den Weg gestreut, den die Kleinen üblicherweise nahmen. So konnten sie sehen, als diese vorübergezogen waren, dass der Boden mit Spuren von Gänsefüßen bedeckt war.

Da lachten die jungen Mädchen und riefen ihnen übermütig spottend nach:

„Gänsfüßchen, Gänsfüßchen, ihr habt Gänsfüßchen!"

Die Zwerge weinten, als sie ihr Geheimnis entdeckt sahen, drehten sich um und liefen in den Berg zurück.

Dort packten sie ihre Sachen und zogen – betrübt über die Bosheit und den Undank der Menschen – in eine andere Gegend und in einen anderen Berg, weit fort von Pfirt.

Sie wurden dort nie mehr gesehen. Ihre Schätze aber, die sie im Berg zurückgelassen haben, bewacht ein riesiger schwarzer Hund mit feurigen Augen.

Wie es heißt, kann nur derjenige sie finden, der in der Stunde vor Mitternacht in die Höhle hineingeht, den Hund küsst und ihn auf seinen Armen ins Freie trägt.

Das hat aber bis heute noch niemand gewagt, und so befinden sie sich noch immer tief drinnen im Berg. (Anmerkung 27)

Anmerkungen

1) Der Binzingerhof von Grünbach liegt an der Straße von Passau nach Zwiesel, etwa dort, wo sich die Grenze zwischen dem Gebiet von Regen und Grafenau befindet.

2) Der Name „Schraz" oder „Schrazel" bedeutet im Bayerischen Wald soviel wie Zwerg. Schrazellöcher gibt es beispielsweise häufig in der Umgebung von Regen, Viechtach oder Bodenmais. Diese Erdställe sind teilweise bis ins 9. Jahrhundert nachweisbar. Hier sollen – nach dem Glauben der Leute – die „Erdmandl", „Erdleutl" oder „Schrazel" gewohnt haben: *Diese sogenannten Schrazel(Erdmännlein)löcher geben den Forschern noch immer Rätsel auf, da man ihre Entstehung und ihren Zweck nicht kennt. Es wird von keltischen Kultstätten ebenso wie von Schlüpfen und Verstecken während der Kriegswirren des Mittelalters gesprochen. Letzteres dürfte am ehesten zutreffen, was aus der Anlage der Gänge ersichtlich ist.* Stadt Regen S. 382. *Die sagenhaften Schrazellöcher des Bayer. Waldes sind innerhalb des Stadtgemeindegebietes in der Ortschaft Sumpering vertreten. Beim Bau der Weinberger-Scheune im Jahr 1962 wurde an der nordöstlichen Wegböschung ein unterirdischer Gang freigelegt, der etwa 1,20 m hoch und 60 bis 80 cm breit ist. Nach 25 Metern ist er durch Einsturzmaterial verschüttet. Die Gangöffnung wurde wieder geschlossen.* (Quelle: Stadt Regen S. 382). Hier wurde sogar noch ein zweiter Gang gefunden. 1974 wurde ein Schrazelloch in Burgstall bei Regen entdeckt. Unterirdische Gänge wurden auch bei Kanalarbeiten im Jahr 1962 in Dürrwies bei Seiboldsried nahe Bischofmais gefunden. Werner Pohl schreibt in „Der Landkreis Regen" S. 334-335: *Von Viechtach berichtet bereits die Chronik von Bürgermeister Baumhoelzl aus dem Jahre 1825 von solchen Schrazelgängen. Es handelt sich um fünf unterirdische Gänge, die an verschiedenen Stellen des Marktes in Kellern ihren Ausgang nahmen. Diese Gänge führten in Richtung St. Anna-Kapelle, wo sie zusammengestoßen sein sollen. Man nahm an, dass man sich hier in Kriegszeiten zu Besprechungen zusammenfand. Auch sollen Wertgegenstände hier deponiert worden sein... In Hartbühl, Gemarkung Blosserberg (jetzt Stadt Viechtach)* *wurde beim Anwesen Maimer vermutlich durch Verkehrserschütterungen der nahe vorbeiführenden Straße durch einstürzendes Erdreich ein Schrazelloch im Juni 1973 sichtbar. Der Gang in einer Länge von etwa 100 Metern wurde nach dem letzten Weltkrieg noch zum Versteck verschiedener Sachen verwendet.* Wie Werner Pohl weiter erklärt, waren diese Erdställe direkt in Boden und Gestein gegraben, an manchen Stellen oft nur 50 cm hoch und hatten Ausbuchtungen, in die manchmal auch Bänke eingehauen waren. Es gibt über ihre Herstellung aber weder schriftliche Urkunden noch wird überliefert, wann und wofür sie wirklich gegraben worden sind. Noch heute werden bei Grabungsarbeiten immer wieder solche unterirdischen Gänge gefunden.

3) Fuß = Altes Längenmaß verschiedener Länge, von der Länge eines Mannesfußes genommenes Maß, etwa 12 Zoll lang, 1 Zoll (preußisch) = 2,82 cm, 1 Zoll (engl.) = 2,54 cm. 1 Fuß entspricht also einer heutigen Länge von etwa 30-35 cm.

4) Antonie Schuch dazu: *Die Venedigermandl und ihr geheimes Wissen: In den an Mineralien und Edelmetallen reichen Alpen und auch im Vorland der Alpen wird oft von den Venedigermandln – auch als Venediger bezeichnet – gesprochen. Meist kamen diese Mandl im Frühjahr nach der Schneeschmelze über die Bergpässe von Venedig her und blieben bis zum Herbst. Oft sah man sie morgens mit ihren Säcken beladen vom Berg in Richtung Tal steigen. Man erzählte sich, dass die Venediger Erdspiegel besäßen (vgl. Anmerkung 5). Dies sind Spiegel, die sie aus dem Meer nähmen; in ihnen würden – auch in großer Entfernung – sich die im Berg vorkommenden Schätze, Gold führende Gewässer, Erzgänge usw. spiegeln. Nicht alle Venediger besaßen einen Erdspiegel; manche bedienten sich einer an einem Faden hängenden Kugel, an der ein Zeiger befestigt war. Man hielt den Faden zwischen Daumen und Zeigefinger, so dass die Kugel sich frei drehen konnte, und dort, wo der Zeiger hinwies, war der Schatz zu finden.*

Diese magischen Fähigkeiten konnten in der „Schwarzen Schule" in Venedig erlernt werden. Die Teilnehmerzahl war immer auf zwölf beschränkt. Nach Abschluss der Ausbildung gehörte der

Schüler, der zuletzt durch die Tür ging, dem Meister – dem Teufel. Es war aber wie verhext; wenn die verbliebenen Elf vor der Tür standen, so konnten sie nicht feststellen, welcher Kamerad fehlte. Gelegentlich tarnten sich die Venedigermandl als Hausierer und boten merkwürdige, getrocknete Käfer feil. Wenn ihnen tatsächlich jemand einen solchen Käfer abkaufte und diesen zum Geld legte, so ging das Geld nie aus.

Erzsucher im Gebirge

Christiane Oldach im Tölzer Merkur vom 20.08.2002 darüber: *Geschichten über Venediger-Männlein finden sich nicht nur im ganzen bayerischen Voralpenland, sondern auch im Bayerischen und Thüringer Wald, im Harz, im Spessart und in Tirol. Die Männlein sollen Alchimisten sein und unter der Erde wohnen. Wen sie mögen,*

dem schenken sie eine Henne aus Blech, die Goldstücke legt, und wer ihnen einen Dienst erweist, bekommt einen goldenen Hirschen. Manchmal führen sie auch Menschen unter die Erde und lassen sie erst nach einigen hundert Jahren wieder frei.
Im angrenzenden Tirol gibt es folgende Überlieferung zu den Venedigern:
Es gibt wohl kein Tal in ganz Tirol, in welchem man nicht von „Venediger Manndln" zu erzählen weiß. Denn das an edlen Metallen und Mineralien reiche Land lockte schon früh, besonders die Venezianer an, um die Schätze der Erde zu Tage zu fördern. Sie kamen gewöhnlich im Frühjahr, arbeiteten während des Sommers in den Bergen und Schluchten der Gebirge und zogen im Herbst, mit Schätzen beladen, heim nach Venedig. Schiestl. S. 12
Ein Gedicht von Kobell aus dem 19. Jahrhundert dazu:
> *Die wälschen Venediger*
> *Wissen gar guat*
> *Ein Schatz, wo er z'finden is'*
> *Heben wie man thuat.*

5) Ein Erdspiegel ist ein ungemein kostbares Gut. Mit ihm konnte man – nach dem Glauben der Leute – die Schätze im Innern der Erde oder im Gebirge sehen. Die Venedigermandl waren im Besitz von Erd- und Bergspiegeln, darum waren sie so unermesslich reich. Einmal ließen sie einen Zimmermann aus Wackersberg bei Kochel, der eigens deswegen nach Venedig gekommen war, hineinschauen: Da wurden die Berge durchsichtig wie Glas, und er sah alle verborgenen Schätze. Karl v. Leoprechting schreibt im Jahr 1856:
Ist ein wunderbares Ding um einen Erdspiegel, glückt selten einen richtigen zu erhalten, nutzt aber auch dann den wenigsten, die ihn haben. Wer nit an einem goldnen Sonntag in der zwölften Stunde unter einem gar seltnen Zeichen geboren worden, dem nutzen die besten nichts, der aber in solch glücklicher Stellung geboren, der vermag alles zu sehen, was er nur immer begehren will, doch muß man allzeit den Spiegel nach einer Kirchen richten, darinn Sanct Johann der Gottestaufer rastet. Zwischen einem Erdspiegel, der aus einer runden Metallscheiben und einem Bergspiegel, der aus einem Uringlas, darin ein hochgeweihter Weihbrunnen, besteht einiger

Unterschied im Gebrauch und im Anrufen, und will letzterer für den besseren gehalten werden...
Der Sagenforscher K. Reiser Nr. 155 im Jahr 1895 zum gleichen Thema: *Unter dem Erd-, Wasser- und Venedigerspiegel ist der letztere der richtige und beste; denn man kann in ihm alles sehen, was man nur wünscht. Man erhält ihn, wenn man einen Spiegel mit dem Blute einer schwarzen Katze, einer schwarzen Henne und eines Bergraben bestreicht und die richtigen Gebete hersagt. In diesem Spiegel sieht aber nur derjenige, der ihn gemacht hat, alles, während im Erd- und Wasserspiegel, zu welch' letzterem man dreierlei Weihwasser braucht, auch andere Leute etwas sehen können.*

6) Neue Forschungen ergaben, dass sich tatsächlich an der mit Hörfeld bezeichneten Stelle die Siedlung Noreia befunden hat.

7) Hutmann = Österreichischer Ausdruck für Vorarbeiter der Knappen, Obersteiger

8) Käsmandl oder Kasermandl: Dazu schreibt Theodor Vernaleken in Alpensagen, Wien 1858, Nr.143, S. 238: *Das Käsmandl, vorzugsweise im Lesachwinkel (Lungau) sichtbar, ist ein kleines Männlein von eisengrauer Farbe, mit erdfalbem runzlichtem Gesichte. Zur Sommerszeit lebt es auf den höchsten Bergzinnen in unzugänglichen Gewänden und dunklen Wäldern, wo es sich von Wurzeln und Kräutern nährt. Im Herbste, wenn der Senne von der Alm mit seiner Herde heimgefahren ist, kommt das Käsmandl aus seinem Schlupfwinkel zu den Almhütten, sucht und sammelt das, was die Sennen und Hirten weggeworfen, verloren oder zurückgelassen haben. Das Mandl käset die Überreste und lebt davon den ganzen Winter hindurch. Im Sommer, bevor die Herde wieder auf die Alm zieht, verläßt das Käsmandl die Almhütte und flieht wieder in seine einsamen Schlupfwinkel.*

9) Es handelt sich hier wohl entweder um den Großen und Kleinen Mühldorfersee oder um den Oberen und Unteren Radlsee.

Almhütten a. d. Aflenzer Hochalpe – Aquarell v. M. Loder, 1827

10) Riesen in den Alpen: Bei Berchtesgaden der Riese Abfalter und andere Riesen, in Kärnten der Riese vom Loenharder See oder die „hadischen Leute" im oberen Drautal. Nach dem Glauben der Leute hausten früher auf Bergen und Almen „hadische Leute" (Riesen) in gewaltigen Höhlen, den „Haderlucken", aber auch in Tälern beispielsweise im Katschtal.

11) In der Vorstellung waren Waldmännlein, Holzweiblein oder Moosleute klein von Gestalt und den Zwergen sehr ähnlich. Während aber diese im Innern der Berge hausen, leben die Holz- und Moosleute in den Wäldern. Ihr Leben ist eng mit dem der Bäume verknüpft, auf denen sie wohnen. Wird der Baum gefällt oder entrindet, so muss das Waldgeistchen, das darauf haust, auch sterben.
Schlecht erging es einmal einem Mann, der das Leben der kleinen Waldgeister gering achtete. In den Jahren zwischen den beiden Weltkriegen wird in der „Bergheimat" folgende Geschichte erzählt:

Ein anderer, aber sehr roher und ungeschlachter Bauer hörte einst auf dem Heimwege die wilde Jagd daher brausen. Aus Vorwitz wollte auch er mit jagen helfen und begann zu schreien und zu schnalzen, wie es die Treiber auf der Klopfjagd zu tun pflegen. Da rief ihm der wilde Jäger zu:

„Brav Kamerad! Sollst deinen Teil haben!"

Am andern Morgen, als er in den Pferdestall gehen wollte, hing ein Viertteil eines Moosweibchens an der Tür des Stalles. Erschrocken hierüber ging der Bauer unverweilt zum Pfarrer und beichtete ihm reumütig seinen Mutwillen. Der Seelsorger verwies ihm denselben ernstlich, ermahnte ihn dringend zur Besserung seines Lebenswandels und riet dem Bauern, zu seiner geistigen und leiblichen Wohlfahrt, das Fleisch unberührt hängen zu lassen, auf dass ihn der wilde Jäger hernach nicht darum anfechte. Der Bauer gehorchte dem Rate, und das unheimliche Wildbret kam ebenso unbemerkt wieder fort, als es hingekommen war. Dessen ungeachtet konnte der Bauer seines Lebens nicht mehr recht froh werden, und er starb auch nach wenigen Jahren.

Die Holz- und Moosleute besitzen die Fähigkeit, sich in Nachtvögel wie Eulen oder Käuzchen zu verwandeln. In deren Gestalt warnen sie die Menschen durch ihre schaurigen Rufe vor drohendem Unheil oder mahnen sie an den Tod. In vielen Gegenden war es üblich, dass die Holzknechte beim Fällen einer Föhre mit der Axt drei Kreuze auf den stehen bleibenden Baumstumpf einschnitten. So gekennzeichnet, waren sie nach ihrer Überzeugung Freiplätze oder Asylstätten für die Holzweiblein, die Moosleute oder auch für die Seelen im Wald verunglückter oder ermordeter Menschen, die noch immer am Ort ihres Todes umgehen mussten.

Wenn in rauen Sturmnächten das Wilde Heer durch die Wälder jagte und jene Unglücklichen verfolgte, so konnten sie sich auf diese gesegneten Plätze retten. Dort waren sie vor den bösen Höllengeistern in Sicherheit. Die Macht der Dämonen, die sonst jedes Waldmännlein oder Holzweiblein, dessen sie habhaft werden konnten, unbarmherzig in Stücke rissen und der wilden Hundemeute, die sie begleitete, zum Fraße vorwarfen, war durch das heilige Zeichen des Kreuzes gebrochen.

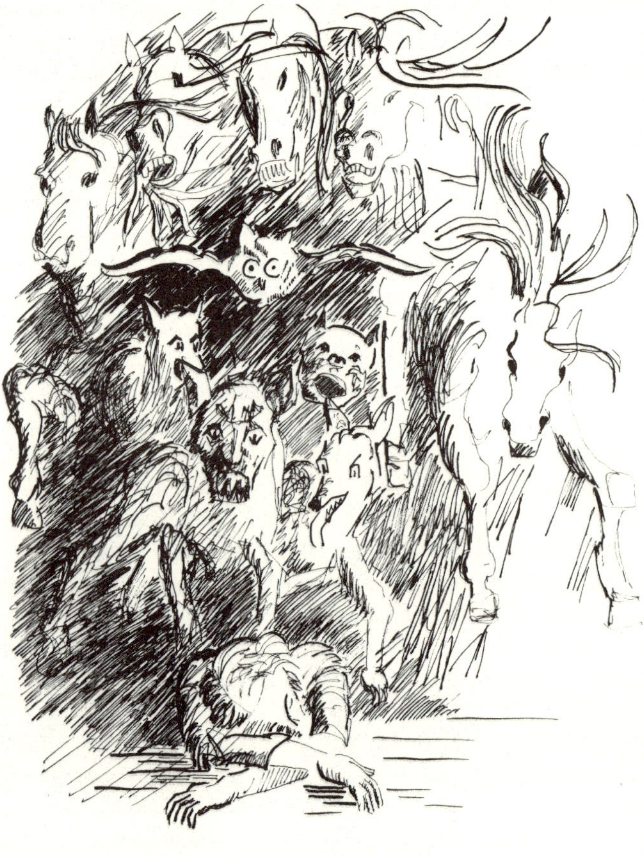

Holzknechte, die solche Freistätten geschaffen hatten, wollen den Dank der kleinen Waldgeister auf vielerlei Weise erfahren haben. So behaupten manche, die bis in die Nacht hinein gearbeitet hatten, nur mit Hilfe jener freundlichen Wesen aus dem dunklen Forst herausgefunden zu haben, ohne sich zu verirren. Manchmal fanden sie auch an den unwahrscheinlichsten Stellen im Wald herrliche Hirsch- oder Rehgeweihe, die sie für gutes Geld verkaufen konnten. Die sehr stark mit der Natur verbundenen Holzknechte waren felsenfest davon überzeugt, dass dies alles Gesten der Dankbarkeit von Waldgeistern waren.

Über die Hojemännlen, kleine Kobolde, schreibt K. v. Leoprechting 1856: *Dieser Name rührt wohl allein von ihrem ungewöhnlichen Schrei Hojo Hoje, wenn sie tanzen oder Räder schlagen. Sie zeigen sich oft und vielfältig, obwohl sie sich aus den Häusern und Städeln beinahe ganz zurückgezogen haben, und nur mehr noch eingegangene Höfe und einsame Waldungen bewohnen. Doch scheuen sie den Menschen nicht sehr und diemalen kann man welchen selbst am lichten Tage begegnen.*

Sie sind sehr klein, allzeit grün angetan und ihr Haar und Bart ist wie ein graulechtes Mies (grünliches Moos). *Sonderlich im Advent, wo allen Geistern von Allerheiligen Abend bis Dreikönig große Macht gegeben ist sich zu zeigen und vielen Spuk zu treiben, da kann man den Hojemännlen oft begegnen. Sie tun den Menschen nichts zu leide, suchen sie aber zu necken und zu ängstigen. Sie springen dann auf Händen wie auf Füßen und schreien Räder schlagend ihr wehmütig lautendes Hojo, Hoje.*

Sehen sie jemanden, der darob Furcht zeigt, und das ist bei den Mehrsten der Fall, dann stürzen sie mit ihren Sprüngen demselben oft zwischen den Beinen durch und in so rascher, toller Folge, dass Viele vor Angst vergehen möchten und Manche schon recht krank von diesem Spuk geworden sind.

Auch verbergen sie sich gerne in der Nähe menschlicher Wohnungen, sonderlich bei viel aufgerichtetem Holze und weinen nun stundenlang so herzdurchdringend, dass die, so es hören, es auf die Läng nit aushalten können, und darüber selbst recht traurig werden. Solcher Erfolg macht den Hojemännlen großen Gspaß, und zeigen sie sich dann gütig, werfen wohl auch denen, die mit dem

Weinen ein Mitleid gezeigt, irgend einen Fund in den Weg, der ihnen wohl nutzbar.
Alterlebte Schäfer und Hueter, die ihrer wohl viele gesehen, behaupten, den Hojemännlen fehle alle Kraft, denn sie seyen ohne Mark geboren und könnten nur im Verborgenen schaden. Dieß ist aber kaum glaubbar, denn sie haben sich noch immer solchen, die sie tratzen wollten oder gar beleidigen, furchtbar an Macht und Stärke gezeigt.

12) Zu Paracelsus: Der Sage nach hatte Theophrastus Paracelsus nicht so viel Glück wie die Dame. Sein Ruhm war in Salzburg zwar außerordentlich und er hatte einen Zulauf von Patienten, wie niemand sonst, aber das erweckte den Neid anderer Ärzte in der Stadt. Eines Tages beschlossen sie, den unliebsamen Konkurrenten aus der Welt zu schaffen.
Es gelang ihnen durch eine List, ihm Gift beizubringen. Nun wusste der Wunderdoktor zwar, wie er das tödliche Mittel mit Hilfe eines seltenen Vogels aus seinem Magen holen und unschädlich machen konnte, aber unglücklicherweise wurde er bei der geheimen Operation von einem Diener gestört. Da misslang der Eingriff, und Theophrastus musste trotz seines Lebenselixiers sterben, wie gewöhnliche Menschen auch.
Eine ähnliche Sage, vgl. auch das Märchen vom Rumpelstilzchen, das ja im ganzen deutschsprachigen Raum bekannt ist, gibt es auch aus dem Wallis, vgl. S. 259.

13) Die Schätze Watzmanns sollen noch heute in den Tiefen des Berges verborgen liegen: Sepp S. 26 dazu: *Ein Schatz ist auch im Watzmann verborgen: wer davon einen Theil erhalten will, muß zuerst nach Maria Plain wallfahrten und die Sakramente empfangen. Nur wenn er das würdig gethan, darf er von jenem aufgehäuften Gold nehmen und dann nur für den dringensten Bedarf, sonst bedroht ihn beim Verlassen der Höhle arge Strafe."*

14) Dazu Bergheimat von 1928 Nr. 1, S. 3: *...namensberüchtigt, weil daselbst kein Hund zum Jagen soll verwendet werden können.*

15) Eichelmann S. 8: *Auch die Namen der benachbarten Spitzen und Rücken – Gjaidköpfe, Hirschwiese – erinnern an die Jagdzeit Watzmanns.*

16) Zu Weidwiesenweiblein Bechstein S. 544: *Im letzterwähnten Jahre (1831) machte sich im Spätherbst der Brunnenwärter vom Nesselgraben auf und ging dem Winseln nach, das sich stark hören ließ, und verstieg sich hoch hinauf bis auf den Grat des Bergstocks, da hörte er das Gewinsel wieder tief unter sich, und unter ihm klaffte steilab die schüssige Wand.*
Da er mit Not wieder heruntergestiegen war, kam ein Bekannter zu ihm, das war der Kreiser von Helmbach, der stieg kecklich mit der Gefahr seines Lebens durch die Schrunden der Stimme nach und fand endlich ein uralt hockeruckeriges Weiblein, das saß in einer Felsspalte wie eine Unke und greinte Gotteserbärmlich, gab auf keine Frage eine Antwort, und wie der Bub sich zu ihm bog, krallte es ihm nach dem Gesicht.
Der aber, nicht furchtsam und faul, erwischt das Weiblein beim Schlafittich und zieht es nach sich bis auf die Matte, wo er vorher seine Joppen ausgezogen. Da lässt er's fahren und bückt sich und zieht die Joppe an, und wie er umschaut, ist's Weiblein weg wie weggeblasen. Da kommt ihm aber ein gewaltiges Grauen an, macht, daß er heimkommt, und wird acht Tage krank vor Schrecken.

17) Raute oder Ruta (lateinisch) aus der Familie der Rutaceen. Dazu Meyers von 1895 Bd. 15:
R. graveolens (Gartenraute, Weinraute) ist ein an steinigen Stellen in Südeuropa und Nordafrika, im westlichen Deutschland wild wachsender, in den mitteleuropäischen Gärten häufig kultivierter, vielfach verwilderter, bis 90 cm hoher Halbstrauch mit gestielten, zwei- bis dreifach fiederteiligen Blättern. Das stark balsamisch riechende und scharf bitterlich schmeckende Kraut enthält ätherisches Öl (Rautenöl) und Rutin. Das Kraut war schon den Alten ein hochgeschätztes Gewürz (Peganum) und Arzneimittel; es galt namentlich als Gegenmittel bei Vergiftungen mit Schierling, als nervenstärkend und schweißtreibend. Auch später stand die Raute noch in

hohem Ruf als ansteckungswidriges Heilmittel und war z. B. ein Bestandteil des bekannten Pest- oder Vierräuberessigs. Den Namen R. leitet man von ryomai (griech.), „retten", ab.
Die Blätter, welche Verdauung und Appetit befördern, in größeren Dosen aber erhitzend wirken, werden jetzt nur noch als Hausmittel, häufiger als Küchengewürz benutzt. Katzen und Ratten verabscheuen das Kraut.

18) Man ist nicht in jeder Gegend – so wie vor allem in Völlan in Südtirol – der Auffassung, dass Zwerge nicht sterben können; bei Innsbruck gibt es eine Sage, in welcher der Herr der Zwerge stirbt. In manchen Regionen herrscht der Glaube, dass sie durch Menschen erlöst werden können und mit deren Hilfe auch die ewige Seligkeit erlangen können (vgl. die Sage vom Blochmonter Zwerg S. 265), sonst müssen sie bis zum Jüngsten Tag darauf warten.

Neustift bei Brixen – Zeichnung von A. Podesta um 1840

19) Hier ist nicht Bern, die Stadt in der Schweiz, gemeint. Im Mittelalter hieß die italienische Stadt Verona „Bern".

20) Über die Herkunft des Namens Wendelstein schrieb im Jahre 1913 Ludwig Lechner in „Das Leitzachtal, ein Heimatbuch": *Der Name Wendelstein ist noch immer nicht genügend geklärt. Benefiziat Dachauer erinnert an die Wenden, Dr. Sepp an den Hirtenheiligen Wendelin. Dresely an den End- oder Wendepunkt des Gebirges, manche glauben mit dem Worte Wand eine Erklärung gefunden zu haben, wieder andere erzählen eine recht geschraubte Sage vom „wandelnden" Bergmännlein, vom Sonnwendstein etc. Ich glaube, daß Quitzmann und Schmeller der Wahrheit am nächsten kommen, wenn sie an die Schneckenhausgestalt des Berges anknüpfen, wie auch eine Schneckenstiege Wendeltreppe heißt.*

21) Dazu Otto Reuther S. 6: *Ein unmittelbarer Zusammenhang mit dem keltischen genius cucullatus kann als gesichert gelten. Da die rassische Grundlage in Altbayern überwiegend keltisch ist, fügt sich der Mythos vom Goggolori organisch in diesen Rahmen...*

22) Bruchstücke dieser Sage über die Streiche des Goggolore, die in jedem Ort in der Ammerseegegend etwas anders überliefert wurden und manchmal auch anderen Kobolden zugeschrieben wurden, fügte Professor Dr. Otto Reuther, der mit seinen Geschwistern in Gut Achselschwang aufwuchs und der von Kinderfrauen, Mägden oder Leuten aus den umliegenden Ortschaften viel über den Goggolore gehört hatte, zu einer zauberhaften, romanartigen Geschichte zusammen.
Die einzelnen Kapitel, in denen er jeweils einen oder mehrere dieser Streiche verarbeitete, sandte er per Feldpost an einen seiner Brüder, der im 1. Weltkrieg unmittelbar an der Front stand und darüber schwermütig geworden war, um ihn aufzuheitern und ihm neuen Lebensmut zu geben.
In einer glücklichen Stund kam mir der Gedanke, den Goggolore zu beschwören, und mit ihm allen Segen und alle Kraft unserer Heimat, unserer Kindheit. Von da an schreib ich Nachtwache für Nachtwache die nachfolgenden Geschichten nieder, um sie am

Morgen der Feldpost anzuvertrauen... So ist das Buch vom Goggolore entstanden. So schreibt Prof. Dr. Otto Reuther in dem Vorwort zu seinem Roman über den Goggolore, der 1935 in Buchform erschien. Wie mir (Gisela Schinzel-Penth) sein Sohn, der Arzt Dr. Stephan Reuther, mitteilte, ist also ein Großteil des Buches über den Goggolore dichterische Erfindung seines Vater, gegründet auf bruchstückhafte Überlieferung durch das Volk. Dies sei als Anmerkung gebracht, weil es zum Streit zwischen dem Schriftsteller Michael Ende und Dr. Stephan Reuther um die Urheberrechte der Geschichten um den Goggolore kam.

23) Zu den unterirdischen Gängen (Bild Tafel II auf nächster Seite) Panzer I, Nr. 54 im Jahr 1848:

In diesem Hügel Katzensteig, welcher auf Tafel II (hier abgebildet) mit Figur 1 bezeichnet ist, sind fragliche Gänge in festem weißen Sande ausgehöhlt. Dieselben sind, im größeren Maßstabe, im Grundriß Fig. 2, und im Aufriß Fig. 3 und Fig. 4 dargestellt. Von f bis h, Fig. 2, f' bis h', Fig. 3 ist dieser Gang 96 ½ Fuß lang, geht beinahe waagrecht und liegt mit seiner Sohle 24 Fuß unter der Oberfläche des Hügels.

Von f bis g, Fig. 2, k bis g', Fig. 3 ist derselbe 53 Fuß lang und steigt beinahe bis zur Oberfläche des Hügels, von welcher er nur durch eine 2 Fuß starke Erdschichte getrennt ist. Daß dieser Ausgang g, Fig. 2, g', Fig. 3, ursprünglich zu Tag ging, unterliegt keinem Zweifel... Wie das nach der Linie A B Fig. 2, k' f', Fig. 3, genommene Querprofil, Fig. 5, zeigt, sind die Wände des vorstehend beschriebenen Ganges senkrecht und vereinigen sich mittels zwei kreiszylindrischen Flächen, welche sich im Scheitel des Gewölbes schneiden; man nennt diese Konstruktion Spitzbogen.

Die Höhe an dieser Stelle beträgt vom Boden bis zum Scheitel des Gewölbes 6 ½ Fuß; die Breite von Wand zu Wand ist 3 Fuß... Der jetzige, steil abwärts führende Eingang beginnt bei d, der Sohle des Loches, welches nach Raiser und Illing zur Ausgrabung eines Fuchsbaues benutzt worden ist und zur Entdeckung fraglicher Gänge geführt hat... In den Wänden des Ganges g f h l, Fig. 2, g' f' h' l', Fig. 3, Fig. 4 befinden sich viele kleine, nischenförmige Höhlungen, welche zur Aufstellung von Urnen und Lampen gedient haben.

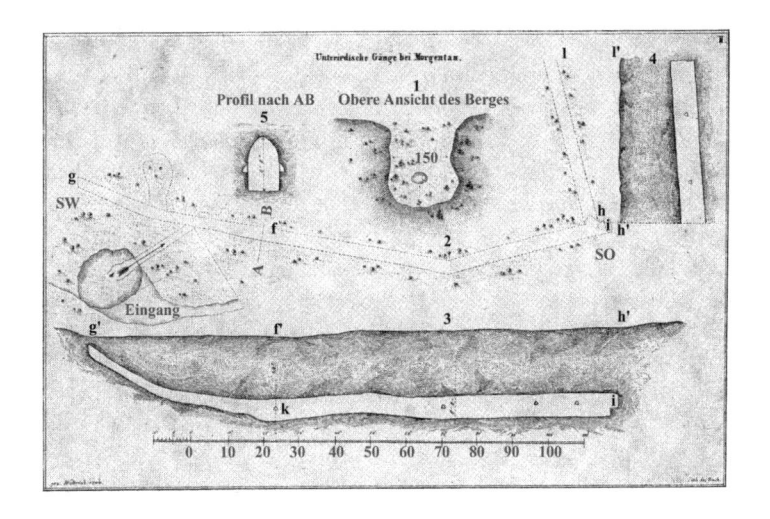

Tafel II – Skizze der unterirdischen Gänge von Mergentau um 1848

Die bis jetzt (das Jahr 1848) *gefundene Länge der Gänge beträgt 225 ½ Fuß; man vermutet aber, daß dieselben mit der Burg Mergentau in unmittelbarem Zusammenhang stehen.*

24) Der Meierhof war ein Edelhof, dessen Besitzer einst das ganze Dorf Zürgesheim gehörte.

25) Andere erzählen diese Sage so: Der Zwerg schenkte dem Jäger einen Gämskäse, dass dieser nicht Hunger leiden musste. Einmal aber aß der Jäger oder einer seiner Gäste unvorsichtiger Weise alles auf, so dass der Laib in der Nacht nicht wieder ganz werden konnte, weil nichts mehr übrig war. Als der Jäger daraufhin wieder auf die Jagd ging, wurde er vom Zwerg in die Fluh (Abgrund) gestürzt. Ludwig Bechstein im Jahr 1853 dazu: S. 26:
In Oberwalden war ein alter Landammann, der hieß Heinrich Immlin, der hat selbst erzählt, wie er einmal zum Pilatus hinangestiegen auf Gemsjagd, da begegnete ihm ein Zwergmanndli und heischte, er solle flugs umkehren. Nun ist der Landamman ein stattlicher

Mann gewesen, der spottete des Zwergs und sagte: He, du wirst wohl große Macht haben, mir was zu wehren! – Kaum gesagt, so sprang ihn der Zwerg an, drückt ihn an einen Felsen, schwer wie ein Pferd, daß ihm schier die Seele ausfuhr und die Sinne ihm vergingen. Lag da eine halbe Stunde für tot, bis die Seinen ihn fanden, erquickten und heimführten.

26) Vgl. die Sage von Seite 100: Das Geheimnis des Zwerges, sowie die Ähnlichkeit mit dem Märchen vom Rumpelstilzchen.

27) In anderen Quellen heißt es „Geißfüßchen".

28) Eine ähnliche Sage gibt es auch in der Steiermark, auch hier ohne nähere Angabe eines bestimmten Ortes.

Ausschnitt a. einer Zeichnung von F. Mock – Gartenlaube v. 1897

Autoren- und Quellenangaben zu den einzelnen Sagen

Hinweis: Literaturangaben sind hier nur verkürzt angegeben, vollständig sind sie zum Vergleich aufgeführt ab Seite 311.

Vorwort – Anmerkungen – Quellenangaben – Register:
Gisela Schinzel-Penth

Der weinende Zwerg im Hausstein: Gisela Schinzel-Penth *(nach Schöppner I, Nr. 59; nach Waltinger III, Karl Vaitl)*

Die Zwergenhöhle bei Grünbach: Gisela Schinzel-Penth *(nach Böck Nr. 401)*

Der Fährmann und der Lohn der Zwerge: Gisela Schinzel-Penth *(nach Panzer I, Nr. 139)*

Die Burg der Zwerge: Gisela Schinzel-Penth *(nach Rölleke Nr. 888)*

Der Bauer im Zwergenreich: Antonie Schuch *(nach Josef Pöttinger S. 127; Stebich S. 31)*

Das unheimliche Schloss Schauenstein: Gisela Schinzel-Penth *(nach Ueberreuther, S. 72)*

Vom Zwergenstein auf dem Schneeberg: Gisela Schinzel-Penth *(nach Ueberreuther S. 35; nach Stebich S. 19)*

Der gestohlene Stoff: Antonie Schuch *(nach Pöttinger S. 75; nach Stebich S. 7)*

Das Mädchen und die Zwerge bei Hundheim: Gisela Schinzel-Penth *(nach Ueberreuther S. 38)*

Der glückliche Zwerg: Antonie Schuch *(nach Wenzel S. 20)*

Die Zwerge im Ruprechtsloch: Gisela Schinzel-Penth *(nach Stebich S. 14)*

Das wahrsagende Bergmännlein: Gisela Schinzel-Penth *(nach Ueberreuther S. 75)*

Die seltene Blaue Glasur: Antonie Schuch *(nach Krainz Nr. 102)*

Das verwundete Venedigermandl: Antonie Schuch *(nach Krainz Nr. 95)*

Das gefangene Venedigermandl: Antonie Schuch *(nach Krainz Nr. 103)*

Der Winzig und das Erz bei Eisenerz: Antonie Schuch *(nach Krainz Nr. 271, S. 352,; nach Anton Meixner, 1864: Volkssagen zu Eisenerz; aus dem Munde der Bergknappen und Einwohner; vernommen und eingesendet von Roman Moßauer)*

Die frommen Knappen und das Bergmännlein: Antonie Schuch *(nach Krainz Nr. 272)*

Die silbernen Zwerge bei Arzberg: Gisela Schinzel-Penth *(nach Ueberreuther S. 149)*

Die Mordknappen von Zeiring: Antonie Schuch *(nach Sann S. 169)*

Die Bestrafung der Noreianer: Antonie Schuch *(nach Petzold S. 240)*

Das Erdloch im Schöckl bei Graz: Antonie Schuch *(Pöttinger S. 286)*

Burg Gleichenberg und die Meixnerstube: Gisela Schinzel-Penth *(nach Ueberreuther S. 151)*

Die unachtsamen Zwerge: Antonie Schuch *(nach Pöttinger S. 291)*

Das verlorene Kind im Berg: Antonie Schuch*(nach Pöttinger Seite 292; nach Ueberreuther S. 199)*

Der eiserne Ofen: Antonie Schuch *(nach Pöttinger S. 305)*

Der gerettete Bergmann bei Knappenberg: Antonie Schuch *(nach Rölleke Nr. 1128, S. 925; nach mündl. Überlieferung)*

Der törichte Bub und das Bergmännlein: Antonie Schuch *(nach Rölleke Nr. 1125, S. 950)*

Wie das Lavanttal entstand: Gisela Schinzel-Penth *(nach Stebich S. 102)*

Der Wohlstand des Fassbinders: Antonie Schuch *(nach Pöttinger, S. 257)*

Der Fluch des Zwerges und der Wörthersee: Gisela Schinzel-Penth *(nach Stebich S. 81)*

Der unglückliche Ritter von Scherfenberg: Antonie Schuch *(nach Pöttinger S. 263)*

Der Goldsucher und die geschwätzige Bäuerin: Antonie Schuch *(nach Pöttinger S. 265)*

Der Fichtenzwerg: Gisela Schinzel-Penth *(nach Ueberreuter S. 184)*

Der krumme Reißecker: Gisela Schinzel-Penth *(nach Ueberreuter S. 186)*

Der Jäger und der Zwerg: Gisela Schinzel-Penth *(nach Andree-Eys, Nr. 43)*

Der reich entlohnte Weinhändler: Antonie Schuch *(nach Pöttinger S. 154)*

Der Kobold am Dürrnbach: Gisela Schinzel-Penth *(nach Ueberreuter S. 118)*

Die Begegnung mit dem Kasmandl: Gisela Schinzel-Penth *(nach Stebich S. 130)*

Das Geheimnis des Zwerges: Gisela Schinzel-Penth *(nach Ueberreuter S. 128; nach Bergheimat 1928, Nr. 23, S. 92)*

Die Untersberger Zwerge: Gisela Schinzel-Penth *(nach mündl. Überlieferung durch Marianne Kuckowiak, Marxenlehen am Salzberg bei Berchtesgaden; nach Sagen Eichelmann S. 22; nach Bergheimat; nach Vernaleken, Sagen der Vorzeit oder ausführliche Beschreibung von dem berühmten Salzburgischen Unterberg oder Wunderberg. Brixen 1818; nach Henne-Am Rhyn, Die deutsche Volkssage. Leipzig 1874)*

Der Hirte bei Kaiser Karl im Untersberg: Antonie Schuch *(nach Pöttinger S. 149)*

Der Zauberstein: Antonie Schuch: *(nach Pöttinger S. 151)*

Das Bergmännlein auf der Hochzeit: Gisela Schinzel-Penth *(nach Schöppner Bd. I S. 11; nach Brixener Volksbuch; nach Bergheimat 1932 Nr. 7 S. 28; nach Eichelmann S. 48)*

Die Glocke auf dem Dürrnberg: Gisela Schinzel-Penth *(nach Bergheimat 1927 Nr. 15, S. 3)*

Das Birkenzweiglein: Gisela Schinzel-Penth *(nach Eichelmann S. 48; nach Bergheimat v. 1930)*

König Watzmann und die Erdmännchen: Gisela Schinzel-Penth *(nach Vernaleken 1858; nach Stebich S. 206; nach Voelter S. 90; nach Eichelmann S. 5; nach Sepp S. 26; nach Bergheimat 1928, Nr. 1, S. 3)*

Das Weidwiesenweiblein bei Reichenhall: Gisela Schinzel-Penth *(nach Steub, Ludwig S. 170, nach Erzählungen des Seebühlers München 1850)*

Die Bergmännlein im Kienberg: Gisela Schinzel-Penth *(nach Altbayerische Sagen S. 71)*

Das Grubenmännlein bei Kitzbühel: Gisela Schinzel-Penth *(nach Voelter S. 43)*

Der gebannte Rüepplerner Kobold: Antonie Schuch *(nach Tiroler Heimat 7, 1929, H. 8, S. 245, A: Josef Tremmel, Ort Scheffau)*

Die Berghöhle bei Mühlau: Antonie Schuch *(nach Zingerle 1859, Nr. 519 nach Otto von Graben z. Stein)*

Die übermütigen Senner am Glungezer: Gisela Schinzel-Penth *(nach Voelter S. 30)*

Die Gründung von Sterzing: Antonie Schuch *(nach Zingerle 1891, S. 546)*

Die Herkunft der Nörggelen: Schinzel-Penth/Schuch *(nach Zingerle 1859, Nr. 39)*

Die Salvangs im Gadertal: Antonie Schuch *(nach Heyl S. 615; nach Wolff, K.F., S. 271-273)*

Der Venediger und der Bauer von Ras: Antonie Schuch *(nach Heyl S. 644)*

Der betrügerische Wirt: Antonie Schuch *(nach Fink S. 305)*

Die Salige bei Andrian: Antonie Schuch *(nach Zingerle 1891, S. 53; nach Mahlknecht)*

Das Nörggele im Siebeneicher Wald: Antonie Schuch *(nach Zingerle 1891, S. 99; nach Weber, P. Beda S. 261)*

Das fleißige Nörggele: Antonie Schuch *(nach Zingerle 1891, Nr. 60, S. 99)*

Die vergraulte Willeweis im Eggental: Antonie Schuch *(nach Zingerle 1891, S. 53)*

Die Kastelruther Nörggelen: Antonie Schuch *(nach Heyl S. 380)*

König Laurin: Antonie Schuch *(nach Wolff, K.F.; nach Mahlknecht S. 112; nach Pöttinger S. 201)*

Das Reiterjoch und die Venediger: Antonie Schuch *(nach Heyl S. 381)*

Der Bucklige und die Zwerge: Gisela Schinzel-Penth *(nach mündl. Überl. aus Trentino, Petzold: Deutsche Volkssagen, Marix-Verlag Wiesbaden S. 224)*

Das unheimliche Sperkmandl: Gisela Schinzel-Penth *(nach Sagen und Legenden des Trentino. Azienda per la Promozione Turistica del Trentina. April 2000)*

Der boshafte Zwerg in Pens im Sarntal: Antonie Schuch *(nach Heyl S. 230)*

Der Goldschatz in den Safnerwänden: Antonie Schuch *(nach Pölt-Nordheim S. 154)*

Zwergensagen aus Meran und Umgebung: Antonie Schuch *(nach Zingerle 1891, S. 7 u. 89; nach Zingerle 1859, S. 180; nach Alpenburg 1857, S. 119; nach Der Sammler Bd. II., S. 136)*

Das listige und das traurige Nörggele: Antonie Schuch *(nach Zingerle 1891, Nr. 73)*

Die Nörggelen im Passeiertal: Antonie Schuch *(nach Zingerle 1859, Nr. 40, Nr. 101, Nr. 46; nach Alpenburg 1857, Nr. 116; nach Heyl S. 494)*

Zwergensagen aus dem Vintschgau: Antonie Schuch *(nach Zingerle1859, Nr. 47, Nr. 77; Nr. 82)*

Das überlistete Nörggele: Antonie Schuch *(nach Zingerle 1891 Nr. 73)*

Der niederträchtige Grünstrümpfler: Antonie Schuch *(nach Alpenburg 1857, S. 119)*

Die Zwerge am Knappaloch im Vintschgau: Antonie Schuch *(nach Heyl S. 704)*

Das Eismandl am Niederjochferner: Gisela Schinzel-Penth *(nach Stebich S. 175 ; Voelter S. 24)*

Der Hüterbub und der Zwerg: Antonie Schuch *(nach Zingerle 1859, Nr. 537)*

Die gebannten Räuber bei Wangen: Antonie Schuch *(nach Pöttinger S. 218)*

Der gutherzige Hirte und das Venedigermandl: Antonie Schuch *(nach Hauser S. 13)*

Die armen Kinder und der Alputz: Antonie Schuch *(nach Pöttinger S. 181)*

Die Blaue Wand und die Goldhöhle: Gisela Schinzel-Penth *(nach Überreuther S. 227)*

Schloss Starkenberg und sein Wichtelmännlein: Gisela Schinzel-Penth *(nach Stebich S. 163)*

Das tapfere Venedigermännchen am Reither See: Gisela Schinzel-Penth *(nach Margreiter S. 46)*

Die Rache des Venedigers: Antonie Schuch *(nach Alpenburg 1857, Nr. 3, S. 321)*

Das Gold im Hohen Anlaß: Gisela Schinzel-Penth *(nach Voelter S. 50)*

Das Hirtenmännlein vom Karhorn: Antonie Schuch *(nach Sauerwein S. 41)*

Der gebannte Schatz: Antonie Schuch *(nach Alpenburg 1861, S. 106)*

Das warnende Bergmännlein: Antonie Schuch *(nach Tiroler H. 9 (1931), H. 2, S. 62 A: Alois Prantauer aus Schwaz)*

Der beobachtete Zwerg: Antonie Schuch *(nach: Tiroler H 9 (1931), H. 3, S. 95, Alois Prantauer aus Schwaz)*

Die Magd und das Kasermandl: Gisela Schinzel-Penth *(nach Ueberreuther S. 224)*

Traum und Wirklichkeit: Antonie Schuch *(nach Peuckert S. 256, Otto von Graben z. Stein, 1741, III. Seite 518)*

Der Zwerg und die Glocke: Gisela Schinzel-Penth *(nach Ueberreuther S. 221)*

Die Bergmännlein und der Wandelstein: Gisela Schinzel-Penth *(nach Lechner S. 140, S. 172; nach Roeder)*

Der Wildschütz von Krün: Gisela Schinzel-Penth *(nach Schmidt S. 62, nach Lüers S. 52)*

Geheimnisvolle Weibl im Werdenfelser Land: Gisela Schinzel-Penth *(nach Panzer I Nr. 26 u. 27; nach Schweizer S. 135; nach Schmidt s. 22; nach Lüers S. 194; nach Jocher S. 141)*

Die Venedigermandl bei Mittenwald: Gisela Schinzel-Penth *(nach Lüers S. 52; nach Schmidt S. 62)*

Der Kobold in der Leutascher Klamm: Gisela Schinzel-Penth *(nach Pröttel S. 48)*

Das seltsame Mandl vom Wetterstein: Gisela Schinzel-Penth *(nach Jocher S. 43)*

Die Zwerge in der Höllentalklamm: Gisela Schinzel-Penth *(nach Jocher S. 94)*

Die Schatzgräber auf der Kaseralm: Gisela Schinzel-Penth *(nach Schmidt S. 62; nach Kapfhammer S. 40 nach Tölzer Merkur v. 20.08.2002, Max Leutenbauer Gemeindearchiv Kochel)*

Das Venedigermandl bei Unterammergau: Gisela Schinzel-Penth *(nach Jörg Denzer, Beilage Bayern zur Südd. Zeitung)*

Das Erdmännlein bei Schondorf: Gisela Schinzel-Penth *(nach Völk)*

Der Goggolore am Ammersee: Gisela Schinzel-Penth *(nach Reuther)*

Die Wichtelmühle bei Überacker: Gisela Schinzel-Penth *(nach Völk; Wummel/Volk S. 19)*

Das Wichtelenloch bei Mergentau: Gisela Schinzel-Penth *(nach Panzer I, Nr. 54 S. 33)*

Der Zauberspiegel am Hirschsprung: Gisela Schinzel-Penth *(nach Stebich S. 217)*

Das boshafte Walsermännle: Gisela Schinzel-Penth *(nach Stebich S. 192)*

Die Rache des Hausputz: Antonie Schuch *(nach Pöttinger, S. 231)*

Der hartherzige Großbauer und der Zwerg: Antonie Schuch *(nach Pöttinger S. 237)*

Der unsichtbare Zwerg: Antonie Schuch: *(nach Birlinger I, 1861 Nr. 62 (Mündl.)*

Das wortkarge Pompele: Antonie Schuch *(nach Meier Ernst 1852, I, S. 80, Nr. 86 (Mündl. aus Rotenburg a. N.)*

Der Schatz im Wichteslesberg: Gisela Schinzel *(nach Panzer II, Nr. 155)*

Die Rotmäntele in der Spinnstube: Antonie Schuch *(nach Meier 1852, Band I, S. 58, Nr. 65 (Mündl. aus Schlath)*

Ein Erdkindlein kommt zur Welt: Antonie Schuch *(nach Kapff Rudolf, 1824, S. 129, vgl. Kapff 1926, S. 44)*

Das Einfüßle: Antonie Schuch *(nach Birlinger 1859, S. 168)*

Der Zwerg von der Odenburg: Antonie Schuch *(nach Birlinger S. 168 Nr. 4)*

Erdmännle in der Spinnstube: Antonie Schuch *(nach Meier Band II, S. 56, Nr. 64 mündl. aus Lustnau)*

Meister Epp und seine Hunde Will und Wall: Antonie Schuch *(nach Meier Zimmersche Chronik, ed. Barack, Freiburg und Tübingen ²1881, IV, S. 237)*

Die nackten Erdmännle: Antonie Schuch *(nach Meier 1852, Band I, S. 63, Nr. 71 (Mündl. aus Neubulach)*

Die Erdweible am Küchenfelsen: Antonie Schuch *(nach Baader S. 66, Nr. 93, Schluss gestrichen. Vgl. DVS 388)*

Die traurigen Erdweible: Antonie Schuch *(nach Meier 1852 Band I, S. 45, Nr. 50.1)*

Die Erdmännle gehen den Bauern zur Hand: Antonie Schuch *(nach Meier 1852, Band I, S. 61, Nr. 68 (Mündl. aus Röthenburg)*

Der undankbare Hirte: Gisela Schinzel-Penth *(nach Rölleke Nr. 1153 S. 970; nach Grimm Jakob und Wilhelm)*

Das Bergmanndli und der Gämsenjäger: Gisela Schinzel-Penth *(nach Grimm Nr. 299 und 301)*

Die Gogwärgini im Wallis: Gisela Schinzel-Penth *(nach Guntern S. 341)*

Gindulin im Aletschwald: Gisela Schinzel-Penth *(nach Guntern, S. 350)*

Das Herdmanndli und der Vogt: Gisela Schinzel-Penth *(nach Bechstein S. 25)*

Die verschüttete Stadt am Thunersee: Gisela Schinzel-Penth *(nach Stebich S. 253 f.)*

Die singenden Zwerge: Gisela Schinzel-Penth *(nach Schöpf S. 135)*

Das Geschenk der Zwerge vom Mordfeld: Gisela Schinzel-Penth *(nach Schild S. 87)*

Der Blochmonter Zwerg: Antonie Schuch: *(nach Schild S. 71)*

Der Riese und die Zwerge von Pfirt: Gisela Schinzel-Penth *(nach Higelin S. 183-190; nach Schild S. 63)*

Literatur

Alpenburg, Johann Nepomuk Ritter von: Mythen und Sagen Tirols. Zürich 1857	= Alpenburg 1857
Alpenburg, Johann Nepomuk Ritter von: Deutsche Alpensagen: Wien 1861	= Alpenburg 1861
Altbayerische Sagen: Verlag der Jugendblätter, München	= Altbay. Sagen
Andree-Eysn, Marie: Volkskundliches. Aus dem bayrisch-österreichischen Alpengebiet Braunschweig 1910	= Andree-Eysn
Baader, Bernhard: Neugesammelte Volkssagen aus dem Lande Baden, Karlsruhe 1859	= Bader
Bechstein, Ludwig: Sagen aus deutschen Landen, 1853	= Bechstein
Birlinger, Anton: Volkstümliches Schwaben I, Freiburg 1861	= Birlinger 1861
Birlinger, Anton: Zwergensagen aus Schwaben; in Zs. f. dt. Mythologie u. Sittenkunde 4, Göttingen 1859	= Birlinger 1859
Bergheimat: Beilage zum Berchtesgadner Anzeiger 1921-1942	= Bergheimat
Böck, Emmi: Sagen aus Niederbayern Verlag Friedrich Pustet, Regensburg 1977	= Böck
Callino, Carl: Niederösterreichischer Sagenschatz, 3 Bd., Wien 1926-1936	= Callino

Dörler, Adolf Ferdinand: = Dörler
Sagen aus Innsbrucks Umgebung
mit besonderer Berücksichtigung
des Zillertals, Innsbruck 1895

Der Landkreis Regen: = Landkreis Regen
Hrsg. Landkreis Regen 1982

Eichelmann, Toni: = Eichelmann
Berchtesgadner Sagen.
Verlag Vonderthann u. Sohn, Berchtesgaden

Fink, Hans: = Fink
Eisacktaler Sagen, Bräuche und Ausdrücke
Schlern-Schrift Nr. 164. Innsbruck 1957

Grimm, Jakob und Wilhelm: = Grimm
Deutsche Sagen,
2 Bd. Berlin1816/18 Erstausgabe
Ausgabe Insel Verlag, Frankfurt a. M. 1981

Guntern, Josef: = Guntern
Walliser Sagen. Walter Verlag,
Freiburg i. Br., 1963

Hauser, Christian: = Hauser
Sagen aus dem Paznaun und dessen
Nachbarschaft, Innsbruck 1894

Heyl, Johann Adolf: = Heyl
Volkssagen, Bräuche und Meinungen
aus Tirol. Brixen 1897

Higelin,Maurice: = Higelin
Les légendes du Sundgau.
Die Sagen des Sundgaues.2. ver. Aufl. Altkirch 1934

Jocher, Anton: = Jocher
Geisterfahrt und Wilde Jagd
Sagen aus dem Werdenfelser Land
Hugendubel München 1978and

Kapff, Rudolf: = Kapff
Schwäbische Sagen, Jena, 1926(nach Ober-
amtsbeschreibung Balingen Stuttgart 1824)

Kapfhammer, Günther: = Kapfhammer
Bayerische Sagen
Eugen Diederichs Verlag München 1971

Krainz, Johannes: = Krainz
Mythen und Sagen aus dem steirischen Hochlande
Bruck an der Mur, 1880

Lechner, Ludwig: = Lechner
Das Leitzachtal, ein Heimatbuch
Hrgb. Leitzachtalverein 1913/1927

Leoprechting, Karl v.: = Leoprechting
Bauernbrauch und Volksglaube in Oberbayern
Unveränderter Textneudruck der Originalausgabe
v. 1855. Südd. Verlag München 1975

Lüers, Friedrich: = Lüers
Bayerische Stammeskunde
Eugen Diederichs Verlag Jena 1933

Mahlknecht, Bruno: = Mahlknecht
Südtiroler Sagen. Verlagsanst. Athesia Bozen 1981

Margreiter, Berta: = Margreiter
Die Heidin, Alpbachtaler Sagenbuch
Universitätsverlag Wagner, Innsbruck 1986

Meier, Ernst: = Meier
Deutsche Sagen, Sitten und Gebräuche
Aus Schwaben. Stuttgart 1852

Petzold, Leander: = Petzold
Sagen a. d. Steiermark.
Eugen Diederichs, München 1993

Panzer, Friedrich: = Panzer
Bayerische Sagen und Bräuche
Bd. I u. II 1848-1855

Peuckert, Will-Erich: = Peuckert
Sagen der Monathlichen Unterredungen
Otto von Grabens zum Stein. Berlin 1961

Pölt-Nordheim, Klara = Pölt-Nordheim
Verborgene Schätze. Der Schlern. 1923

Pöttinger, Josef: = Pöttinger
Alpensagen. Verlag Kremayr & Schreiber, Wien 1968

Pröttel, Michael: = Pröttel
Auf den Spuren geheimnisvoller Alpensagen
Unterwegs zu Schauplätzen alter Sagen zwischen
Füssen und Berchtesgaden. J. Berg Verlag 2007

Reuther, Otto: = Reuther
Der Goggolore. Eine altbairische Sage
C. H. Beck'sche Verlagsbuchhandlung
„Oskar Beck" München 1935

Roeder, Max: = Roeder
Sagen der Heimat in Isar-Loisachbote Jhrg. 1958

Rölleke, Heinz: = Rölleke
Das große deutsche Sagenbuch
Artemis & Winkler, 1996 Düsseldorf/Zürich

Sammler, Der: = Sammler
Beiträge zur tirolischen Heimatkunde
Hrsg. Franz Innerhofer, 5 Bd. Meran 1906-1911

Sann, Hans von der: = Sann
Andritz und Umgebung. Graz 1892

Schöppner, Alexander: = Schöppner
Sagenbuch der bayerischen Lande
Bd. I-III, München 1852-1853

Sepp, Prof. Dr. J. N.: = Sepp
Altbayerischer Sagenschatz.
Verlag E. Stahl, München 1876

Schild, Ulla: = Schild
Sagen und Märchen aus dem Elsaß
Eugen Diederichs Verlag, München 1991

Schmidt, Willibald: = Schmidt
Sagen aus dem Isarwinkel
Verlag J. Dewitz. Bad Tölz, 1936

Schöpf, Alois = Schöpf
Alpensagen
Verlag Carl Ueberreuther Wien – Heidelberg 1983

Schweizer, Dr. Bruno = Schweizer
Volkssagen a. d. Ammersee-Gebiet
Heimatverlag Dr. Schweizer, Dießen 1950

Stadt Regen 1067-1967 = Stadt Regen
Gotthard Oswald u. Raimund Karl
Hrsg. Stadt Regen 1967

Stebich, Max: Sagen aus Österreich. = Stebbich
Überreuther München 1950

Steub, Ludwig: = Steub
Aus dem bayerischen Hochlande. München 1850

Ueberreuther, Carl (Herausgeber): = Ueberreuther
Sagen aus Österreich. Wien-Heidelberg 1950

Vernaleken, Theodor = Vernaleken 1858
Alpensagen. Wien 1858

Vernaleken, Theodor: = Vernaleken 1859
Mythen und Bräuche des Volkes in Österreich
Als Beitrag zur deutschen Mythologie und
Sittenkunde. Wien 1859

Völk, Wolfgang: = Völk
Heimatpfleger v. Grafrath
Unveröffentlichte Auszeichnungen

Voelter, Gretl: = Voelter
Die schönsten Alpensagen.
Pinguin-Verlag Innsbruck 1965

Waltinger, Michael: = Waltinger
Niederbayerische Sagen.
Vermehrte Auflage Straubing 1927

Weber, P. Beda: = Weber P. B.
Die Stadt Bozen und ihre Umgebungen. Bozen 1849

Wenzel, Johann: = Wenzel
Sagen von der Hainburger Pforte. Hainburg 1925

Winkler, Robert: = Winkler
Volkssagen aus dem Vintschgau. Bozen 1968

Wolff, Karl Felix: König Laurin und sein Rosengarten, 2. Aufl. Bozen 1945 und Dolomiten-Sagen. Gesamtausgabe, 14. Aufl. Innsbruck 1977	= Wolff
Wummel, Brigitte, Hedwig Volk: Geschichten aus dem Brucker Land Kath. Erziehergemeinschaft Fürstenfeldbruck 1982	= Wummel/Volk
Zingerle, Ignaz Vinzenz: Sagen, Märchen und Gebräuche aus Tirol. Innsbruck 1859	= Zingerle 1859
Zingerle, Ignaz Vinzenz: Sagen aus Tirol. 2. Aufl. Innsbruck 1981	= Zingerle 1891

Ortregister

A
Abtei 137,138
Achsel (Berg) 178
Achenkirch 205
Achselschwang 297
Afing 143
Aflenzer Hochalpe 290
Aletschwald 259
Allgäu 227
Alpach 185
Alpachtal 183,185,189
Alpirsbach 251
Am hangenden Stein (Pass) 103
Ammersee 222,223,297
Andechs 222
Andrian 142
Andritz 55
Aobis-Grube 157
Arlberg 181
Arzberg 53
Arzgrube (Klamm) 214
Askeles 166
Asterfels (Berg) 20
Augsburg 226

B
Backnang 237
Baden (Wien) 34
Baden-Baden 250
Bad Gleichenberg 61
Balingen 242
Bad Überkingen 241
Bayerischer Wald 11,18
Berchtesgaden 112-119,290
Bern 262,264
Betten 258
Bezau 234
Bischofsmais 11,285
Blaue Wand (Berg) 185
Blochmont (Schloss) 270
Bludenz 231
Bodenmais 285
Böhmerwald 21,247
Böttingberg 66
Bodensee 236
Bozen 142-146
Bregenz 236
Bregenzer Wald 234,237
Brenner 135
Brixen 296
Bürstegg 194

C
Chiemsee 129

D
Dießen 222
Diex 86
Dinkelsbühl 247
Domo 258
Donau 239
Drautal 290
Dürrnbach 97
Dürrnberg 112

E
Eggental 144
Eisacktal 140
Eisenerz 48-52
Eisenstadt 42,43
Elsass 268,270
Emmental 264
Enneberg 138,139
Erzberg (Berg) 52
Etsch (Fluss) 147,165

F
Feldkirch 254
Fersental 157
Finning 223
Friedberg 226
Frohnleiten 53
Fürstenfeldbruck 224

G
Gadertal 137
Garmisch 214
Gassellahnbach 211. 215
Geislingen 242
Giebelfluh (Berg) 262
Gjaidköpfe (Berg) 295
Glas 110
Gleichenberg (Schloss) 64
Glungezer (Berg) 131
Göppingen 241
Görschitztal 76
Gösser Wände (Berg) 53
Gorner Visp (F
Grafenau 285
Gralatenalm 99
Gratsch 161
Graun 172
Graz 55,59
Großer Hundstod (Berg) 119
Großer Otter (Berg) 40
Grünbach 18,285
Gutenstein 30

H
Haid 172
Haimburg 86
Hainburg 38
Hall 192, 193
Hallein 94, 104
Hausstein (Berg) 11,17
Heilbrunn 221
Heimgarten (Berg) 220
Helmbach 295
Hexenberg (Berg) 38
Hieflau 48
Hirschsprung 227
Hirschwiese (Berg) 295
Höllental 142
Höllentalklamm 219
Hörfeld (Moor) 58
Hötting 178,183
Hohenstaufen (Berg) 120
Hoher Anlaß 193
Hundheim 36

I
Illing 298
Imst 187
Inn (Fluss) 26,196
Innerstalm 166
Innsbruck 130,131,195,196

K
Kar 144
Karhorn (Berg) 194
Karwendel (Geb.) 193
Kaseralm 220
Kastelruth 145
Katzensteig (Berg) 226,298
Kienberg (Berg) 122
Kiffis 271
Kirchdorf 18
Kitzbühel 124,131
Klausen (Berg) 61
Knappenberg 70
Knittelfeld 45
Kochel 288
Königssee 111
Koralpe (Geb.) 73
Krain 46
Krieglach 64
Krün 210,212,214
Krumau 21
Kufstein 204
Kuntersberg 140

L
Laaber (Fluss) 20

Laas 169
Ladiner Berge 137-140
Lana 136
Landschach 45
Latsch 168
Lavant (Fluss, Tal) 73
Leonharder See 290
Lesachtal 82
Lessachtal 99, 289
Leutascher Klamm 216
Liechtenstein 254
Lissabon 277
Loffenau 250
Loretto 79
Ludwigsburg 237
Lueg 135
Lungau 98
Luschariberg (Berg) 46
Lustnau 245
Lutter 271
Luzern 255, 261

M
Maisach 224
Malters 261
Maria Plain 294
Marlinger Berg 162
Mattleser Kopf (Berg) 172
Mayerhofen 128
Meixnerstube (Höhle) 61
Meran 161-165
Mergentau 226, 298
Merlingen 262
Mittenwald 214-216
Mitterndorf 66
Mösel 70
Möslofen 76
Moldau (Fluss) 21
Mordfeld 268
Mühlau 130
Mühldorfer See 289

N
Naab (Fluss) 20
Naturns 168
Nauders 191
Neckar (Fluss) 238
Nesselgraben 295
Nestlgraben 71
Neubulach 249
Neuhaus (Burg) 22, 25
Neukirchen 97
Neumarkt 58
Neustift 296
Niederalm 94

Niederjochferner 174
Nikolsburg (Burg) 21
Noreia 57, 289
Nürnberg 247
Nüziders 232

O
Oberbeuern 250
Obereggen 151
Obermaiselstein 227
Oberwölz 44
Odenburg (Burg) 244
Osterfels (Berg) 20
Ötztal 174

P
Plaieswald 138
Partnach (Fluss) 218
Passail 53
Passau 285
Passeiertal 165-168
Pens 159
Peterstal 252
Pfaffenstein 52
Pfalzgrafenweiler 246
Pfirt 271, 279
Pielenhofen 20
Pilatus (Berg) 261, 299
Pinzgau 97
Plätschtal 212
Planail 170
Polster (Berg) 52
Poppenweiler 237
Prag 247
Prien 129
Puchberg 30

R
Raab (Fluss) 53
Radlsee (See) 289
Raiser 298
Ras 139
Regen 285
Reichenhall 120
Reintal 216
Reißecker (Geb.) 89
Reißecker See 89
Reiterjoch (Berg) 151
Reith 189
Reither See 189
Reschen 191
Ried –Mörel 259
Röhrerbühel (Berg) 124
Rötenberg 251
Rottenburg 238

317

Rosengarten (Geb.) 146
Rümlingbach 261
Ruhpolding 122
Rusel (Berg) 11

S
Saltnus 165
Salzach (Fluss) 110
Salzburg 101,105-115
Salzburger Land 91-110
Sarntal 159,160
Saualpe (Geb.) 73
Schareck (Berg) 91
Schauenstein (Schloss9 28
Scheffau 128
Schlanders 168,170
Schlat 241
Schlern (Berg) 144,151
Schlehdorf 220
Schnalstal 174
Schneeberg (Berg9 30,32
Schöckl (Berg) 59
Schondorf 222
Schwarze Laaber (Fluss9 20
Schwarzwald 246-252
Schwaz 197-204
Seiboldsried 285
Semmering (Berg) 40
Siebeneicher Wald 142
Starkenberg (Schloss) 187
St. Martin 167
St. Paul 73
St. Vigil 138
Steinberg 205
Stuben 181
Stuttgart 237
Sumpering 285

T
Tarnell 169
Taufers 173
Teisn 164
Thierbach 183
Thuner See 262
Timmelsjoch (Berg) 165
Trentino 157
Tübingen 243-245
Turracher Höhe (Berg) 71
Tuxer Alpen (Geb.) 131

U
Überacker 224
Ultental 164
Unterammergau 222
Unterschondorf 22

Untersberg (Berg) 102-110
Utting 224

V
Valle die Möcheni 157
Velden 79
Venedig 46,68,182,194,211, 217,228,286
Vent 176
Vernuer 163
Verona 150, 297
Verwallertal 182
Viechtach 285
Vintschgau 168-174
Völkermarkt 80
Völlan 136,296
Volders 196

W
Wackersberg 221,288
Waldviertel 28
Wallgau 212,214
Wallis 257,259,294
Walserfeld 104
Walsertal 230
Wangen 179
Wattens 199
Watzmann (Berg) 115,294
Welschnhofen 144,151
Weingarten 222
Weiz 53
Wendelstein (Berg9 208
Wetterstein (Geb.) 216
Wichtelesberg (Berg) 239
Wien 34-39
Wilder Kaiser (Geb.) 128
Wildsee 131
Wipptal 135
Wölzer Tauern (Geb.) 44
Wotzalm 212,214

Z
Zeiring 55
Zenoberg (Burg) 161
Zermatt 259
Zillertal 128
Zürgesheim 239,299
Zwergenstein (Fels) 33
Zwiesel 285

Weitere Sagenbücher im Ambro Lacus Buch- und Bildverlag:

Hexeneiche, Schwedenlärchen und Tassilolinde
Sagen, Geschichten u. Legenden um berühmte Bäume in Altbayern
gesammelt und neu erzählt von Gisela Schinzel-Penth
illustriert, 22 Abb. aus „Kreuterbuch" von 1577
EAN 9783-921445-28-0 – gebunden – 176 Seiten
Preis 19.80 Euro

Sagen und Legenden von München
Altmünchen und alle zu München gehörigen Stadtteile
gesammelt und neu erzählt von Gisela Schinzel-Penth
illustriert, 25 Zeichn. v. Heinz Schinzel – gebunden – 320 Seiten
EAN 9783-921445-29-7 – 4. erweiterte Auflage 2010
Preis 19.80 Euro

Sagen und Legenden um das Berchtesgadner Land
Berchtesgaden, Reichenhall, Freilassing, Teisendorf, Laufen
gesammelt und neu erzählt von Gisela Schinzel-Penth
illustriert, 25 Zeichn. v. Heinz Schinzel – gebunden – 238 Seiten
EAN 9783-921445-27-3 – 5. Auflage 2008
Preis 16.80 Euro

Sagen und Legenden um Chiemgau und Rupertiwinkel
Traunstein, Inzell, Ruhpolding, Reit im Winkl, Marquartstein,
Prien, Rosenheim, Seeon, Traunreut, Tittmoning, Burghausen
gesammelt und neu erzählt von Gisela Schinzel-Penth
illustriert, 20 Zeichn. v. Heinz Schinzel – gebunden – 256 Seiten
EAN 9783-921445-31-0 – 4. erweiterte Auflage 2001
Preis 16.80 Euro

Sagen und Legenden um Fünfseenland und Wolfratshausen
Ammersee, Weßlinger See, Pilsensee, Wörthsee, Starnberger See
Andechs, Herrsching, Dießen, Tutzing, Starnberg, Wolfratshausen
gesammelt und neu erzählt von Gisela Schinzel-Penth
zahlr. Illustr., 19 Zeichn. v. Heinz Schinzel – gebunden – 335 S.
EAN 9783-921445-30-3 – 2. erweiterte Auflage 2008
Preis 19.80

Sagen und Legenden um Fürstenfeldbruck und Germering
aus dem Gebiet des Landkreises Fürstenfeldbruck
gesammelt und neu erzählt von Gisela Schinzel-Penth
zahlr. Illustr., 9 Zeichn. v. Heinz Schinzel – gebunden – 288 Seiten
EAN 9783-921445-25-6 – unv. Nachdruck 2003
Preis 19.80 Euro

Sagen und Legenden um Miesbach und Holzkirchen
aus dem Gebiet des Landkreises Miesbach
mit Tegernsee, Schliersee, Spitzingsee, Seehamersee, Kirchsee
gesammelt und neu erzählt von Gisela Schinzel-Penth
zahlr. Illustr., 9 Zeichn. v. Heinz Schinzel – gebunden – 336 Seiten
EAN 9783-921445-24-2 – 2. Auflage 2004
Preis 19.80 Euro

Sagen und Legenden um Tölzer Land und Isarwinkel
aus dem Gebiet von Jachenau, Lenggries, Tölz, Reichersbeuern,
Dietramszell, Heilbrunn, Kochel, Benediktbeuern, Walchensee
gesammelt und neu erzählt von Gisela Schinzel-Penth
zahlr. Illustr., 6 Zeichn. v. Heinz Schinzel – gebunden – 254 Seiten
EAN 9783-921445-32-7 – unv. Nachdruck 2007
Preis 19.80 Euro

Sagen und Legenden um Werdenfelser Land und Pfaffenwinkel
Mittenwald, Garmisch, Eschenlohe, Ettal, Oberammergau, Murnau,
Steingaden, Schongau, Peiting, Peißenberg, Wessobrunn, Weilheim
gesammelt und neu erzählt von Gisela Schinzel-Penth
zahlr. Illustr., 9 Zeichn. v. Heinz Schinzel – gebunden – 292 Seiten
EAN 9783-921445-33-4 – 1. Auflage 2008
Preis 19.80 Euro

Homepage: www.ambrolacus-verlag.de